임강빈시전집

임강빈시전집간행위원회

오늘의문학사

국립중앙도서관 출판예정도서목록(CIP)

임강빈시전집 = Complete collections of poetry of Yim Kan
gbin / 지은이: 임강빈 , 엮은이: 임강빈시전집간행위원회.
-- 대전 : 오늘의문학사, 2019
p. ;   cm

한자표제: 任剛彬詩全集
"시인 연보" 수록
ISBN 978-89-5669-981-3 03810 : ₩50000

한국 현대시[韓國現代詩]

811.62-KDC6
895.714-DDC23   CIP2019000905

•시인의 모습

2016. 중도일보ⓒ

•시인의 발자취

1950.
공주공립중학교
졸업사진

공주공립중학교 때
친구들과

1954. 25세,
이석희 여사와 약혼기념

1959. 대전신흥중학교 재직 때

2010. 팔순기념 가족사진

1992. 손자(성균)를 안고
도마동 정원에서

31세, 국토건설단원 복무 중

1971. 10. 23. 계룡산 동학사, 한국시인협회 제2회 세미나에 참석한 회원들과/앞줄 나태주, 임강빈, 홍희표 시인. 뒷줄 최원규, 김남조, 김종길, 박목월, 박용래 시인 등.

1977. 11. 온양, 한국시인협회 제7회 세미나에 참석한 회원들과 일박한 여관 앞에서/맨 앞줄 오른쪽부터 이건청, 이근배, 최승범, 김여정, 허영자, 추은희 시인. 뒷줄 오른쪽에 박재삼, 박용래, 김종길, 김차영 시인. 한 사람 건너 박목월, 이영도, 박희선, 정한모, 유경환, 이성교, 황금찬, 조병화, 이승훈, 권기호 시인. 그 뒤에 임강빈, 김남조, 범대순, 전재동, 박양균 시인 등.

한국문협 주최 문학강연회(1977)

1989. 11. 16. 요산문학상 수상

1998. 3. 20. 상화시인상 수상 후, 구상・이석 시인과

2000. 12. 박용래문학상운영위원장으로
제2회 수상자 나태주 시인과

2002. 12. 9. 정훈문학상 수상

2011. 2. 16. 제1회 구용문학상
운영위원으로 시상식 참석

1968. 홍희표, 한성기, 박용래 시인과
(박용래 시인의 '제1회 현대시학 작품상'
수상 기념)

2003. 8. 8. 백담사 만해마을, 한국시인협회 행사에서
서정춘, 정진규, 김종해, 이탄 시인과

성찬경, 최원규 시인과

2005. 4. 24. 대전 구즉에서 점심식사 후
조영서, 최하림, 이유경 시인과

2007. 4. 17. 대청호숫가 '놋다리'에서
부산 김규태, 놋다리 주인 장덕천 시인과

2012. 9. 8. '문학사랑' 행사에서
조남익, 성춘복, 리헌석 시인과

2002. 7. 28.
박용래시비 앞에서
김정수 시인과, 외지에서
문학기행 온 시인들과 환담 중

2001. 5. 15.
소주 한잔의 여유

2003. 8. 6. 오후

2003. 10. 10. 박용래시비 앞에서
황희순, 임세실리아(사촌여동생) 시인과

2004. 10. 24. 인천에서
'리토피아' 문학행사 축사 중

2002. 7. 28.
보문산 사정공원에서

2002. 11. 서재에서
『한 다리로 서있는 새』 발간 후
기자와 인터뷰 중

2005. 10. 17. 숲속 식당 '도성'에서
점심식사 후

2004. 5. 17. 양평에서
'현대시학' 행사 후

2016. 5. 9. 점심식사 후
사진에 담은 시인의 마지막 미소
황희순ⓒ

임강빈시전집

일러두기

- 시인이 쓴 서문과 후기, 초기시집의 서문과 발문, 유고시집의 발문만 수록하였습니다.
  [시를 제외한 해설과 발문 등을 모아 묶은『임강빈 시읽기』(2018. 리헌석 편저) 참조]
- 시집의 작품 순서를 편집상의 문제로 바꾸기도 하였습니다.
- 일부 시어는 현행 한글맞춤법과 다르지만, 시집의 표기에 따랐습니다.
- 초기시집의 한자는 괄호 안에 넣었습니다.

◆서문

『임강빈시전집』을 엮으며

문인들의 사표(師表)이셨던 우봉(又峰) 임강빈(任剛彬) 선생님께서 2016년 7월 16일에 영면하셨습니다. 엊그제 일 같은데 벌써 3주기 되는 해를 맞았습니다. 선생님께서는 1956년 박두진 시인의 3회 추천완료로 ≪現代文學≫에서 등단하신 이래, 순수한 서정을 작품에 담아낸 시단의 대표 서정시인이셨습니다.

선생님의 문학정신을 기릴 수 있는 책이어야 함을 유념하며, 남기신 열세 권 시집과 유고시집의 시 전부를 수록하였습니다. 책의 앞에는 선생님 모습을 잊지 않기 위해 소박한 생전 모습 몇 장면을 담았습니다.

도움을 주신 문인들, 사모님과 가족에게 감사드립니다. 이 책이 선생님 작품을 연구하는 이에게 소중한 자료가 되기를 소망합니다.

선생님의 명복을 두 손 모아 빕니다.

2019년 1월

임강빈시전집간행위원회 일동

차례

3시집 『매듭을 풀며』···1979

4시집 『등나무 아래에서』…1985

6시집 『버리는 날의 반복』…1993

7시집 『버들강아지』…1997

9시집
『쉽게 詩가 쓰여진 날은 不安하다』···2002

10시집 『한 다리로 서 있는 새』···2004

11시집『집 한 채』···2007

13시집 『바람, 만지작거리다』···2016

부록

시인의 산문

1 시집

당신의 손…1969

당신의 손

任剛彬詩集

◆서(序) | 박두진(朴斗鎭)

오늘의 우리 시(詩)가 지향하는 길은 결코 단순하거나 순탄한 것만이 아니다.

인간(人間)을, 또는 자연(自然)이나 인생(人生)을, 그리고 현실(現實)이나 어떤 거대(巨大)한 세계상(世界像) 같은 것을 깊고 넓은 이념(理念)의 기반 위에서 추구할 수도 있을 것이다.

이러한 일은 먼저 현대(現代)의 서정시(抒情詩)가 보다 더 서정(抒情)의 본질(本質)에 투철하려 할수록 안팎으로 부딪치는 숙명적(宿命的)인 시련(試鍊)이며 앞으로의 인간(人間)과 예술(藝術)은 보다 더 포괄적(包括的)이고 종합적(綜合的)인 우주관(宇宙觀)에 의해서 불가피적으로 그 존재(存在)의 이유(理由)와 부담해야 할 기능(機能) 같은 것을 저울질해야 하게 될 것이기 때문이다.

우리의 시(詩)가 오늘 어디만큼, 또 어떠한 정도로 이러한 객관적(客觀的) 요청(要請)과 그 내적(內的) 필연성(必然性)에 부응(副應)하며 있는지 간단하게 말하기 어려울 것이다. 그러나 어쨌든 현대(現代)의 서정시(抒情詩)는 인간성(人間性)과 서정성(抒情性) 과 예술성(藝術性)으로 이어지는 한편의 지향(指向)과, 현실(現實)과 세계(世界)와 사회(社會)와 역사(歷史)에로 이어지는 이념(理念)과 사상성(思想性)을 지향(指向)하는 또 한편의 갈래로 나뉘어지는 것을 부인(否認)할 수 없을 것이며, 이 평행적(平行的)인 두 길을 일원적(一元的)으로 융합(融合) 통일(統一)하는 또 하나의 지향(指向)을 이른바 높고 넓은 의미(意味)의 생활시(生活詩) 같은 것으로 포괄(包括)할 수 있으리라 생각한다. 임강빈(任剛彬) 씨의 시(詩)의 성격(性格)과 지향(指向)을 나는 위의 두 거대(巨大)한 지향(指向)을 이상적(理想的)으로 종합 융화(綜合融化)하려는 그 생활시(生活詩)의 세계(世界)라고 단정하기는 어렵다고 생각한다.

그러나 임 시인(任詩人)의 시(詩)는 그 중에 가장 중요한 몇 가지 요소(要素), 인간성(人間性)의 기미(機微)와 서정(抒情)을 생활(生活)과 직결되어야 할 것으로 파악하는 아주 조촐하고 가라앉은 의욕(意欲)을 연소(燃燒)시키고 있음을 알 수 있다.

폭(幅)이 좁으나 질(質)이 섬세하고, 날카로우나 자극적이 아니며, 인생(人生)과 사물(事物)을 관조(觀照)하는 눈이 원숙(圓熟)과 품도(品度)를 더해가며 있다. 이러한 시적(詩的) 기질(氣質)은 오랜 우리의 전통적(傳統的) 시정(詩情)에도 그 맥락(脈絡)을 대는 것이며, 앞으로 우리 시(詩)가 서정(抒情)의 바탕을 이끌고 전진(前進)하려 할 때 대단히 귀중한 현대시적(現代詩的)인 과제(課題)도 담당하게 되는 것이다. 임강빈(任剛彬) 시인(詩人)의 첫 시집(詩集)『당신의 손』은 우리 시(詩)의 앞날을 쌓아올리는 데 바쳐지는 하나의 잘 다듬어진 초석(礎石), 자칫 어두워지려는 작업장(作業場)에 켜놓은 한 개의 밝은 등촉(燈燭)이 될 것임을 의심치 않는다.

1

봄비

봄비가 내려서
무량한 시간을
내게 조금 주어서
와르르 무너지는
내 하루의 공사(工事)
비로소 그 소리가
손에 잡힌다.

봄비는 우선은
갈한 나뭇가지에서
지붕에서 놀고

마당에서 놀고
차츰 내 척추(脊椎)
한가운데로 내린다.

오늘 봄비가 내려서
환히 모두가 흔들리고
밤사이 자라난
내 까칠한 수염에
조심조심
봄비가
비껴서 간다.

꽃병

허리 긴
꽃이 없는 꽃병을
신부(新婦)는
왜 가슴에 안고 있을까.

비어있는 그 안에서
끓어오르는 욕망(欲望)은
손에 쥐어도
잡히지 않는
햇살 같은 것일까.

꽃이 떠나는 시간에서
익힌 몸짓.
꽃병을 가슴에 안고
아직은
떨리는 손끝.

한번은 꽃이고 싶을 때
그만큼
신부(新婦)는
왜 얼굴을 가리고 있을까.

미열(微熱)

말짱히 벗어버리고
이제 나무는
편히 쉴 수 있겠다.
언제나 썰렁한
호주머니 속에
백랍(白蠟)처럼 빛나는
당신의 손.
시달리다가
만원(滿員)버스 안에서
인사도 없이 헤어진
그날의 서운함.
그 미열(微熱)은
열심한
청소부(清掃夫) 빗자루에 쓸리고
아, 지금은
천금(千金)을 주고도 바꿀 수 없는
당신의 오기(傲氣).
빈 호주머니 속에서
짤랑짤랑
소리 내도 좋겠다.

산딸기

긴 종일
마음 내키는 대로
멧새
너는 운다.

두덕길
산길마다
쏟아놓은
화주(花族)의 무덤에
딸기
샛빨간
산딸기.

다만 그대로
내뱉은
감정(感情)이여.

그래 못 잊어
멧새
너는 운다.

코스모스

하얀 창(窓) 앞에
마구 피어오르는 것은

활활
타오르는 불길이다.

바다 앞에
날리운 모닥불 같은 것으로

스스로 전율(戰慄)로 이어온
사랑.

여기
아무도 반거(蟠居)할 수 없는

하나의 지역(地域)에서
가을의 음향(音響)을 거두는 것이다.

항아리

크고 작은 숱한 항아리 옆
민들레가 피었다.

솔 한 그루
굽어보듯 서있는

그림 같은
애정(愛情).

무엇이나
가득히 담아주고 싶도록

그토록 하늘마다 향한
둥그런 문(門).

아아
나도

항아리 옆에 피어가는
노을이 되고 만다.

새

언제부터인가
새는

울고 있거나
아니면
참회(懺悔)하는 노래일 것이다.

또는
자비(慈悲)와 같은

그런 웃음이나마
즉즉(喞喞) 새겨가는 것인가.

울고 있는 것인지
웃음 같은 것인지

스스로 분간 못하는
새.

차라리
자유(自由)롭지 않아도
좋았을 날개를

또 한번 하늘 높이
펴보는 것이다.

강(江)

물살이 고와서
소리내는 강(江).

물오리가
이따금 목을 적신다.

눈감고
혼자서 주고받는

텅 빈
대화(對話) 속에

저런 강(江)은
아니 흐를까.

노을이
안에 와서 타거라.

넘칠 줄
모르는 강(江)은

행여
편안할까.

새벽

먼 곳으로부터
찾아오는

새벽
맑은 동자(瞳子)여.

꿈을
무산(霧散)시키고

출렁이는
가슴에

하나하나
열어놓은 환한 종교(宗敎).

누군가 이 앞에
무너지는 가냘픈 꽃.

누군가 이 둘레에서
굳어가는 미미한 꽃.

어둠에서
목숨이 비롯하여

철철 넘치는 새벽
맑은 동자(瞳子)여.

노을

어느 곳에서나
잡힐 듯이 그런 노을.

나도
눈을 감으면

한번은
이쯤 고울 것이다.

눈물
다음에

웃음
다음에

이제는 돌아와
무너지는 노을에서

못 이겨 타고 있을
정(情)은 멀은가.

멀어서 한 줄기
강(江)이 되어서

노을은 수련수련
춤을 추는 것이다.

은행나무

평화(平和)가
가을비에
젖는다.

끈끈한
빗속에
눈부시다.

환한 그늘로
소심(小心)한
내가 와있다.

또닥또닥
계단
올라가는 소리.

누굴까.
애인(愛人) 없었다는 것이
마음 가벼운 일.

은행나무
쳐다보며
참 마음 가벼운 일.

산(山)

늘 마음뿐
한번
오르내리지 못한

저 산(山)의
높이가

내 눈썹만큼도
못한
바로 그쯤이라 생각한다.

아주 그렇게
믿고 싶을 때가 있다.

실은
그 믿고 싶은 힘을
산(山)에서 배울 수가 있다.

살다가 한번쯤
외로움에
밀릴 때

저 산(山)의
높이가

내 눈썹만큼도
못한
바로 그쯤이라 생각한다.

화점(花店)에서

눈앞에 꽃이
한데 어울려서

숨을 쉬는
사화집(詞華集).

개이지 않은
창(窓).

빗속에서
오히려 간지러운 꽃잎

먼 날로부터
삼켜버린 화사한 유산(遺産).

까다로운 토분에
오히려 자유(自由)가 펄럭이며

그 미미한 잎으로
끌어안은 뇌성(雷聲).

제비

밀어붙이고
밀어붙이고 보면

아리아리한 기억 속에서
황무(荒蕪)한 땅.

바다는
깊이에 쌓여

시원스레 부서지는
파도소리.

제비는
떼를 지어

죽음보다
그 안을 날고 있었다.

비슷한 산하(山河)가
이룬 고요 속에서

사뭇
눈부신 것은

용케도 살아나는
파도소리 탓인가.

꽃 냄새

지금은
배가 고프다

밖은
사월(四月).

상가(喪家)
마주 건너

꽃나무가
눈을 뜬다.

불감증(不感症)에
걸려 있는 것일까.

슬프지가
않아서
다행(多幸)이랄까.

꽃 냄새
꽃 냄새

지금은
배가 고프다.

산정(山頂)

키 한 치 가량만
크게 하여서

나를
기쁘게 할 수 없는가.

아침은
문(門)을 열어놓았다.

바람이 좀
있을 것이다.

산정(山頂)은
늘 시원하다.

기지개를 해도
나는 내 키 정도(程度)다.

키 한 치 가량만
크게 하여서

나를
슬프게도 할 수 없는가.

거울 안은

비가 내리든지
그러면
한종일

거울 안은
아직 젊어
애타는 마음.

몇 번
구름 되어 가는가

울음
섞어
트인 하늘.

들여다보면
기다려보면

거울 안은
숫제
식욕(食慾).

그 하루를
지켜주는

까칠한
대화(對話).

울타리

나 무심했네
누워서
겨울을 생각하니.

언제
심었던가
기억 밖인데

자라서 지금은
울타리가
되어준 나무.

그 가지 끝엔
후회(後悔)가
없네.

바람 없이도
움직이는
그 가지 끝.

아, 순간의
몸짓이
아니네.

내 식구(食口)보다
미쁜
간호(看護)여.

나 무심했네
누워서
겨울을 생각하니.

눈

오너라
오너라 눈이여
잠 못 이루는 밤에
내리면 좋겠다.

말없이
보채는 밤을
덮어준 어머니
그 이불자락처럼.

어느 날의 기억
조각조각
불태운
부나비의 영(靈)처럼.

오너라
오너라 눈이여
잠 못 이루는 밤에
내리면 좋겠다.

연가(戀歌)

당신을 만나고 있을 때
그러고 싶을 때

미리 마련해야 할
조용히 작별(作別)만으로
끝나는 눈짓.

당신을 부르고 있을 때
그러고 싶을 때

흔들리는
그런 시늉만으로
족한
한 그루 나무.

당신과 이야기 나눌 때
그러고 싶을 때

강(江)을 끼고
은(銀)보다 반짝이는
강 모래알.

당신을 잊고 있을 때
그러고 싶을 때

오솔길
한자락
트인
서러운 하늘빛.

철조망(鐵條網)

꽃이 피었다가
아니면
지는 소리에
응집(凝集)되어 가는
철조망(鐵條網).

벌레가 운다
금속성(金屬聲)이 울린다
열려진 무한(無限)에서
서성대다 때 묻은 나날.

안으로부터 불타오르는
정욕(情慾)을 누르고
이제는 스스로
안정(安定)으로 돌아가랴
눈물어린 표적(標的).

시월(十月)

시월(十月)
풀밭에
벌레소리

그 소리 쌓여
세계(世界)가
조용하기만.

시월(十月)
하늘은
못다한 이야기

그런
눈빛에
젖어있기만

시월(十月)
풀밭은
어머니 넓은 가슴

무엇이나
가득히
앉을 채비만.

소녀상(少女像)

비 오는 날에
소녀(少女)는 온다.

비닐우산을
나란히 펴든다.

축축이 젖어오는
비의 무게와

안으로 젖어가는
따스한 입김.

떠나는
소녀(少女)의 모습은

언제 보아도
여유(餘裕)가 있다.

비 오는 날에
소녀(少女)는 온다.

나직한
음악(音樂)을 놓고 간다.

설경(雪景)

당신이라
나직이
부르게 해주소서.

당신을
바라보는
쓸쓸한
눈짓을 가르쳐주소서.

차분히
쌓이는 흥분(興奮)을
나누게 해주소서.

기쁨에 찬
이 마지막이
무엇인가 알려주소서.

진실로
한번만은
밉게
내 안에 있게 해주소서.

비로소
우리 얘기가
시작되게 해주소서.

2

그 집 소묘(素描)

늘 불화(不和)하다는 그 집
담장 너머
꽃이 피었습니다.

그 집 주인(主人)은
그 꽃이 피기만 하면
으레 문을 닫으라고 합니다.

그 집 안주인(主人)은
꽃나무 하나 꽂아놓지 못한
시집 불평(不平) 잊지 않았습니다.

그 집 아이들은
크레용을 마구 문질러
바람벽(壁)이 온통 꽃입니다.

일상적(日常的)인
구름이
그 집 위에 떠있습니다.

소일(消日)

칫솔질하며
열심히
나는
아침을
빛내고 있다.

풀잎
구르는 이슬
어쩌면
모든 것 잊어버린다는
미덕(美德).

어린놈
손등의 때나 문지르다가
신경질(神經質)을
달래면
저기 펴져가는 구름.

구름 따라
한나절이 기울어서야
쓰레기로
버려지는
내 시(詩)의 전부(全部).

가진 것 없이
재미나는
그놈들 틈에서
좀 길어도 좋으리라는
하루가 있다.

여름

우리는
걷고 있었지

햇살은
피부에
얼마쯤
상기(上氣)되어 있었지.

우리는 이야기를
나누었지

일년(一年) 중간쯤
와있을 여름
또 그만한
우리 나이에 대해서.

우리는
잠시 쉬고 싶었지.

한뼘
그늘 얻지 못하고
비로소
사랑을 느껴보았지.

고향(故鄕)

지금은
눈부신
가을.
들머리
마른 수숫대
그렇게라도
서있고 싶다.
낯이 설은
사람 속에
생각나는
어머니 나이.
한번은
내가
착해지나보다.
지금은
눈부신
가을.

소품(小品)

양철지붕 위에
칙칙한
가을 빗소리.

벽에
걸린 거울 안에
쌓이는 긴장감(緊張感).

돌아서서
손바닥에
비추어보는 얼굴.

아,
살아있다는
욕망(欲望).

집행유예(執行猶豫)
같은
가을 빗소리.

가을 단장(斷章)

간밤의 꿈을
손등으로
지우면
소녀(少女)가 앉았던
그 자리
소소(蕭蕭)한 가운데
코스모스가 핀다.
나뭇잎 끝에
쉬었다
날아가는 잠자리.
그것모양
훌쩍 떠날 수 있는
가을.
나뭇잎이
떨어진다.
나뭇잎이
붙어있다.
숨 막힐 듯
그런 가을의
통로(通路).

아침 서곡(序曲)

내 눈뜨는 아침을
노래하는 새여.
어느 날
지고 있을 꽃잎이
다시 피는 적막(寂寞)을
달래보고 싶은 새여.
밤이 비워놓은
빈 의자에
지금은 내가 앉을 차례다.
밉지 않은 그 노래를
손에 꼭 쥐고 싶다.
이슬이 바위 되고
바위가 이슬 되는
아침을
노래하라 새여.
그 맞은편
독(毒)한 욕지거리
세상과 나는
친할 수 있지만.
안 되겠다.
칼칼한 목구멍에
지천으로 쌓이는
꽃잎들.

풍경(風景)

이 집 주인(主人)의
흥분(興奮)은
좀 높은 이웃집
지붕 위의 비둘기를
의식할 때.
비둘기는
이 집 풍경(風景)을
언제나
한눈으로 내려본다.
마당 가운데
목발이 버려있다.
이 집 주인(主人)은 사지(四肢)가 멀쩡하다.
청명(淸明)한 날에
그런 시(詩)가 쓰고 싶다.
잡힐 듯
잡히지 않는 시간에
뜨락의 화초는
크게 자라고
삼간(三間)집
대궐 같은 적막(寂寞) 위에
햇빛이 내린다.

일기(日記)에서

뜨락에서
심심한 내 구두여.
그 안에 고인
눈물 같은 햇살이여.
내 곁에서
심심한 아내여.
넘치는 그 햇살을
손으로 떠서
나를 데리고 가라.
옥상(屋上)에 널려있는
빨래로 하라.
그러나 교수(絞首)할 줄 모르는
아내 곁에서
몸이 잔뜩 달아오를 때
한 마리 새는
늪을 지나
훨훨 날고 있었다.
햇살은 아프게
여린 발목으로 부서지고 있었다.
뜨락에서
심심한 내 구두는.

무제(無題)

한번은
논바닥에
고인 물일레.

거두어간
밑둥에
넘치는 물일레.

서릿바람
그 안에도
얼지 않는 구름.

진정
서러운 것 없이
다시 녹는 물일레.

한번은
논바닥에
혼자 있는 물일레.

침목(枕木)

흔들리는
비바람
곧게 뻗은 레일 위를
빈 화물차(貨物車)가 달린다.
덜커덕 덜커덕
어느 칸에선가
작은 불이 새고 있다.
무수한 나를
내가 눕힌다.
놓쳐버린 것이 너무 많다.
덜커덕 덜커덕
빈 화물차(貨物車)가 달린다.

겨울 미음(微吟)

아가야
잠자는 아가야
처마 끝에
고드름이
우리 아기
배우는 말씀처럼
얼어있구나
고드름을
녹이는 겨울바람
아가야
눈을 떠서
이 스스러운 작업(作業)을
볼 일이다.

동화집(童話集)

뒷마루에
아이들이 모여앉아
동화집(童話集)을 읽는다
해맑은 가을.

구름이
손에 잡히는
그런 아름다운
때가 있었다.

꼭 오늘 같은 하늘
돌돌
물소리마저
내고 있었다.

그 아래
공복(空腹)이 깔린 마당에
장승처럼
내 그림자.

모두 어디 갔을까.
황국(黃菊)이
가을 빛내고
동화집(童話集)만 남는다.

둘레

내 둘레를
채울 수 없는
꽃이
꽃답다 생각할 때
문득문득
다가오는
이미 죽은 시간들
공중에 날고 있는
파닥이는 날개
그것이 연습(演習)이 아님을
만나게 될 때
연신 마른기침은
바위에 부딪치고
이미 죽은 시간이
봄비이듯
축축이
내 둘레를 적시고 있다
키우고 있다.

물소리

물은 흐르고 있었다.
부스럼이 아문 자리에
새살이 나듯
언제나 해말간 소리를
내고 있었다.
그 소리에
귀가 젖은 날 밤엔
나는 곧잘 꿈을 꾸었다.
사랑하는 소녀(少女)여,
귀머거리여,
네 귀가 열렸다.
다이너마이트 심지에
불이 붙었다.
바위 같은 귓밥이
산산 바스러졌다.
아,
순간 나는
입을 벌린 채
벙어리가 되었다.
이 허망한 꿈.
그러나
버리기 아쉬운 휴지(休紙)
내 우울(憂鬱)은
이 휴지에 싸인 일상(日常).
물소리에
귀가 젖은 날 밤엔
나는 곧잘
이런 꿈을 꾸었다.

보석(寶石)

흉내 내는 집 아이들의 서툰 유행가(流行歌). 그 가락 속에 나오는 고독(孤獨)이란 낱말도 나는 좋다.

보석(寶石)이듯 나는 아낀다. 그것이 아직 내 시어(詩語) 속엔 없어도 나는 좋다.

피하(皮下)로만 파고들다가 가을 어느 날 빨간 열매처럼 익고 싶은 것일까. 그 열매를 씹다가 고독(孤獨)을 영 잃어버리는 것은 아닐까.

내 집 마당의 햇살처럼 가득해서 나는 좋다. 손에 잡히지 않아서 나는 좋다.

뒷모습

꽃은 전부(全部)로 빛난다. 뒷모습을 보이지 않는다.

더러는 서러운 모습, 더러는 씁쓸한 모습을 내 시야(視野)에 수국(水菊)처럼 환히 채워주는 즐거움은 무엇이랴.

우리에겐 언제나 떠나는 시간(時間). 그 떠나는 시간에 등을 보인다. 흔들림 없이 떠나는 뒷모습에서 오히려 흐느끼고 있는 너를, 어찌 꽃잎을 대하는 그런 눈빛으로만 머무르게 할 수 있으랴.

더러는 사랑스러운 모습으로, 더러는 모양 지울 수 없는 모습으로 분수(噴水)처럼 내 앞에 부서지는 너를, 어찌 꽃잎을 대하는 그런 눈빛으로만 바라볼 수 있게 하랴.

사람은 뒷모습이 있다. 참 매력(魅力)이 있다.

◆발(跋) | 김구용(金丘庸)

19년 전 일이다. 임강빈(任剛彬) 씨가 나를 처음으로 찾아왔다. 나는 그날을 어제 일처럼 기억한다. 그러니 시집(詩集)은 저자(著者)가 20년을 애쓴 소산(所産)이다. 감개무량하다기보다는 옷깃을 여미고 숙연(肅然)하지 않을 수 없다. 독자(讀者)도 이러한『당신의 손』앞에 경의(敬意)를 표할 것이다.

저자(著者)가 후기(後記)를 쓰지 않으니 내가 대신 쓰는 수밖에 없다.

시집(詩集) 면수(面數) 관계상 부득이 몇 편(篇)만 제외하고 나머지 작품(作品)은 다 수록(收錄)하였다. 씨의 지나온 자취를 이해하는 데 충분하고 씨의 앞날을 기대(期待)하는 우리에게 이정표(里程標)가 될 것이다.

내가 감히 발문(跋文)을 쓰는 것은 우정(友情)만이 아니다.

씨의 작품(作品)은 나에게 조용한 위안(慰安)을 주고 씨의 과작(寡作)하는 태도는 나에게 집념(執念)을 보여주었다. 씨가 부족(不足)한 점을 구비하고 있기 때문에 나는 이 발문(跋文)을 쓰는 기쁨을 느낀다.

일생에 있어 20년이란 결코 짧은 세월이 아니다. 산(山)이야 변할 리 없지만 사람은 연령(年齡)에 따라 보는 점(點)이 다르다. 변하지 않는 하늘의 참모습을 파악하기 위하여 우리는 부단히 변화하고 있다. 씨의 그칠 줄 모르는 노력이 쌓여 산이 되고 하늘이 되어 우리의 참다운 고향(故鄕)을 제시(提示)해 주리라 믿는다.

이번 첫 시집(詩集)이 책이 된 제작 과정은 현대문학사(現代文學社) 조연현(趙演鉉) 선생의 배려(配慮)와 김수명(金洙鳴) 여사의 수고이다.

저자와 함께 감사드린다.

1969년 개천절(開天節)

2시집

冬木…1973

◆자서(自序)

이제 더 무슨 사설(辭說)이 필요하랴. 너무나 긴 이야기를 나 혼자 해온 것이 아닐까.

이 얄팍한 시집(詩集)을 엮고 나면 몇 마디 할 말이 있을 것 같았는데 막상 당하니 별반 그런 것도 없어진다.

시(詩)를 쓴다는 것은 나에겐 무엇보다 소망(所望)스러운 일이다. 이것을 떠나서는 한가닥 나의 진실(眞實)은 위태롭기만 하다.

이제는 조금씩 눈물에도 의미(意味)가 되어 주듯, 나의 시(詩)에도 어떤 변화(變化)는 마땅하다.

겨울나무는 언제나 안정(安定)된 자세다. 지친 빛이 없다. 그 사이를 하루 종일 서성거리며 나눈 대화(對話) — 삭막(索寞)한 겨울에는 더 깊이 땅속에 뿌리를 박고 있음을 알았다.

평범(平凡), 그것은 아주 값진 것이다. 매사에 긴장(緊張)되는 버릇이 있다. 그만큼 인생(人生)의 멋도 나와는 멀다.

어쭙잖은 이 작업(作業)이나마 성실히 계속할 일이다.

제자(題字) 『冬木』은 나보다 더 가난하게 살아오신 아버지 — 내게 주신 따뜻한 격려(激勵)다.

1

잠에서 깨어

한밤중 잠에서 깨어
흠칫 놀라다.
희부연한
창문의 반듯한 면적(面積).
모두 죽어가는 연습으로
이 조용한
밤에 홀로 깨어
흠칫 놀라다.
한낮에 보이지 않던 것이
환히 보이는
무성(茂盛)한 어둠 속
퍽퍽 쓰러지다
피 한 방울 묻지 않는
환상(幻想)의 굴레.

당신은

당신은 말이 없는 사람
당신은 말을 삼키는 사람
목구멍에서 들끓는 당신의 말씀.
들끓는 당신의
이승에서 아름다운 환상(幻想)을
누가 엿듣고 있다.
이른 봄
피는 산수유(山茱萸)
그렇게
당신은 말이 없는 사람.

한 장의 그림

멀리 구릉(丘陵) 아래
복사꽃이 만발한 아이들 그림.
짙은 크레용 냄새.
서툰 솜씨로
지는 날 없이 환한 세상.
내일은 액자에 끼워
머리맡 벽(壁)에 걸자.
그 아래 누워서
바람도 없이
무시로 지는 꽃잎.
거기 묻히는
내 서러운 한 장의 희화(戲畵).

빗속에

빗속에 명멸(明滅)하는
네온의 불빛.
튀김집 솥에서
자글자글 끓어대던
포도(鋪道)의 빗방울.
잠시 처마 밑에서
비를 피할 때
젖어오는 나의 시(詩)
빈 호주머니 속의 전부(全部).
사랑하는 소녀(少女)여.
지금 이 빗속을
슬픈 네가 달려오는 소리
멈칫 네가 멈추는 소리.

산(山)

산이 좋았다.
흐트러지지 않은 山이 좋았다.
슬픔은 빗줄기
조금은 흔들려야 하는데
山을 기대고
서버린 불혹(不惑)의 나이.
그 안에서
푸득푸득 날아가 버린
한 마리 새.
떠난 자리의
팽팽한 공간(空間).
山이 밀려간다.
바늘귀로
들어가는 낙타(駱駝) 등이 보인다.

만추(晩秋)

이른 여름 모종해 놓은
사루비아.
무더기로
마지막 열(熱)을 뿜는다.
콘크리트 벽(壁)이
한결 창백해 보인다.
이런 날은
책상서랍을 정리하고 싶다.
여름 습기(濕氣)가 남아서
삐걱 소리를 낸다.
버리고 싶은 것들이
더 많이 쌓였다.
아직 띄우지 못한
몇 행(行)의 편지.
아끼고 싶은 것들이
너무 일찍 죽었다.
기러기떼 소리
하늘에서 들린다.

벌레소리

약속이나 한 것처럼
우리는 말을 잃고 있었다.
어쩜
우리보다 목말라 보이던
한잔의 차(茶).
혼자가 되어서
혼자가 아니라는 생각.
꽉 짜인 포도(鋪道) 위를
불빛이 달린다.
싸늘한 밤공기
태우는 벌레소리.
툭툭 걸려드는
그 소리가
밟히지 않았다.

귀로(歸路)

차단기가 내려진다.
귀로(歸路)에서
건널목에서
이따금 만나는
내 긴장(緊張).
얼마쯤
다가서고 있는 것일까.
좁혀오고 있는 것일까.
늦은 귀가(歸家) 시간의
이 반복(反復).
순식간에 지나고
남는 육중한 소리.
더 쓸쓸해 보이는
평행선(平行線).
차단기가 올라간다.

눈

눈이 내리고 있다.
가벼운 하강(下降).
눈이 내릴 곳은
이 지상(地上)뿐이다.
우리네 발밑이다.
메마른 사유(思惟)의 가지에
불을 지피고 있다.
단절된 우리네 시간이
부상(浮上)하고 있다.
놋대야에 발을 담그고
발바닥 때를 문지르면서
서러운 애정(愛情)도 느껴보지만
아내여,
지금
눈이 내리고 있다.

풀꽃

바람 속에
더욱 작은 풀꽃이여.
불티처럼 날으는
하얀 풀꽃이여.
수천수만의
때가 낀 손톱이여.
이 풀꽃 속에
더욱 작아지는
자의 노동(勞動)이여.
바람 속에
흔들리지 않는 허무(虛無)여.
내 혼신(渾身)이여
풀꽃이여.

벽(壁)

마당에 내린 햇살은
층(層)이 나지 않는다.
오르내리는 수고로움이 없다.
벽(壁)에 와 닿는 햇살은
몸살 같은 게 섞여 있다.
미움이 달라붙는다.
사랑이 달라붙는다.
욕망(欲望)이 달라붙는다.
한 모금 목숨이
벽(壁)에 와서 누더기가 된다.
다닥다닥 붙어서
흐느적거리는 벽(壁)에
내가 갇힌다.

동일초(冬日抄)

겨울 뜰에 서면
어떤 앓아눕던 일 생각난다.
어떤 마음 죄던 일 생각난다.
어떤 눈물 나던 일 생각난다.
겨울 뜰을 거닐면
혼자 앓아눕던 일 그립다.
혼자 마음 죄던 일 그립다.
혼자 눈물 나던 일 그립다.
홀로 견고(堅固)한 겨울 뜰에
싸락눈이 쌓인다.
죽어서도 숨쉬는
당신의 숨소리가 쌓인다.

그처럼 개운한

네가 흘린 눈물의 뜻
내 알 수 없듯이
나의 눈물을
너도 말할 수 없으리라.
어찌되었거나
참을 수 있던 눈물이
왈칵 쏟아지는 날처럼
개운한 일도 드물다.
참을 수 있던 것은
이 세상이
너무나 꽉 차 있기 때문.
참았던 눈물을 흘리고 나면
잘 개인
한국(韓國)의 하늘
그처럼 개운한 일도 없다.

2

장미(薔薇)

나뭇잎 자라
가리어 보이지 않는
우리집 불빛
아슴한 불빛.
술에 취한 밤은
별이 너무 많다.
비틀거리는
주인(主人)의 발자국 소리
분명 듣고 있을
개가 짖어주지 않는다.
빨리 돌아가고 싶다.
우리집 비좁은 마당
비집고 들어와
피어준
장미(薔薇) 앞에 서고 싶다.

추부(秋富)에서

멀리 가까이
이어지는 능선(稜線).
추부수도(秋富隧道)를 지나면
눈 아래
마을이 보인다.
산등성이까지
올라간 삼(蔘)밭.
그 사이로
곱게 일어서는 보리 이랑들.
복사꽃이
마을 어귀
무너진 돌담 위로 피어 있다.
뿌연 먼지 일며
달리는 버스
섭섭한 인간사(人間事)
그 먼지처럼
뒤로만 한다.

목련(木蓮)

수도꼭지에서
쏟아지는
물줄기에 빼앗긴 혼이
목련(木蓮)이 피면서
도루 제자리에 돌아간다.
멀어서
보이지 않는 영원(永遠).
그 영원을
목련(木蓮)이 좀 열어놓는다.
쉽사리 누구나
고독해질 수 없다.
비워놓을 수 없는
내 배후(背後)에서
목련(木蓮)은 핀다.
쏴 쏟아지는 물줄기
그 물소리처럼.

정물(靜物)

낮게 내려앉은 천장
바람벽에 붙은 아이들의 낙서(落書).
가끔 마주치는 거울.
심심한 몇 가지
아내의 화장품.
골동품(骨董品) 아닌
무명 항아리.
비닐 장판
규칙적인 무늬.
못에 매달린 양복솔.
재떨이 속의 꽁초.
이들 속에 끼는
무언극(無言劇).
주인이 열심이어야
이들도 좀 흥이 나 보인다.

육교(陸橋)

서울에 가면
그 많은 육교(陸橋).
작년 눈사태로
아주 떠나려간 것으로
여겨온 병(病)이
말짱히 살아서
또 오르내린다.
어쩌면
이승과 저승
보다 긴 육교(陸橋).
아래를 내려본다.
어디론가 향한
바삐 가는 사람들.
내 병은
관절(關節) 깊숙이 숨어서
또 다른
육교(陸橋)를 오르내린다.

풀잎

보이지 않는 것이
많은
한낮.
바람 속 풀잎이
날[刃]을 세운다
소리내며 세운다.
실의(失意)는 인간들의 것
그럴 이유가 없다.
모였다 쓰러진다
쓰러지며 지킨다
고독(孤獨).
어떠랴
빛 뿌리는
한낮의 경험(經驗)을.

스케치

낡은 단층 목조건물(木造建物)
낮은 추녀 끝.
시골에서 만나는
일요일(日曜日).
허기가 들어 보이는
하얀 운동장.
좁은 복도로 새어나오는
풍금소리.
낯익은 곡조(曲調).
국기게양대
그 맨 꼭대기
가을이 오고.

일모(日暮)

해 저문다.
발밑
모이는 어둠을
종소리가 흔든다.
아직 지칠 줄 모르는
골목
아이들 목소리.
며칠 전 내린 눈이
피곤히 녹는다.
질펵한 발밑에서
떠오르는
눈 덮인 산(山).
오히려
가깝게 잡히는
먼 거리(距離).

가을운(韻)

천장에 매달린 형광등을 비튼다.
불빛이 이내 죽는다.
환한 창호지에
집중(集中)되는 가을.
문살이 좀 야위어 보인다.
요 며칠 바람이
시끄럽게 불어대더니
낙엽 소리가
이 창호지에 비친다.
온통 정신만이 모인 것 같은
한지(韓紙)에
아, 거문고 소리.

동목(冬木)

한 뿌리에서 자란
나뭇가지
그 가지와
가지 사이에 생긴 간격(間隔).
겨울엔 너무 빤히
그것이 보인다.
바람 끝에
멈추는 적막(寂寞)이
내 뼈마디를 흔들어주곤 한다.
줄곧 나는
왜 한 나무만을 보아왔을까.
한 뿌리에서 자라
그 가지와
가지 사이에 생긴 간격(間隔).
그 사이로
하루를 오르내리는
비탈길이 보인다.
밤을 한층 춥게 하는
별이 보인다.

모일(某日)

눈보라 속
무수한 내가 있었다.

어디서나
눈은 쌓이고 있었다.

쌓이지 않는
강물이 소리내며 있었다.

길 따라
상여(喪輿)가 바삐 가고 있었다.

발자국이
이내 지워지고 있었다.

눈보라 속
무수한 내가 있었다.

미이라처럼
강물은 누워 있었다.

구름이 흩어져서

구름이 흩어져서
하늘이 남고
채송화는
까만 씨로 남고
나는 죽어서
한 몇 백 년
슬픈 것은 모두 썩다가
답답한
무덤 속을 기어나올까.
몇 줄 시(詩)가 되어서
당신 앞에
고즈넉이 다시 와 앉을까.

하얀 지도(地圖)

아이들이
펼쳐놓은 백지도(白地圖)
여기 무엇을 그려놓을까.
맴돌다 돌아선 고샅길
지쳐 있는
뜰안의 신발.
쏴
쏴 몰리는 소나기.
발치에 걸린 내 남루(襤褸).
그보다야
아이들 꿈을
무슨 색깔로 칠해 놓을까.
이 세상
한눈으로 조감(鳥瞰)할 때
차라리
한 장의 백지도(白地圖)인 것을.

3

가락지

잠든 당신의 손가락에
꽉 낀 가락지.
귓전에 따가운
벌레소리
이 밤 깊숙이
아픔도 빛을 낸다.
열심히 굴리고 있는
벌레소리
나와는 무관한
가락지 하나
단애(斷崖)에 굴러 떨어진다.
그래도 꽉 끼인
당신의 가락지.

조춘(早春)

은박(銀箔)종이 속
몇 개의 알약(藥)
오늘은 좀 일찍 꺼내어
손바닥에서
같이
숨쉬기로 한다.
방안의 분(盆)을
양지쪽에
옮겨 놓는다.
이파리에 묻은 먼지가
지난겨울을 아프게 한다.
물오른 버드나무
막혔던
형상(形象)과 만난다.

꽃

다리목
꽃장수 여인(女人)의
한 아름 꽃.

목이 길어
일찍 잘리운
찬란한 모가지.

바삭바삭
몸부림
가을 소리 있었다.

머리맡
꽃병
허무(虛無)한 항아리.

빈손으로 돌아와
꽃무더기 속
내가 있었다.

빗소리

빗속을 나는
한 마리 새.

젖어 있는
그 울음

산(山)이
듣고 있었다.

기왓골을
거쳐서
낙숫물 소리.

아 단조로운 환희(歡喜)야.

벽(壁)에 걸린
거울 속
가닥가닥
끊어지는
빗줄기가 있었다.

아침

아이들은
벌써 즐겁다.
재갈거리는
낭랑한 목소리.
아내는
부엌으로 가고 없다.
언제나 새로운
문틈의 바람.
바람 앞에
나약한 나의 꿈.
꿈은 부스러기다.
내 아침은
우리집 사육견(飼育犬)이
뜯다 말은
하얀 뼈마디다.

보리

보리가 익어서
보리 냄새.

황금(黃金)빛 타는
보리 냄새.

까마귀가 있는 보리밭.

살아서 그린
고호의 율동(律動).

마당에서
타작 소리.

뙤약볕이 튼다
갈라진다.

계곡(溪谷)에서

발밑으로
쏟아지는 매미소리
행인(行人)의 발걸음이 뜸하다.
계곡의 물소리 따라
모이는 수심(水深).
바위에 누워서
한나절에 기운다.
구름에도 섞이는
계곡 물소리.
그 사이사이로
독경(讀經)소리가 비친다.

뜨락

잔가지의 미동(微動).
이파리 하나 없이
떨쳐버린
깨끗한 나무.
마주 서보는
설렘.
새소리도 끊겼다.
사랑방 아버지
기침 죽이며
차(茶) 마시는 소리
이 가지에 와 걸린다.
낮은 처마 끝에
빈 조롱(鳥籠)이 흔들린다.
마른 잎 같은 관념(觀念)이
뜨락에 모인다.

교외(郊外)

바람이 언덕에 모인다.
마른 풀잎이
서로 비비대고 있다.
한 해의 수확이 끝난
과수원(果樹園).
물빛 같은
햇살이 깔려 있다.
아무도 없다.
종이 울린다.
높은 교회 지붕
비둘기가 마당으로 내려
앉는다.
피뢰침(避雷針)이 반짝인다.

만경평야(萬頃平野)

애태우며
동동거린 일 이제는 끝내야겠다.
환상(幻想)은 후두둑
나뭇잎에 떨어져
지층(地層) 깊숙이 스민
어제의 빗방울.
흔하다는 눈물
찔끔 흘려도 보았지만
더는
손바닥으로 감당 못하겠다.
미운 사람
뜨거운 사람아
나름대로의 손을 흔들라.
잘 익은
만경평야(萬頃平野) 바라보며
이 넉넉한 생각뿐.

메아리

손때 묻은 시간
그 많은 시간
구겨진 시간(時間)들이
내 곁을 떠난다.
등이 시려 보이는 과목(果木)에
가을 햇볕이 남는다.
떠난 시간들이
마구 달아난다.
거침없이
두려움 없이
그러다
그러다가 툭 걸린다.
이젠 과목(果木)에
아무것도 없다.
넘어진 시간들이 일어선다.
손때 묻은 시간
그 많은 시간(時間)
낭자히 피 흘리며
다시 돌아오고 있다.

초동(初冬)

병동(病棟)
녹색 지붕에
하얗게 서리가 내렸다.
맞은편 은행나무
떨어질 것은
이제 아무것도 없다.
민숭한 산비탈
어느 날의 갈대가
오늘 아침
배음(背音)처럼 깔린다.
긴 밤으로 쌓인
후회(後悔)가
서릿발에도 살아남는다.
딸랑딸랑
쓰레기차(車)가
골목에 와 있다.

어떤 죽음

빨랫줄에 널린
하얀 와이샤쓰
그것을 흔드는 바람.
문득 그의 죽음을 생각한다.
시멘트 바닥에
툭툭 튀는 빗방울
그 힘찬 죽음.
박제(剝製) 독수리
날개의
뽀얀 먼지.
낯설지 않는 길목에서
어깨 위로 쌓이는
눈송이
하얀 중량(重量).
문득 그의 죽음을 생각한다.

간밤의 꿈은

간밤의 꿈은
저승에서 걸어나오고 있었다.
난도질에
도막난 시간들이
모래 틈에 끼어 있었다.
두엄더미에서 쭈그리고 앉아
바라본 어릴 적 별들이
지천으로 깔려 있었다.
버릴 것은 버리고도
너무 양(量)이 많았다.
그것뿐
사각사각
갈대가 소리내고 있었다.
간밤의 꿈은
저승으로 걸어가고 있었다.

◆발(跋) | 박재삼(朴在森)

임강빈(任剛彬) 씨를 처음 만난 것은 한 십 년 넘어 되는 것 같다. 공주(公州)시절부터 친교(親交)가 있었던 김구용(金丘庸), 김상억(金尚憶) 두 분이 처음으로 인사를 시켜주었다. 그때 그는 신기한 장난감을 하나 사서 가슴에 안고는 아이들이 얼마나 좋아하겠느냐며 신바람이나 있었던 기억이 유달리 난다.

객지에 와서 아이들의 사랑을 깊이 느끼는 데에서 그는 얼마나 아름다운 생활적(生活的)인 사람인가 하는 것을 알 수 있었고, 또한 동심(童心)을 헤아리는 순진무구(純眞無垢)함에서 그는 얼마나 '감상적(感傷的)인 사람'인가 하는 것을 짚을 수 있었다.

그에 대해서 무심코 찍어본 이러한 사람됨에 대한 관점(觀點)은 그의 시(詩)를 자꾸 보아오면서 제법 '근사하게 짚었는데!' 하고 더욱 고개를 끄덕이게 되었다.

아닌 게 아니라 그의 시(詩)는 편편이 일상성(日常性)에서 경이(驚異)를 찾는 것이거나 아니면 거의 환상적(幻想的)이리 만큼 세련된 감상성(感傷性)을 빚어주고 있는 것이다.

전자(前者)의 세계를 두고 그의 시(詩)는 마땅히 생활시(生活詩)라고 규정해서 어긋나지 않을 것이며, 후자(後者)의 세계를 두고 그의 시(詩)를 비생활시(非生活詩)라고 지칭해서 망발이 되지는 않을 것이다. 이렇게 한 사람의 시(詩)세계에서 생활시(生活詩)와 비생활시(非生活詩)가 별개의 세계로서가 아니라, 한 세계로서 공존(共存)하고 그 조화(調和)의 묘(妙)를 얻고 있다는 것은 참으로 희한하고 놀라운 일이 아닐 수 없다.

한 시인(詩人)이 가진 창조력(創造力)의 본질(本質)을 이러한 상반(相反)된 세계로서 조금도 어색하지 않고 오히려 구체적으로 그것을 형상화(形象化)시키는 능력을 가진다고 할 수 있다. 이것은 그의 시적(詩的) 개안(開眼)이 현실이다, 비현실이다 하는 분계선(分界線)을 긋지 않고 사물이면 사물, 인정(人情)의 기미(機微)면 기미(機微)를 보다 고차원적(高次元的)인 세계에서 추구하고 포착(捕捉)하려는 진지성(眞摯性)에서 나온 것이라 할 만하다.

빨리 돌아가고 싶다

우리집 비좁은 마당
비집고 들어와
피어준
장미(薔薇) 앞에 서고 싶다.

―「장미(薔薇)」의 일절(一節)

사랑방 아버지
기침 죽이며
차(茶) 마시는 소리
이 가지에 와 걸린다.

―「뜨락」의 일절(一節)

모두 죽어가는 연습으로
이 조용한
밤에 홀로 깨어
흠칫 놀라다.

―「잠에서 깨어」 일절(一節)

환한 창호지에
집중(集中)되는 가을
문살이 좀 야위어 보인다

―「가을 韻」의 일절(一節)

이런 구절들에서 우리는 생활시(生活詩)니 비생활시(非生活詩)니를 굳이 갈라 보는 상식이 얼마나 허망한 일인가를 알 것이다. 이 말은 그에게 있어서는 현실과 비현실 어느 쪽에 편들고 있지 않다는 말로 바꾸어 말할 수도 있을 것이고, 다시 발전해서 말한다면 자연(自然)이나 인사(人事)의 어느 한쪽에 그는 편의(偏倚)할 줄을 모른다고 할 수도 있지 않을까 한다.

요컨대 그에게 있어서는 시(詩)란 논리적(論理的) 간판(看板)의 야단스러움이 아니라 지혜적(智慧的) 내부(內部) 경영으로서의 조용한 표현이라고 해야 할는지 모른다. 이 점에서 그는 세속주의(世俗主義)에 물들지 않은 가장 결곡(潔曲)한 시인(詩人)이라 할 수 있을 것이다.

이런 그의 시작(詩作) 태도는 그에게 낮은 목소리로 읊는 차분한 시(詩)를 낳게 했고, 애환(哀歡)의 한 측면에 기대는 어리석음에서 벗어나게 했는지도 모른다. 이 중요한 사실이 그의 성가(聲價)

를 보다 진실한 시인(詩人)으로 믿고 있는 요인(要因)이라 해서 틀리지 않을 것이다.

『冬木』은 그의 첫 번째 시집(詩集) 『당신의 손』이 나온 69년(年)에 이어 4년(年) 만에 나오는 그의 두 번째 시집이다. 시(詩)가 좋아서 그만인 그의 귀한 시집(詩集)에 어리석은 글 몇 자를 적는 것이 오히려 부끄럽고 미안스러울 따름이다.

1973년 4월

3시집

매듭을 풀며…1979

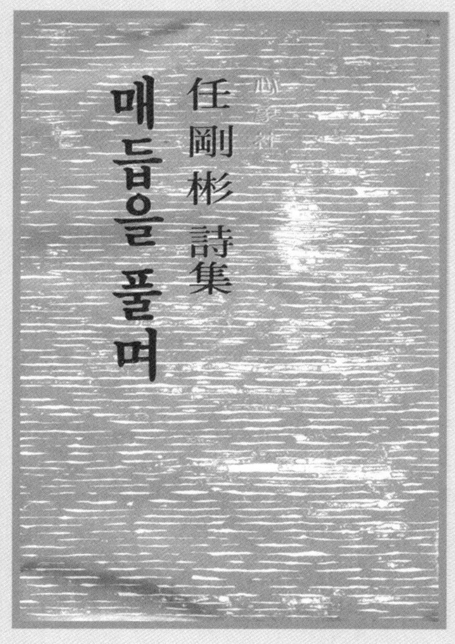

◆책머리에

이 시집(詩集)에 담긴 작품은『冬木』이후 그간 지상(誌上)에 발표된 것을 주로 모은 것이다. 세 번째의 시집이다.

언제나처럼 개운하지 못하고 불만이 앞선다. 고작 이 변변하지 못한 것을 위해 그 많은 나날을 방황도 하고 괴로워했던가? 바닷가에서 열심히 조개껍데기를 줍다가 눈앞의 더 예쁜 것에 끌려 앞서 가진 것을 버리고, 이런 되풀이 속에 마침내는 빈손으로 돌아오는 꼴은 아니었던가?

내게 있어 시(詩)는, 이미 주어진 숙명(宿命) 같은 매듭을 풀어가는 작업이라는 생각도 해본다.

나의 시보다 평범(平凡)한 나에게 따스한 손길을 준 분들에게 고마움을 느낀다. 내 시에 대한 좌절감(挫折感)에서 오는 탓일까?

이『매듭을 풀며』가 세상에 나오기까지 여러 모로 힘을 보태주신 분들을 잊지 못할 것이다.

1979년 6월

임강빈(任剛彬)

1

봄비 서정(抒情)

빈 벤치 위에
봄비가 내리고 있다.
가로수 마른 가지에
버려진 신문지 활자 위에
봄비가 내리고 있다.
횡단로(橫斷路)
이쪽과 저쪽
서로가 건너지 못해
기다리는 우연한 만남
그 어깨 위에도 내리고 있다.
간간이
하느님 내려오는 소리
이 세상
모든 슬픔이
오늘 봄비에 젖고 있다.

비탈길

구멍가게 목판에서
먼지만 쓰고 있던 사과알이
죄다 달이 되어
둥둥 떠간다.
막소주 한 병 손에 든
비탈길에
따라오는 벌레소리.
가게집 주인이
덤으로 딸려 보낸 모양이다.
함께 비탈길을
오르내리잔다.
벌레소리가
이슬만 같다.

아버지의 예서(隸書)

조용히 먹을 가신다.
안으로 귄
앙금이랑 섞어 먹을 가신다.
연적의 물을
분(盆)에서 자란 느티나무 뿌리에
조금씩 부으시며
다시 먹을 가신다.
붓끝에서만 풀리는
당신의 매듭.
한 획 한 자(字) 내려가는
아버지의 예서(隸書).
풀리지 않는 매듭이나
풀어가듯
나도 조용히 무릎 꿇는다.
그 행간(行間)에 비치는
가랑잎 소리.

등(藤)꽃

무료한 시간이
벤치에 앉아 있습니다.
아래로만 늘어진 등꽃
꼬인 것들이
이 넝쿨만큼이나 많은
이웃과 만날 수 있습니다.
이야기를
주고받았습니다.
요 몇 년 끊었던 담배
다시 입에 물어봅니다.
한 줄기 자연(紫煙)이
파르르 떨며 사라집니다.
꿀벌이
왱왱거리고 있습니다.

밧줄

거울 앞에
있어야 할
어제의 나는 없다.
무수한 손의 손짓
몸의 몸짓
봄이 가고
여름
가을
눈이 내리는 하얀 공간.
밧줄을 줘요
썩은 밧줄이라도 좋아요.
엑스레이 그으른 흉부(胸部)
같은 거울 앞에서
나는 피에로
박수가 없다.

못질이 덜 된

고층 건물에서
곤두박질하는 바람.
골목으로
와와 몰리는 바람.
사람 틈에
바삐 나도 움직이다가
바람이 되어
한 바퀴
미치게 쏘다니다가
마침내는 우리 집
못질이 덜 된
스레트 지붕을 때리는
고독의 단속음(斷續音).

한 선상(線上)에

마태복음(福音)
몇 장(章)이
무릎 위에 펼쳐 있습니다.
가을이
그 여백(餘白)처럼 정결합니다.
제비 떼들이
떠날 채비에 바쁩니다.
어느 놈이
제 고향으로 먼저 돌아갈는지
지금은
한 線上에 모여 있습니다.
빈 들판에
어깨가 처진 허수아비
좀 쉬어야 하겠지만
떠날 곳이 없습니다.

하얀 눈이

하얀 눈이 내립니다.
아가야
아가는 커서 무엇이 될래.
무릎에 앉아
아가도 묻습니다.
할아버지는
커서 무엇이 될래.
앙리 루소의
한 폭(幅) 그림 같은
조용한 마을
눈은 계속 내리고
아가는
사르르 잠이 듭니다.
먼데서
종소리가 대화(對話)를 이어줍니다.

시인(詩人)의 방

기침을 하시네요.
벽에서 신선도(神仙圖)가
펄럭이네요.
피리를 불고 있네요.
모과차(茶)가 끓고 있네요.
창 밖에
참새가 몇 마리 놀고 있네요.
감꽃이 지고 있네요.
줄에 널린 빨래
바람이
말리고 있네요.
풀꽃 한 아름
항아리가 비어 있네요.

겨울 포옹(抱擁)

한 개 관(棺)이 놓여 있다.
겨울이면 말더듬는 버릇이던
지금 그대를 보내기 위해
모인 우리들은 벙어리가 되었다.
이제는
더 서러울 것 없이 돌아가는
슬로우비디오의 장면마다
그 배경을 이루고 있는
겨울 눈.
점점 눈발이 사나워지고
그 속을
한 개 관(棺)이 가고 있다.

인상(印象)

손수레에 실려
이삿짐이 지나간다.
눈이 내려
늙은 부부의 발자국을
황황히 지우고 있다.
끌며 밀며
갈림길에서
잠시 뒤돌아본다.
눈 위에 비틀거린
수레바퀴 자국의 인상(印象).
이 무상의
그림 한 폭도
이삿짐에 싣고 간다.
앞산에도
눈이 내린다.

부재(不在)

강아지도 집을 비우고 없다.
좁은 뜨락에
햇볕이 쭈구리고 앉아 있다.
넝쿨장미가
오늘 꽃이 되어
천근(千斤) 무게를 흔들고 있는데
모두 어디 갔을까.
이 집 주인은
아내도 읽지 않는
시를 쓴다.
가난하지 않기 위하여
가난한 시를 쓴다.
지붕에 구름이
잠깐 머물다 간다.

하관(下棺)

멀리 떠나
시골 마을에서도 먼
비탈진 산에 무덤들
하관(下棺)
무거운 짐을 내려놓는다.
이승과
저승에서 만나는 바람.
살아있는 사람은
올라가야 할
비탈길을 내려간다.
고가(古家) 뜰 앞에
태산목(泰山木)
하얀 꽃이
죽음처럼 조용하다.

2

가을 풍경

가을이 홀로 빗질을 한다.
오랏줄에 묶여
가로수가
한 줄로 서온다.
육 · 이오 때 끌려가 죽고
폐를 앓다 죽고
사랑 때문에 죽고
유서 한 장 남김없이 죽고
이 많은 삶이
화사한 얼굴로
뒤따라온다.
낮에 우는
귀뚜라미가 있다.
가을이
홀로 빗질을 한다.

과원(果園)

복숭아 과원엔
아직 남은 겨울이
줄지어 서 있다.
멀리
아우성 같은 것이 있다.
손들고 벌 받던
어린 시절의
그리움도 거기 있다.
사랑하다가
말없이 헤어진
한 장면도 거기 있다.
되풀이
필름이 돌아가고 있다.
환히
복숭아꽃이 피고 있다.

눈보라

병실(病室)에 기대어
유리창 너머
힐끗거린 진눈깨비에도
예사롭더니
보내야 할 사람
보내놓고
비로소 그날의 아픔도
함께 느낀다.
멀리 혹은 가까이에서
아, 아 모음(母音)이 섞여 오는
눈보라.
그 속을 마구 뛰다가
벨이 울리면서
정지(停止)되어 버린
하얀 스크린.

국화

가을 국화가
반듯하게
고개를 쳐들고 있다.
찬 서리 내리는
하늘에
더욱 고개를 쳐들고 있다.
사방에
진한 빛을 뿌리고 있다.
지난해
시집출판기념회(詩集出版記念會)
초라한 내 모습이 비추던
노란 국화도
그렇게 피어 있었다.

꽃나무

공짜로 구경만 하다가
나무 하나를 사들였다.
꽃집 주인 말만 믿고
이름도 생소한 꽃나무에
하늘거리는 상상력(想像力).
색깔
향기
그보다 이 세상 뜰 때
마지막이
깨끗한 꽃이기를 빌었다.
파르르 떠는
연한 가지 끝
내 생활(生活)의 리듬.
이제 이 꽃나무와
함께 있어야겠다.

새소리

새벽 다이얼을 돌리면
새소리 들린다.
도시 사람을 위해서
새소리가 살아나온다.

새는 새끼리 떼를 지으려
하늘 높이 날고
흘리고 간 그 맑은 소리
열심히 우리는 줍고

앵두나무 가지에서
푸슥푸슥
나를 놀래준
어린 날의 까만 굴뚝새

처음 만난 흑인병사(黑人兵士)의 이빨
그런 아침이 살아나면서
그리운 사람들
온통 새소리가 되었다.

새야

문득문득 생각나더라
비극(悲劇)의 새야.
먹이를 받아먹던
우리집 새야.
날개 가진 새야
한 모금 물
내 손으로 겨우 목축이던
작은 새야.
하늘을 가리고
평화(平和)도 가르쳐주었다.
이제는 찬바람이
빈 조롱(鳥籠)만 흔든다.
문득문득 역겨워지더라
그 안에
홀로 갇힌 나의 폭력(暴力).

강추위

어찌어찌하다가
우리들 탕아(蕩兒)처럼
콩나물은 추운가.
싸늘한 시멘트 바닥
머리만 커서
더 허약해 보이는 것아.
오돌오돌 떨고 있는
가련한 것아.
봄은 아직 멀어
어쩌면 한 편의 시(詩)가
이 콩나물로 해서
될 듯도 하고
아침 쓰레기차(車)에
아주 쓸려갈 것만 같아.

버들

꺾이지 마라
늘어진 가지야.
전봉준(全琫準)의
혁명처럼 꺾이지 마라.
춥고 어두운 겨울을
견딘 버들아.
봄추위가
아직은 골목에 남아 있지만
맨 먼저 눈 뜨거라
춤 추거라.
뿌리박은 나의 땅
늘어진 가지야
바람 따라 서러운 버들아
진정 꺾이지 않는
힘을 보여라.

벼랑

더 나갈 수도 없는
벼랑 앞에
꽃 하나 피어 있다.
아무의 손도 닿지 않는
그것 하나로만 있다가
마침내는
무너지는 꽃사태
고독은
그 속에도 끼지 못하고
마른번개가
성큼 지나고 있다.

무제(無題)

눈에 뜨일 만큼
벌레 먹은 어금니.
손거울에 비치는
그 까만 구멍.
치과(齒科)의사의 지시대로
연신 입만 벌린다.
잃었던
서러운 내 모음(母音)들.
풀풀 날아서
천 길 벼랑
한 끝에 모인다.
뙤약볕
보리 익어가는 날의
내 긴장(緊張).

극(劇)놀이

끝없이 펼쳐진 초원(草原)
바람이 분다.
그 자리에 남아 있는
돌멩이 하나.

달려가는 소리
부딪치는 소리
목쉰 소리.

그림자가
조명(照明) 속에
깊이깊이 파묻힌다.

다시 막(幕)이 올라간다.
한 줄 비문(碑文) 옆에
비스듬히
나무사다리가 서 있다.

원경(遠景)

늘어진 버들가지 사이로
겨울바람이 보인다.
정신신경과(精神神經科) 앞뜰
어디선가
날아온 참새떼.
콘크리트 바닥
열심히 먹이를 찾고 있다.
그 속에 나도 낀다.
후룩후룩
날아간 참새떼.
그 너머로 다가오는
아 무심했던 원경(遠景)들.

나비 한 마리

한 노인이
손바닥으로
바닷물을 퍼내고 있습니다.
한동안
그의 곁에서
나를 잊을 수가 있습니다.
나비 한 마리
바다에서
멀리 떨어진
노란 장다리밭으로 날고 있습니다.
어느새 나는
나비 등에 업혀 있습니다.
연신 바닷물을
손바닥으로 퍼내고 있는
한 노인과
힐끗 서로 눈이 마주칩니다.

3

모래알

쥐어도 쥐어도
모래알은 부서진다.

부서진 모래알로
집을 짓는다.

강물에 씻기어도
대궐을 짓는다.

하얀 물새가
놀고 있었다.

고무신 한 짝 잃고
서럽던 그날

밤에는 모래알이
총총 별이 되었다.

종이배

슬픈 것은 보이지 않는다.
보이지 않는 슬픔이
비에 젖고 있다.

추녀 끝에 모이는
낙숫물 소리 들으며
종이배를 접던
어린 날의 꿈.

기우뚱거리며
어디까지 갔을까
그날의 빗소리에
종이배는 다시 떠 있고

오늘은
목이 가느다란 꽃이
비에 젖어 있다.

갈대

보름달을 굴리고 있다.
갈대가
사각사각
보름달을 굴리고 있다.
갈대끼리
온 몸을 비비대는
소슬한 바람.
열심히 굴려봐도
제자리에
맴도는 보름달.
비로소
몸을 일으키는 아픔을
갈대는 알고 있다.

달

공산(空山)에 뜬 보름달
한동안 억새풀과 어울리다가
초가지붕에 내려앉아
더러는 하얗게
박꽃을 피우게 해 두고
허드렛물처럼
써버리고
남은 강산(江山)을
달빛으로
꽉꽉 채우고 있다.

달무리

먼 가뭄 속의
뻐꾸기 울음.

갈라진 논바닥에
비는 퍼붜라.

풀잎은
우우 소리를 내라.

미칠 듯
모두는 흔들리거라.

나뭇가지에
걸려 있는
달무리.

하얀 찔레꽃에
뻐꾸기 울음.

파도(波濤)

육지에서도
하나의 파도였다.
하얗게 부서지는
넉넉한 파도였다.
그런 당신이
애써 바다로 떠났다.
목로에 앉아서
바라보는 소나기
소나기도 이 세상
목숨을 뿌리고 간다.
끼륵끼륵
갈매기 술잔 위에 날고
당신은
이미 바다에 닿았다.
몇 갑절
파도가 가슴에 와 부서진다.

스케치

노을이 마당에 깔린다.
아이들이 돌아간 뒤
삼륜차 하나가 놓여 있다.
어른이 탈 수 없는
수레의 임자는 누굴까.
미끄럼대를 타고
아직도 내려오는
아이들의 재재김.
그네가
바람을 태우고 있다.
아파트 단지(團地)
불이 하나 둘
같은 모양으로 살아나고 있다.

간밤에 서리가

간밤에 서리가
맨 먼저 내린 곳은
뜰앞 우리 집 국화다.
정직하게 피어서
또한 그렇게 목숨을 잇는
몇 송이 황국이다.
밤새 엎드려
열심히 시를 쓰다가
종지부(終止符)만
듬성듬성 누워 있는
나의 부끄러움.
서릿바람에 더욱 환한
황국(黃菊)이
이 부끄러움을 전부 보고 있다.

빈 유리컵

지붕 위에서
아침마다 새들이
이만큼은 날으라 한다.
밤새
나와 같이 있어 준
낙서(落書) 종이부스러기가
한쪽에 웅크리고 있다.
문구멍으로
들어와 있는 동그란 햇살.
간밤에 비운 유리컵 속에
지붕 위 맑은 새소리가 넘치고
나의 갈등(葛藤)이
또 가득 넘치고 있다.

수심가(愁心歌)

외할머니 한 분에 대해서 줄곧 생각해 왔지만 사실 그것은 모래알 그 가운데의 새끼 모래알만한 것인지도 모른다. 산소에는 휘휘 감기는 바람 폐가(廢家)된 외할머니 마당에도 그 바람뿐.

싱싱 떼 지어 나는 고추잠자리. 미루나무의 아직도 목이 쉬지 않은 매미 울음. 몇 길은 되어 보이던 우물이 마르지 않고 외할머니 구름이 거기 떠 있다. 힐끗힐끗 훔쳐본 장죽의 푸른 연기.

가락이 없는 수심가(愁心歌). 참 오랜만에 외할머니 곁에 서 본다.

가을문(門)

우선 당신의 무사함을 확인해 놓고
딸가닥
밑바닥에 떨어진
한 닢 동전의 무게도 생각한다.
동전 한 닢의 낙하(落下)와
발밑에 몰리는 낙엽 소리.
지난여름
큰 톱날에 바스라진
얼음덩이.
그 얼음장수의 땀방울이
넓은 가을 공간에
삽화(揷畵)처럼 걸린다.
공중 전화통 앞에서
만난 가을
딸가닥
저승에서 자꾸만
당신의 목소리도 걸려온다.

외출(外出)한

외출(外出)한 식구들이
아무도 아직
돌아오지 않아요.
한동안 나를 비우고 있던
나를 알아요.
나비 한 마리
내 죽은 시간 위를
날고 있어요.
이 집 주인(主人)은
내가 아니라도 좋아요.
나와 함께
집을 지키고 있는
저 꽃이라면 좋겠지요.

벌판

모두 거두어 간
비어 있는 벌판에
햇살은 조용히 떨어져 있다.
까만 까마귀
그 위에 날아 와서
무엇인가 열심히 찾고 있다.
수숫대마냥
깡마른 사내는
바람과 맞대고 서서
무엇인가 열심히 버리고 있다.
버릴 것이
너무 많은 가을 벌판.

세모(歲暮)

한 해가 저문다.
안주머니 속
작은 수첩에도
한 해가 저물고 있다.
희로애락이
군데군데 살아 나온다.
빈 칸으로
남긴 더 많은 나날.
한 점 구름이나
바라보고 있었을까.
배경도 없이
긴 그림자에 초점이 머문
한 장의 기념사진.
사락사락
싸락눈이 뿌리고 간다.

4

바람 시초(詩抄)

1
바람은 내리지 않아
아무데나
뿌리를 내리지 않아
바람이 부는 날은
어지럽다.
바람이 없는 날은
더욱 심심하다.

2
바람은 어디 갔나
간밤의
사납던 바람은 어디 갔나
꽃이파리
더러는 땅 위에 눕혀 놓고
바람은 어디 갔나
뒤창이 닳아버린
구두 속에
간밤의 바람이 숨어 있네.

3
내 살던 고향
내 살던 동네

내 살던 우리 집에
다시 돌아갈 수 있는 것은
바람 되는 일이다.
내 심은
백목련(白木蓮) 가지에도
잠시 머물러 보는 것은
바람 되는 일이다.

4
등성이 소나무처럼
시집(詩集)은
바람을 잘 탄다.
바람으로 쓸린
넉넉한 여백(餘白)
바람이
이 세상 말씀을 쓸어가지만
그래도 꼿꼿한 것은
시집 속에 산다.

5
시냇물이 끊긴
시내 바닥의 작은 돌멩이
우리가 낳은 전쟁 고아(孤兒).
따가워라
따가워라.
바람이 몰고 온
빗줄기에
작은 돌멩이
모처럼 물속에 잠긴다.

6
임진강(臨津江)으로 모여라
바람아
바람아
허둥대는 바람아.
이쪽과 저쪽
그어 놓을 수 없는 바람아.
억새풀 덮인
병사(兵士)의 무덤에 함께 묻혀라.

7.
비가 내린다.
바람이 달려간다.
12월(月)의 버드나무 가지가
머리칼처럼 날린다.
비가 좋다는
단발머리 예쁜 소녀(少女)가
겨울 빗속을 달려간다.
바람아
허무(虛無) 빼고는
무엇이든 가르쳐도 좋아라.

8
성냥갑처럼 포개진
도시 상공에
소리개가
빙빙 도는 날이 있다.
고장 난
시계탑 아래
바람이
내 머리카락

날려주는 날이 있다.

9
바람이 전쟁놀이한다.
언제 끝날지도 모르는
전쟁놀이.
서로가 지쳐
그 중 하나가 쓰러진다.
빨리 끝나기를 바라면서
죽은 체한다.
승자도 없는
빈 하늘에
훈장이 반짝인다.

10
조심스럽게
층계를 기어오른다.
삐걱거리는 낡은 층계.
그 맨 꼭대기에서
나부끼는 하얀 깃발.
단숨에
날아갈 수 없으랴마는
어린 아이 걸음마처럼
조심조심
올라가는 바람이 있다.

11
바람 되어
그대 앞에 서리라.
우리 함께
잠시 쉬었다 떠나온
자갈밭에
떨어진 사랑 찾아 가리라.

무덤 앞에
한 잎 갈잎으로
달래준
그대 눈물
땅 속에
스며든 그것 찾아 가리라.

12
고샅길에
서성대는 바람이 있다.
한낮이 기울도록
빈손으로 노는 아이들.
굴뚝 소제부의
징소리.
문밖에 쌓이는
타버린 구공탄.
딸꾹질 섞음 섞음
끊기는 김씨의 유행가.
하얀 달빛.
고샅길을
떠나지 못하는 바람이 있다.

13
차 한 잔을 놓고
감상실에서
음악을 듣는다.
트럼펫 협주곡
찻잔이 비워지고

그 안에
내가 앉아 있다.
집으로 가는 길에서
또 만나는 바람.
벽지 꽃무늬 속
꼼짝 없이 내가 있다.
바람도
없이.

14
바람 앞에 서고 싶은 날이 있다.
서럽던 일 모두 데리고
바람 앞에 있고 싶은 날이 있다.
산다는 것
사랑한다는 것은 뭐냐
가난이란 뭐냐
깨끗하다는 것은 또 뭐냐
나이 들수록
감당하기 힘겹다.
모두 날리고 싶은 날이 있다.
바람 앞에
건강이나 되찾고 싶은
그런 간절한 날이 있다.

15
촛불을 켜셔요.
바람 앞에 촛불을 두세요.
꺼질 듯 꺼질 듯
그 마지막을 지켜보세요.
촛불 앞에
쓰러지는 바람도 보세요.

*송재영 해설 생략.

4시집

등나무 아래에서…1985

◆독자를 위하여

겸허한 고독 속에서

네 번째 시집이 되는 셈이다.

좀 더 좋은 작품을 내놓지 못했다는 아쉬움이 따르지만, 이렇게나마 나를 확인할 수 있다는 작은 기쁨을 떨쳐 버릴 수 없다.

시가 병들어가고 있다고 하고, 그 회복과 건강을 염려하는 소리가 높지만 나는 그렇게 걱정을 안 해도 좋다고 본다.

물론, 시가 문학의 중심권에서 외곽으로 밀려나고 있다는 사실을 부인하고 싶지는 않다. 그러나, 시는 그것대로의 고유한 영역이 있는 법이고, 그것이 문학의 고향이라는 생각을 갖고 있다.

세상이 가파르고 복잡해질수록 진정한 감동을 가슴으로 담아서 가슴으로 나누어 줄 때, 시는 본래의 기능을 회복하고 독자도 모아질 것으로 믿는다.

사람마다 체질이 다르듯이 시의 세계도 다양하다. 제 분수에 맞는 시를 계속 써 나갈 작정이다.

시인은 어차피 고독한 존재가 아닌가. 다만 표현을 통해서 이를 극복하고 이웃에게 삶의 위안을 주고 서로 괴로움도 나누었으면 한다. 시인은 공명으로써가 아니라 작품으로 살아야 한다는 이 겸허가 흐트러지지 않기를 다짐해 본다.

이 시집이 나오기까지 여로 모로 애써 주신 여러분께 감사를 드린다.

1985년 12월

임강빈(任剛彬)

1

밤비

밤에 비가 내린다.
세상의 귀가 열린다.
지붕에서
나뭇잎에서
모두 마당으로 내린다.
수다스럽지 않다.
불을 끄고 밤비 소리를 듣는 재미
무릎을 세우고
턱을 괴고
어둠 속에서
귀로만 듣는다.
조용히
흠뻑 적시는 마당
빗소리는
아픔을 보이지 않아 좋다.

산새

작은 나무에 기대어
무료를 달래고 있었다.
산새들이 날고 있었다.
가지에서
가지로 옮겨 앉은 새도 있고
다른 나무로
아주 바꿔 앉은 새도 있었다.
끝내는
먼 하늘로 가버렸지만
그 많은 새 가운데
입을 꼭 다문
산새 한 마리
나를 지켜보고 있었다.
산새 한 마리에
걸어보는 긍정(肯定)의 의미
어둠이 와서
더는 볼 수 없을 때까지
그 산새 한 마리
나도 놓치지를 안했다.

빈손으로

빈손으로 교외에 나갔다.
허전한 빈손을 위해서
묵은 가지를 흔드는 이른 봄바람
들녘의 사람들은 바쁘다.
땅을 파는 손
이랑을 세우는 손
호미 날이 반짝인다.
농부의 손
아낙네의 손
움직이는 손과 건강한 흙빛.
한 알의 씨를 위한
이 협력
허리를 펴고
땀을 쓸어내리는 손들은 크다.
한가히 흘러가는 구름.
빈손으로 다시 돌아왔다
부끄러운 손에 힘을 주었다.

가을비

가을비는 서두르지 않는다.
지붕 위에 내려서
지붕을 적시고
땅위에 내려서
땅을 적시고
나무뿌리를 적시고
초췌한 것을 위해 내린다.
여름의 무성한 강령이
끝나는 들녘

가을비는
생각하면서 내린다.
우산도 펴지 않은 채
오래도록
우리를 서있게 한다.

물

허유(許由)가
귀 씻던 물이
늙지 않고 있다.
비록 버리고
갈 것이나
꼭 손에 쥐고 싶은
충동이
돌 사이로 흘러간다.
세상일을
한 귀로
흘려버린다는 것의
어려움
이제 조금 알 것 같다.
이 골짜기 물도
여러 풍상
삭이는 동안
이미 다 알고 있다.

코스모스

시작종이 울린 후
혼자가 되는
하얀 운동장
코스모스가
이 적막을 흔들고 있다.
이것이 처음으로
시가 되어준 것은
스물 안팎.
바람 따라
아이들
해맑간 얼굴의 부침(浮沈)
오늘
코스모스 밑동을
찬비가 적시고 있다.
한 삼십 년
고스란히
도둑맞은 나이가
대롱거리고 있다.
운동장 모퉁이
꽃대궁 위에서.

산우음(山雨吟)

비가 산에 내린다
산에 비가 내린다.
혼자 들어도 그만인 빗소리
여럿이 들어도 그만인 빗소리
빗소리는 무심하다
그 무심 속에서도
끄떡 않는 산.
산에 내리는 비는
모두를 제쳐놓고
혼자 갇혀 있고 싶다.
이 넉넉한 생각은
어디서 배운 것일까
후드득 소리 내던 빗소리가
차츰 바늘구멍이 된다.
산에 살고 있는
초록빛 빗소리.

넝쿨장미

요즘 사는 재미는
일찍 눈을 뜨는 일이다.
현관문을 열면
대문 위로 힘차게 뻗어가는 넝쿨장미
그 꽃을 바라보는 즐거움이다.
게으름은 얼마나 부끄러운 일인가.
갇혀 있다는 것은
또 얼마나 불행한 일인가.
이부자리를 걷어차고
일찍 일어나게 하는 힘
넝쿨장미에게는 그런 힘이 있다.
내일은 보다 일찍 눈뜨는 일
흔들리는 영혼에
환한 등불을 켜놓았다.
비좁은 마당을
가득 채우는 이 축복
넝쿨장미로 하여
오늘 하루가 참 소중스럽다.

등나무 아래에서

등넝쿨만큼이나
꼬이기만 함
되는 일보다
안 되는 일이 더 많음
이것이
우리가 살아가는 길
그러나
그것만도 아니라는 초조감
살아가는 길은
천 갈래 만 갈래
난마(亂麻)와 같은 것
그 중 손에 잡히는
한 갈래의 소중함
며칠을 앓아눕다가
안개 걷히듯
차츰 회복되는 신기함
바람에 쏠리다가
일어서는 풀잎의 건강함
한 편의 시가 아픔이다가
그로하여 되찾은 해방감
등나무 아래에서.

들녘에서

나무들의 편안한 자세
풀들의 편안한 자세

바람이
그 앞을 지나고 있다

풀잎이 바람 속에 움직인다
나뭇잎이 바람 속에 움직인다

이내 균형 잡히는 나뭇잎
이내 균형 잡히는 풀잎

여기 와 소리쳐 본다.
불끈 주먹도 쥐어 본다.

아무도 흩트려버릴 수 없는
저 편안한 자세

들녘을 걸으며
연습을 한다

하나 둘 욕심을
버리는 연습을 한다.

겨울 잔디

겨울 잔디를 밟는다.
발밑에
낯선 소리가 따라붙는다.

밟힐수록 쓰러질 줄 모르던
잔디의 힘.
넉넉했던 그 힘
지금은
상상마저 땅에 묶어놓고 있다.

웃자란
나와 당신의 비애(悲哀)
또는 그렇게 자라버린
우리들의 환희가
조용히
숨죽이고 있다.

연민의 눈을 뜨고 있다.
우리가 해야만 하는
우리가 풀어야 하는
이 세상일을
겨울 잔디는
오직 암시뿐이다.

설일(雪日)

아침에 일어나서
온 세상이
하얀 눈으로 덮여있는
그때처럼
마음이 비어있는 상태도 드물다.

밤사이
소리 없이 내려서
어둠에 물들지 않고
환하게 바꾸어놓은 것은
누구에게 내린 축복이랴.

큰 나뭇가지에는
그 가지가 견딜 수 있을 만큼
작은 나뭇가지에는
또 그렇게
조화를 이루어 눈부시다.

나를 좋아하는 이유가
무엇인가를
웃음으로 묻던 그대
그 해답이
이 아침 조금은 찾아질 것 같다.

작은 꽃

어제는
무너지는 모래성을 쌓았습니다.

오늘은
사각사각
흔들리는 갈댓잎을 세웠습니다.

응달에 떨어져
식물도감(植物圖鑑)에도 끼지 못한
작은 꽃 하나

찬바람을
이겨내고 있습니다.

춥고 어두운 것은
이 세상일입니다.

옹졸한 생각들은
버려주십시오.

별이 살아나도록
어둠은
한결 힘주어 주십시오.

바다

구릿빛 태양이
덤벙 뛰어든다.

푸른 바다는
아우성뿐이다.

훨훨
벗어버리고

동물적이고 싶은
충동을 느낀다.

철썩철썩
헤어지고 다시 만난다.

분망함이여
무량함이여

바다는
오직 현주소(現住所)가 있을 뿐

바다에서
귀가 열린다.

계곡에서

계곡을 흐르는 물
맑은 물소리
그 상류는 어디쯤인가.
손을 담그고
발을 벗고
알몸이 되었다.

계곡에서 올려다 보이는
벼랑
거기 서있는 나무를 보며
견디는 연습을 한다.

견디는 시간은 아픔
견디는 시간은 어리석음
그 시간 위로 사랑이 트고
계곡물은 흘러간다.

어둠이 주는
물소리는 더욱 청렬(淸冽)하여라
총총한 별이
계곡으로 모인다.
계곡으로 모여서
살아 숨 쉬는 별이 된다.

고속도로를 달리며

고속도로에 몸을 싣고
오랜만의 서울 나들이
일 년에 한두 번
이 길을 달린다.

산도 그대로
능선도 그대로
변한 것 별로 없어도
새롭게 열리는 풍경.

가을이 익고 있다.
차창 가득히 들어오는
벼의 결실(結實)

익을수록 고개 숙이는
겸허가
손에 잡힐 듯
그대로 지나간다.

황금의 물결
저 무변 속에
내가 끼어있다는
착각.

구획정리가 잘 된
평야에서
익어가는 편안함
한 떼의 참새가 날아간다.

단풍나무

상강(霜降)을 지나서
단풍나무가 서있는
우리집 마당이
발갛게 물들어
뜨겁지 않게 타고 있습니다.

가까운
계룡산의 골짜기
내장산의 단풍이
여기 나들이 왔습니다.

때가 되면
모두 이리 되는 경지가
새삼 신기합니다.

그 아래
내 언어는
잡풀 속에 쓰러져 있습니다.

아무도
일으킬 힘이 없습니다.
오늘은 혼자입니다.
작은 흥분으로 감당할 것입니다.

복도를 걸으며

하루에도 수없이
이 복도를 걷고 있다.
이러한 반복 속에
무심했던 나와 만난다.
삐걱 소리가 난다.
낡아서 나는 소리는
음악 같다.
창밖에는
샐비어꽃이 줄 서 있다.
삐걱하는 소리가
따라온다.
이상한 기분이 되어
뒤돌아본다.
어느새
소리는
출구로 빠져나가고 있다.

2

까치집

삭정이
마른가지만으로
집이 되어 저렇게 시원하다.

세상에 태어나
내가 한 일
부끄러울 때가 있다.

비워둔
까치둥지를 바라보며
더욱 그러하다.

달빛에
올려놓은 나뭇가지
동양화 한 폭으로
땅에 와 눕는데
내려올 줄 모르는
까치집 하나

그 안을 달빛이
가득 채우고 있다.

자갈

마침내
개울 바닥이 드러난다.

가뭄이
오래 계속되면

그만그만한
모양의 자갈들

그 작은 어깨에
힘이 너무 들다

땀구멍이 없는
알몸으로

땡볕에
옴짝할 수 없는 분노

비를 다오
흠뻑 적셔다오

먼산으로
스치는 마른번개

가뭄 속 자갈도
인생을 배우고 있다.

가을

가을에
서 있다는 것은 슬프냐

담홍빛으로 물들다
낙엽 되어
뿔뿔이 흩어지고 있다.

제 나무 밑둥으로
파고드는 낙엽이 있다.

서럽던 일 뭐냐
아팠던 일 뭐냐
이 모두 내 탓으로
돌리고 싶은
가을 한때

무어냐
무어냐
알몸 되어 서 있는 나무

그것이 외롭게만
보이지 않을 때가 있다.

구경꾼

어깨 너머로

남의 인생을

열심히 구경하다가

모두 돌아간

빈 무대에

비로소 박수를 보낸다.

어떤 비유(比喩)의

꽃잎이

시나브로 지고 있었다.

거위의 노래

목청 있어도
울지 못하는 노래

날개 있어도
날지 못하는 날개

분노를
삼켜버린 거위의 목청

슬픔으로
막힌 거위의 목청

울고 싶지만
울음이 되지 않는다.

날고 싶지만
날개가 되지 않는다.

달밤이 좋아
다시 가다듬은 목청

그래도 탁 트이지 않는
거위의 노래.

나비 한 마리

훨훨
나비 한 마리 되어
보리 이랑을 지나
노오란
장다리밭을 지나
사람이 모여 사는
마을을 지나

훨훨
나비 한 마리 되어
꽃나무 위로 날고
파란
잔디밭도 날아
마당 앞까지 내려앉은
공장지대를 지나

훨훨
나비 한 마리
긴긴 여름 해 다 보내고
아직
앉을 자리 못 찾아
노을 속
시간을 서성거리고 있다.

연가(戀歌)

아니다 아니다
옆으로 가로젓는다.

그 아니다는
무엇인가 또 고개를 흔든다.

젊어서 사랑을 느끼고
나이 들어 배우고
더 나이 들어 사랑을 삭힌다.

사랑이 한숨이어서는 안 된다.
사랑이 눈물이어서는 안 된다.
사랑은 사랑이어야 한다.

뿌리 깊은 나무를 보며
그 흔들림에
문득 사랑이 그립다.

추수가 끝난
빈 들판에 내린

하얀 무서리
그런 사랑을 한 아름 안고 싶다.

귀울림

지우고
지워도 들려온다

쩌벅쩌벅
무릎을 높이 세운
군화소리

태어날 때부터
있어 온 소리
나를 키워 온 그 소리

요즘엔 좀처럼 듣기 힘든
귀뚜라미
풀벌레 소리나 파고들 일이지
보무당당한 그 소리

황량한 들판에
달이 둥글다
쩌벅쩌벅
산천초목 짓밟는 군화 소리
나의 귀울림.

황소

풀을 먹고
몸집이 큰 슬픈 황소야

꽃피는 춘삼월
챙기질 가자

갈다 남은
자갈밭을 마저 갈아엎자

누구나
숙명에는 순응하는 슬기

착한 눈에
흰구름이 흘러가고

반추하라
적막이 씹힐 때까지

먼 산등성이가
네 등을 닮았다.

구름을 주제로 하여

겨울나무 사이로
구름이 흘러간다.

해가 바뀌며
감상(感傷)도
나이 들어가는 것일까.

모이고
흩어지는 일이 예사롭더니

흘러가는 구름이
아름답구나.

혼자 있을 때
잔가지가 미동한다.

하얀 구름
단단한 무게.

어느새
비유(比喩)의 구름은 없어지고
차가운 하늘뿐이다.

나도 모르게 올라온
이제는

계단 하나 둘 내려갈 차례
오늘 하루가
참으로 소중히 느껴온다.

침묵에서

요즘 사소한 일에
곧잘 흥분을 하는데

몸에 해롭다 하여
감정을 죽이며 산다.

침묵에서 일어서는
흙덩이는 건강하다.

어둠에서 일어서는
침묵은 힘이 있다.

쟁기질하는 농부의
팔다리는 건강하다.

황소는 새김질하는 동물
한눈팔지 않고
지금은 흙을 갈아엎는 동물이다.

이제는
시 쓰는 일이
유일한 내 직업이었으면 한다.

돌에 앉아

살아가노라면
그림자처럼 따라붙는
그 많은 규제.
그것을 벗어나
우리 인연이 되어
생면부지로 만나
마주 바라보고 있다.
웅크리고 있다.

서로 닮은 것 같기도 하고
그럴 수 없다는 생각으로
많은 시간만
등 뒤로 쓸어내린다.

남을 미워하지 말아야지
좀 늦게사 철이 드는 것일까
손에 와 닿는
싸늘한 감촉.
단단한 돌에 앉아있어도
실은
풀꽃의 흔들림 같은 것을
무엇으로 감당하라 함인가.

귀로

하루 일을 마치고
돌아가는 사람들
바쁜 걸음들.

처진 어깨에
녹다 남은 봄눈 같은

이 남루한 하루의 짐을
어디에 부리랴

천근만근
지금은 피곤이다.

창백한 얼굴이
차창 밖
불빛에 흔들린다.

어디다 부리랴
터럭 같은 이 짐을

세상은 고요하다.
이 고요를 깨우지 않기 위해
조용히 걸으며

멈칫멈칫 서보는
멀리 별을 헤아리는 버릇

이 버릇도
감당하기 겨운 나의 짐이다.

낡은 사진

손에 잡힌
누렇게 바랜 사진 한 장
아무리 들여다보아도
그날의 감정은 이미 없다.

이 사진을 찍은 사람은 누구더라
그것도 생각나지 않는다.

미간을 잔뜩 찌푸린 것은
이 세상이 너무 부셔서였을까.

그날의 감정은 보이지 않고
무수한 잡초가
바람에 갇혀 있다.

피사체(被寫體) 하나
어느 시간
어느 공간에서

낯설게 보이는 나의 얼굴
그 배경이
어둠에 깔리고 있다.

바다낚시

—몽산포(夢山浦)에서

비치파라솔 무늬의
페추니아꽃이
가을까지 핀다.

지난여름
바다낚시를 했다
추가 달린 낚시를
바다 한가운데 던졌다.

낚는 자와
낚이는 자와

짜릿한 전율이
손끝에 와 닿는다.
이런 것과는 어울릴 수 없는
망망한 바다.

참 오랜만에 만난
나의 우울
한가한 갈매기는
뱃머리에 날고

모래사장에 핀
비치파라솔은
멀리멀리 밀려나 있었다.

불면(不眠)에

얼마큼 익숙해진
어둠인데도
숨 막힐 듯
그런 밤이 있다

아직은
멀쩡한 육신이라 눕혀놓고
목마름은 어디 갔나
사랑은 어디 갔나
눈물은 어디 갔나

성냥을 긋는다
방안 가득 채우다가
이내 쓰러지는 불빛

완전 연소하는 성냥개비
반쯤 타다 남은 성냥개비
혹은 그렇지 못한
깡마른 잔해(殘害)들

이런 반복은 재미있다
나의 목마름
나의 사랑
나의 눈물의 이완(弛緩)에
불을 붙인다.

동해안(東海岸)

동해안 허리를 오르내린다.
일망무제
국어사전에 있는
그 낱말의 뜻을 생각하며
몇 구비
또 오르내린다.

파도가 쉬지 않는다.
육지에서 멀리
정박해 있는
몸집이 큰 배 쪽으로
갈매기가 날은다.

손에 잡힐 듯
원색 슬레이트 지붕이
옹기종기 모여 사는 마을들
그 집채만도 못한
배가 파도에 전부를 내맡기고 있다.

파도소리에
집들을 비워둔다
아스라한 먼 수평선
그것을 열심히 캔버스에 담고 있는
젊은 남녀들
그런 그림을 뒤로하고
동해안 허리를 또 오르내린다.

원두막의 회상

한나절이 기울도록
물장구를 치다가
원두막을 향해 달린다.
갑자기 시장기가 돌았다.
지천으로 널린
노란 배꼽참외
개구리참외

원두막에 모였다.
개구쟁이 사단(師團)이었다.
까르르 잘도 웃었다.
한바탕 노래가 시작되었다.
가죽나무에서
매미소리가 딱 끊겼다.
인당수 깊은 물
우리 심청이가 가고 있었다.

원두막 주인의
더욱 구성진 목소리
개똥벌레가
사방으로 흩어졌다.

깡마른 수숫대
바람은 그쪽으로만 몰려갔다.
푸숙푸숙 타들어가는
모깃불 하얀 연기
그 위로 총총 빛나 있는 별
원두막엔 꿈이 있었다.

연하장

흰눈이 내릴 때
연하장을 다시 꺼내 읽는다.
한 해의 복을
한 해의 건강을
빌어준 따스함이
소복소복 쌓인다.
오늘은 가난하고 싶다.
나뿐이 아니라
삼동(三冬)을 같이 견디는
어린 나뭇가지까지도
눈이 내릴 때
외롭던 내가 더욱 작아 보인다.
슬픈 일들이 더욱 환해 보인다.
우리는 서로 떨어져 살고
그것은 그리움이다.
답장은 더 큰 설레임이다.
흰눈이 내릴 때
그분들에게
고맙다는 몇 줄을 써야 하겠다.

3

복숭아꽃

돌담 안쪽에서
고전(古典)처럼 피었다가
가지 몇 개
돌담 밖으로 내맡기고는
얼굴 붉히는 복숭아꽃

낡은 집이 헐리고
주인도 바뀌고
지금은 낯선 지붕
그 아래 조용히
봄을 일어 세우려 함인가.

하루가 다르게 바뀌는 세상이라
좁은 공간에 길려나 있어도
수줍음 그대로
연분홍
꽃잎으로 피어날 일이여.

창밖으로

사무실 계단을 오르다가
우연히 창밖으로 시선을 던진다.

회색 하늘이 내려앉고
고드름이
한 줄로 매달려 있다.

며칠을 두고 벼른
엽서 한 장
아직 그대로 있다.

고드름이
녹아서 낙수소리.

그리운 음성 있느니라
그리운 사랑 있었느니라

그 음성
그 사랑
다시 살아나고 있는데

겨드랑이에 낀
미결 서류여

빨간 우체통이
함빡
눈을 뒤집어쓴 채 있다.

손을 비비며

손이 커야 된다는데
부끄럽다
내 여윈 손은.

미울 때는
수식어(修飾語)를 전부 버린다.

답답할 때
마른 손이라도 비빈다.

바람 부는 날
한 치 더 작아 보이는
나의 손

일년 초
마른 꽃대궁에게
손을 내민다.

참
내가
부끄럽다는 뜻이다.

봄비 내려

봄비 내려
목련이 망울 터트린다.

개나리가
노랗게 물들고 있다.

얼었던 땅이 풀리고
파릇파릇
잔디가 올라온다.

봄비 내려
모과나무
밥풀 같은 꽃이 숨는다.

이 모두 저들의 일이요
순리이지만
봄비 내려
마당을 서성거림은

앓아눕던 일
그 일마저
그리움으로 되살아나는 까닭일까.

땅

어느 전시장에서
새가
땅에 누워 있는 그림을 보았다.

요즈음
시가
땅을 떠난 것과는 대조적으로

보도블록을
비집고
잡풀이 고개를 쳐들고 있다.

허리를 굽혀
한동안
땅 냄새를 찾아보았다.

가을과 편지

가을에
편지를 읽는다.

몇 구절 읽어가다가
문득 만나는
가을하늘
딱 딱
손마디를 꺾어본다.

바람 속에
얼비치는 나뭇잎.
아직 남아서
순수한 빛깔로
이 행간을 물들이고 있다.

소인(消印)이 찍힌 우표
그 안에는
원목선(原木船)
한 척이
항해하고 있었다

가을에
짤막한 답장을 쓴다.

풍경

줄을 서서
봄을 기다리고 있다.

추위 속에 자란
복숭아 과원(果園).

가지가 잘리고 있다
무심한 인부들의
등 뒤로
까마귀가 내려앉는다.

바쁜 동작
먼 전지(剪枝) 소리

하루 일이 덜 끝난
사무실에서
오일스토브는
아직 타고 있다.

먼 풍경이
다가서는 설레임.

두리번거리다

손끝에
가끔 쥐가 난다.
혈관에
노폐물이 끼는
까닭이란다.
우리집 마당을 지나는
외줄 전선에
참새 한 마리
날아와
내 시늉을 한다.
두리번
두리번거리며
허공을 쪼아댄다.
웬일인지
오늘 아침
그것이
유별나 보인다.

봉선화

길고 긴 날
울 밑에서
빈 집 지키는
네 모양이 처량하다
여름에 부르던 노래
봉선화야.
오늘은
빗장을 걸고
혼자되어 있을 때
잡초 사이에서
고향 사투리
그것처럼 피어 있네.

당신의 적막

—박용래(朴龍來) 형 생각

날자
날자
외치다
없어진 날개
당신을 생각한다.

땅을 가다
눈물에
날개가 된
하늘은 황톳빛

억새풀 하나 흔들 수 없는
바람소리
당신의 적막은
어디 있느냐.

비운 술잔에
이제는
호젓한 바람뿐이다.

지금은
낮달이 부실 뿐이다.

모과(木瓜)

백자 항아리 옆에
모과 몇 개

싸늘한 살갗에
그윽한 향기

좁은 방안이
이렇게 넉넉할 줄이야

노오란 빛깔은
모두 이런 것이랴

눈으로 맡아 보는
모과 향기

욕심을 버리고서
얻어진 것

못난 생김새에서
풍기는 것

골똘한 생각
살아 있는 목숨

훌쩍 떠나도
이 깊은 향기 잊어질까.

안개꽃

아침 이슬은
잠깐
있다 가는 집념이다.

안개꽃
한 아름
그렇게 있고 싶은 그대.

작은 욕망으로
가득 찬 꽃
흔들릴 수밖에 없는 꽃.

멀리서 볼수록
그것은
추상화의 선이다.

사랑은 때로
이것들의 선(線)인가
흔들림인가

이슬 같은 안개꽃 속에
장미 한 송이
그대 뜨거운 노래.

공터

새가 이곳을
떠난 지 오래다.

새소리 없는
공중은 소음(騷音)으로 차 있다.

도시에
그래도 공터가 있다는 것은
고마운 일이다.

한 가지 일에
열중하고 있는
아이들은 아름답다.

공을 던지는 아이
받아 넘기는 아이
그저 즐겁다.

머지않아
이곳에도 고층건물이 들어서고
아이들은
뿔뿔이 흩어질 것이지만

순수감정을
공중 높이 쳐올린다.

아파트 단지에
모자이크 같은 불이 켜질 때까지

아직 지칠 줄
모르는 아이들.

고향

벽지 무늬
빛바랜
그것처럼 살아 왔다.
무거운 짐 부리듯
예 와 있어도
왠지 공동(空洞) 같구나.
길이 넓혀지고
변두리에 밀려난 집들이
추녀를 맞대고 있다.
여인숙에서 만난
낯이 선 사람이
고향이 어디냐고 묻는다.
피워 문 담배 연기가
비천상(飛天像)을 그리다 사라지고
참새 떼가
후루룩 날아와
빈 나뭇가지
그런
고향을 지키고 있다.

비탈길

마당 한모퉁이
모여 사는
마른 꽃대궁이
감상주의자로 만들어도 좋다.

눈물이 인색해지고 보니
둘레가 쓸쓸하다.

나뭇잎에 가리어
보이지 않던

집 한 채
편안한 자세

그 옆으로
비탈길이 보인다.

어린 시절
동전 몇 닢 줍고
눈치 살피던

탐하지 말라
푯말 뒤에
숨어 꽃을 꺾기도 했지

그런 잡다한 일들이
비탈길을 가고 있다.

줄지어
저들끼리 오르고 있다.

산행(山行)

산에는 무한한 말씀이 있다
많은 말씀을
침묵으로 포옹하고 있는 산
그런 것을
배우러 산에 오른다.
꽃잎 터지는 소리
산새소리
나뭇잎 마주치는 소리
계곡의 물소리
이 많은 소리가 모여
산은 하나의 말씀이 된다.
서로를 경계하지 않고
침묵의 교감 속에
산은 서 있다
서서 움직이지 않는다.
말이 없는 사람과
많은 말씀을 포옹하는 산
서로 만나 외로움을 달래다
또 시작되는 긴 대화
노을이
산등성이에 피다.

말티고개

창벽으로부터 가파른
말티고개
그 고개를 넘으면
손에 잡힐 듯 계룡의 산자락이 보인다
목탄차(木炭車)가 헉헉거리며
몇 번을 쉬어 넘던
험한 고개
바라보면
더 가까이 눈앞에 다가선다.
올려다 뵈는
계룡의 골짜기로 구름이 내려
한 폭 그림이 되고
그것만으로
가슴이 환히 열렸다.
이제는 그 고갯길이
아스팔트로 바뀌고
세월도 변하고
인심 또한 바뀠지만
언제 보아도
포근한 어머니 품속 같은 계룡산
어린 날의 가슴은
아직 뛰고 있다.
지금은
계룡산(鷄龍山) 어느 골짜기
한 나무 단풍으로 있고 싶어라.

목척교(木尺橋) 부근

목척교 아래 물소리에서
제일 먼저 봄은 왔지만
그 다리가 복개되고
빌딩이 세워지고
주위에
다투듯 높은 건물이 들어오면서
봄이 조금 더딘 듯하다.
옛날 이 근처에는
아낙네가
이른 아침 꽃을 이고 와서
봄을 나누어 갖기도 했다.
길은 넓혀 가는데
좁아지는 대전(大田) 거리
어깨와 어깨 부딪치며
사람이 밀물이듯 밀린다.
우리나라의 중심권
전국 각지에서 모여든
그 많은 사투리
오늘따라 한결 정답구나.
원색 차림의
젊은 한 패가 지나간다
동학사(東鶴寺)로 가는 것일까.
가로수 버드나무
겨우내 잃었던 초록빛과 만나면
이 목척교 부근은
사람들로 더욱 붐빈다.
높은 건물에 가리어
봄은 쉬 볼 수 없지만
목척교를 지나
산업은행 담을 돌아 기다리면 된다.
대전에서
제일 먼저 피는 백목련
그 단아함이며 기품에
잠시 발을 멈추기 마련이다.
이맘때
식장산(食藏山) 솔바람도 이리로 온다.

시골길

오랜만에
혼자서 시골길을 걷는다
햇살이 길바닥에 눈물 같다
밭두렁에 내민 파란 쑥
쪽으로 만든 개떡 생각
고릿고개 생각
개골개골
논에서 지천으로 울어댄다
낯익은 그대로의 목청
시끄럽게만 들리던 그 소리
이렇게 반가울 줄이야
무슨 신호를 받았는지
일제히 뚝 그친다
고요한 시골길이
더욱 적막하다
개골개골
이내 한 놈의 선창에 따라
웬 사연이 그리도 많은지
또 열심히 울어댄다
미루나무 새잎이
누이 손거울같이 반짝거린다.
반듯하지 않아 정이 있는 시골길
저만치 걸어가는
노인의 뒷짐이 여유 있어 보인다.

4

언어(言語)

—Cecilia에게

내딴에는
말씀을 너무 헤프게
살아온 것 같은데
입을 다물고 있다 한다.

가난한
마음 한귀퉁이
공터로 비워두고
언어의 쓰레기를
거기 버린다.

(빛처럼 반가운 해후)
그날도
마음 저편으로 바라보며
한동안 말문을 잊고 있었다.

이렇게
공터로 비워 두면
하얀 눈이
내리기 수월하리라
언어보다 진한
눈빛이
거기 쌓일 일이다.

환상의 고리

시가
때로는 그림이 되고

그림이
시가 되는 수가 있다.

장욱진(張旭鎭) 화백의 그림은
그런 생각을 준다.

나무 위에 지어놓은
이 집 주인은 누구일까.

되돌리고 싶은 시간은
자꾸만 가고

그 시간 안에 자란
가로수의 행렬.

가로수 위로
사방으로 난 창이 있고

거기에서 사글세로 살던
기억이 새롭다.

환상의 고리는
이렇게 재미가 있다.

냉수

소년 시절
할머니와 함께 잤다.

캄캄한 건넌방
가슴 파고들다 잠이 들곤 했다.

새벽마다
할머니는 냉수를 찾으셨다.

가끔 우물에는
별이 떠 있었다.

두레박으로 그것을
퍼 올리고 싶던 생각

무모하기는
지금도 매한가지

한 번도 거른 일 없던
냉수 심부름

아직도 뇌리에 박혀 있는
우물 속의 별빛

갈증을 느낀다
냉수로도 풀 수 없는 이 목마름

할머니 하고
나직이 불러본다.

외할머니 생각

계룡산 연봉을 옆에다 두고
먼산만 바라보시던
외할머니 생각

방학이 되기 무섭게
질러서 단숨에 걸은 40리
외갓집 가는 길에
참 많기도 했던
송장 메뚜기떼

남의 등에 업혀
상여 뒤를 따랐다
거친 상복이
그때는 무섭기만 했다.

외할머니는 외동딸 하나
어머니는 나 하나 두고 먼저 가셨다.

여름에도 버선을 벗은 적이 없던
외할머니
투정을 웃음으로 받아 주시던 외할머니
장죽 물고 먼산만 바라보시던
그 마음을 읽은 것은
한참 뒷일이었다.

너무 무심한 세월만 흘렀다
힘없는 시(詩)나 쓰는 외손자
반기실까

나무라실까
성묘(省墓) 길 잡초 속을 걸으며
자문자답해 보았다.

딸에게

지도를 펴고
네 사는 마을
돋보기안경으로 짚어본다.

낮과 밤은 같은 시간
이 시간 위에
나와 너는 떨어져 있다.

시집보내고도
곁에 늘 있는 듯싶더니

먼 이국땅으로
훌쩍 떠나보내고
비로소
울적해지더라

열심히
찾아오는 너의 편지
나는 그것을 다시 꺼내 읽고
너는 고향 꿈이라도 꾸고 있느냐

넓은 땅에도
다 있는 것은 아니다
없는 것도 많다
그런 것 찾아보아라.

달맞이꽃

달맞이꽃을 처음 알려준 분은
목월(木月) 선생

뜨거운 여름 어느 산사를
찾아가는 길에서였다.

한동안 까맣게
그 꽃을 잊고 있었다.

다시 달맞이꽃을 본 곳은
대전

시내버스 종점에서
좀 걸으면 만나는 둑길

달이 뜰 무렵
꽃이 되었다.

가끔 우리는
그곳을 찾았다.

사랑에 대해서
인생에 대해서
이야기를 나눌 만한
그런 분위기의 꽃

맑은 물소리가
함께 있어 주었다.

쓸쓸한 뜨락을 가득 채우는

—박용래(朴龍來) 형(兄) 영전에

쓸쓸한 뜨락에
가득 채우는
당신의 한평생
그렇게 시만 썼습니다
육십을 채 채우지 못한
천명을 알았더라면
서두름 없이
당신이 그토록 좋아하던
풀섶이나
구절초 옆에서
따에 나르는 새나
실컷 치켜볼 것을
당신을 대신하여 후회합니다

〈눌더러 물어볼까/나는 슬프냐?〉
초기의 당신의 시
눈물이 많던
당신이 즐겨 부르던 이 한 구절
오늘은
누구에게 들려주렵니까
시집간 노아가 돌아왔습니다
눈물을 안고 돌아왔습니다
연이의 그림 밑에
당신은 누웠습니다
수명
진아가 울먹입니다
열 살짜리 성이는
아빠하고 집을 지키다
혼자되어 울고 있습니다
무릎 꿇고 향을 피웁니다
먼 훗날 진짜 알 것입니다
오늘은 당신의 사랑 눈물 거두고
이렇게
많은 사람을 울리고 있습니다
모두 있는데
당신은 떠나고
쓸쓸한 뜨락을
한 줄의 시로 지키고 있습니다

둑길

—한성기(韓性祺) 시인(詩人) 영전에

대문도
울타리도 없는 집
우리집을 다녀간 사람은
날더러 부럽다고 한다.

이것은 당신의 시.
이렇게 변두리만 빙빙 돌면서
살아온 당신.
산이 좋아 그렇게 살았고
바람이 맛이 있어 또 그렇게
살아온 한평생.
서두르지 않고
흐트러지지 않고
무욕(無慾)의 세월 속에
흰 고무신 끌며
당당히 걸어온 당신.

새가 있고
나무가 있고
마을도 다 그대로 있는데
이 사랑하는 것 남겨놓고
어디로 가시려 함인가.
둑길에
봄볕이 찰랑이는데
어디로 떠나시려 함인가.

뜰로 내려서듯
이제는 무거운 짐 내려놓으소서
아무리 비바람이어도
이 길은 당신의 길
환한 당신의 길
둑길 걸어가듯이
그렇게 편히 가소서
쉬엄쉬엄 돌아보며 가소서

우리의 시작은 겸허입니다

—<충남교육> 신년시

우리의 시작은 설레임입니다
우리의 시작은 겸허입니다
우리의 시작은 힘입니다

바로 줄서는 일도 가르쳐야 합니다
몽당연필을
깍지에 끼워 쓰는 법도 가르쳐야 합니다
황새가 날아간
갑천(甲川)의 물에 대해서도 가르쳐야 합니다
우리 고장
천안 목천에 세워지는
독립기념관의 뜻도 가르쳐야 합니다
나라의 힘이
어떻게 쌓이는가를 가르쳐야 합니다.

우리는 교만할 수 없습니다
우리는 허세를 부릴 수 없습니다
헨리 반다이크의
무명교사 예찬을 사랑합니다.

빛나는 눈망울 앞에 우리는 있습니다
낭랑한 목소리 앞에 우리는 있습니다
먼 것을 향한
꿈들 앞에 우리는 있습니다.

높게 날아갈 채비를 하는
힘차게 달려갈 채비를 하는
파도를 넘어선 채비를 하는
우리는 하나하나 지켜보아야 합니다.

오늘은 새아침
교육은 사랑이다 이외엔
마음을 비워 두어야 합니다.

그것은 또 우리를
뜨거운 불로 서있게 합니다
정결한 물로 서있게 합니다
굳은 의지로 서있게 합니다

우리의 시작은
저 둥근 해로 이어져야 합니다
교실에
운동장에
항상 새로운 빛이 들게 해야 합니다

종이등

종이등에
불이 환히 켜 있었다.
흐트러지지 않은 채
조용히 기다리며 있었다.
낮과 밤보다
더 확연한 이승과 저승 사이에
낙타등 같은
시간 위에 누워서
절박한
무엇이 생각났을까.
친구에게
고맙다는 인사 잊지 않았고
왼손으로 쓴
「홍시(紅柿)」라는 시구에서
가족들에 대한
뜨거운 눈물로 번져 있었다.
각기 다른
이승의 신발들이 놓인 자리
봄비가 조용히
깨어 있는 모든 것을 적시고
뜨락 목련이
피어날 채비를 하고 있었다.

조회시간

나무숲에 가리운
단층 기와지붕

하얀 운동장

풍금소리에 맞추어
줄이 선다

시골 국민학교
조회시간

아직 끝나지 않은
교장 선생님 말씀

새들도 날아와
열심히 듣고 있다

도시로 떠나간
친구 생각

지금
무엇을 하고 있을까

철 이른 코스모스
몇 송이
고개를 쳐들고 있다.

단상집(斷想集)

1
교실 뒤 벽에 몇 장 그림이 붙어있었다.
국민학교 때
수채화 내 그림도 거기 뽑혔다.
벌레 먹은 감나무 이파리
그런데도 감이 잘 익고 있었다.

2
산모퉁이 돌아가는 기적 소리
차창의 불빛이 덜커덕 흔들리고
짐짝처럼 실려 가던 삼등칸
추억은 모두 아름다운 것
떠나는 것 또한 이런 것.

3
바다에서 줍던 조개껍질
아직 물기로 남아있는 향수
해수욕장에서 알몸도 부러끄럽지 않다
파도소리 모두를 지워 버린다.

4
까마귀떼 앉는 곳에 너도 앉아라
까마귀떼 날으는 곳에 또한 날아라
눈빛보다 하얀 너의 날개
한결 돋보이게 백로야 함께 있어라.

5
잔디밭의 잡초는 불행하다
손질이 잘된 파란 잔디일수록 그렇다
눈에 뜨이기가 무섭게 뽑히기 때문이다
헐한 품삯으로
아낙네의 손에 쉬 뽑히기 때문이다.

6
넓은 풀밭에 바람이 이네
가다가 만난 패랭이꽃
작아서 예쁜 패랭이꽃
그 곁에 앉아서
하루해를 보냈네

7
그 계곡의 물빛은 잊을 수 없다
그 계곡의 물소리는 잊을 수 없다
그 곳에 비친 얼굴은 잊을 수 없다.
우리의 약속은 잊을 수 없다
모두가 잊을 수 없는 화양동 계곡.

8
높은 가을에
제힘에 겨워 석류가 터졌다.
총총히 들어박힌 치열(齒列)
비집고 들어갈 고독이 없다
그게 마음이 걸린다.

9
이 땅에 떨어진 채송화
이 땅에 떨어진 봉선화
이 땅에 뿌리한 민들레
이 땅에 뿌리한 질경이

모두가 사랑하는 민중의 꽃

10
산란한 머리를 위해
나무 앞에 서고 싶어라
땅속에 뿌리박은 싱그러움
땅위에 나는 건성으로 있는가
무위로 보내는 날이 이리 많은가.

11
백지에 쓰는 버릇이 생겼다
한 자 한 자 원고지에 메꿔나가기란
답답한 일
교도소 높은 담에 갇히는 일
시는 항상 자유를 원한다.

12
사십이 넘어 장가를 가고
채 일 년이 못 돼 헤어지고
그래도
하루 세끼 밥을 먹는
아, 평범한 사람아.

13
억수로 퍼붓는 여름비
비와 무관한
나무 의자 하나
거기 앉을 임자는 누구일까
빗소리에
그저 비워 두는 것일까.

14
희미한 조명 아래
맥주와 음악을 마신다.
비울수록 더해가는 목마름
음악이 멈춘다
빈 병이 되어가는
우리들의 무언극(無言劇)

*이건청 해설 생략.

5시집

조금은 쓸쓸하고 싶다…1989

1

시집을 받고

이조 사람들이 빚은
항아리의 살갗
그 신비 나도 몰라라
당신의 여백에
지친 날개
산새 한 마리 쉬게 하고
솔바람을 그 곁에 두고 싶더냐
돈도 없고
권력도 없이
당신이 배설한 후미진 곳
똥파리도 날아오지 않는구나
택지 조성으로 아직은 묵혀 있는 땅에
작은 꽃씨 하나 들고
언제까지 기다려야 하는가
신음 같은 소리로
멋진 변주곡 하나 뽑자
그대여
더 많은 시집의 여백을
정갈하게 비워두자
깡마른 수숫대 사이로
바람이 잘 보이듯이 말이다.

혼자 마시기

목로에 혼자 앉아
마시기까지는
꽤나 긴 연습이 필요하다.
독작이 제일이라던
어느 작가의 생각이 떠오른다.
외로워서 마시고
반가워서 마시고
섭섭해서
사랑해서
그 이유야 가지가지겠지만
혼자 마시는 술이
제일 맛이 있단다.
빗소리 간간이 뿌리면
더욱 간절하다 한다.
생각하며 마실 수 있고
인생론과 대할 수 있고
아무튼 혼자 마시는 맛
그것에 젖기까지는
상당한 연습이 필요한 모양이다.

괘종시계

누렇게 바랜 벽지에
못을 꽝 치고
처음으로 달아본 괘종시계
추가 좌우로 흔들리고
같은 간격으로 소리 내는 것이
어찌나 신기했던지
잠에서 깨어나기 무섭게
그 앞에 뒷짐 지고 서 있었지
여전히 살아 있구나

여전히 늙지 않는구나
나이 먹어 그런가
공연히 깨어날 때 많다
그날 시간은 더디 가더니
지금은 마치 단거리 선수다
땡땡
눈 깜짝하는 사이 먼동이 트다
준비하라는
조용한 채찍소리 같다.

62병동

62병동(病棟) 하나는
아버지의 방이다.
서러운 방이다.
하얀 벽이다.
머리카락 하나도
천분지 일로 쪼갠다는 세상인데
여기서는 별로 소용됨이 없다.
아버지는 말씀하시고
나는 주로 듣는다.
먹을 가는 것으로
낙을 삼고 살아오신 아버지
봄바람에 묵향이 일다.
하얀 벽을 응시하다가
예서 한 자를 쓰고 계시다.
아직 찍지 않은 낙관
그것에 또한 마음 쓰시다.
62병동 하나는
아버지의 방이다.
노을이 다가서는 하얀 벽이다.

도수체조

마당에서
도수체조를 한다

거르는 날 있지만
아침마다
도수체조를 한다

남들은 산에 가고
강으로도 가는데

좁은 공간에서의
유일한
나의 건강법이다

낙엽소리 들으며
팔을 벌리고
허리를 굽힌다

차가운 공기 속
단조로운
도수체조

오장육부 씻어내는
심호흡을 한다.

계단 오르내리기

건물 안 계단을 오른다
더러는 빨리
언제는 천천히
계단을 올라간다
맨 끝까지 가서
또 아래로 내려간다
올라가는 이유는 무엇인가
내려가는 의미를 찾는다
되풀이되는
일상의 계단
그 오르내리기
무표정한 얼굴
때로는
미소 짓는 눈짓과도 만난다
창밖을 보면
다가서는 풍경화
하얀 벽면에
한 폭 그림을 걸어놓고 싶은
계단 오르내리기.

눈물

어려서는 괜한 눈물이었다
희로애락을 적시는
단순한 눈물이었다
자꾸만 눈물은 자라고 있었다
그로부터 한 몇십 년
샛강에서 서로 만나는
그 의미를 조금은 알 것 같다
눈물도 한곳에 집중해야
그 진함을 알 수 있다
눈물이여,
초롱초롱 빛나려 하는가
퇴색하려 하는가
처음은 단순 그것이었지만
따지고 보면
눈물로 한 계단씩 올라서는 과정이었다.

명함

묵은 서랍을 챙기다
명함 한 장이 손에 잡힌다
인사를 건네고
포장집에서
소주 몇 잔 나눈 기억이 난다
주소도
전화번호도 없이
이름 석자만으로
표표히 떠나던 사람
마당 구석에 서 있는
해바라기를 보며
그날이 생각났다
주로 듣기만 하던
언제나 떠나갈 채비
그 사람이 좋았다
이름 석 자가 돋보인다
풀섶에는
마른 소리를 내고 있다.

까마귀

유성온천 부근은 온통 논이었다.
가을걷이 끝난
텅 빈 논바닥에
무서리가 내리면
까악까악
까마귀떼 모여들었다.
납작한 초가 굴뚝
외줄기 연기가 오를 무렵
열심히 먹이를 찾고 있었다.

이제는 별로 볼 수 없는
그 많던 까마귀떼 어디로 갔나
팔매질해도
좀체로 뜨지 않던 까만 까마귀.
좌우간
유성온천 건물은 자꾸 늘고
도시 기분도 제법 나는데
그 까만 울음 들을 수 없어
그것도 그리움의 하나가 되었다.

차를 마시며

책 몇 권으로
이 겨울을 보낼까 한다

창밖으로
이 답답한 세상에
눈이 내린다

이 땅에 눈이 내린다
조용히 쌓여서
한결 넓어 보인다

넓어서 옹졸한 생각
포근히 감싸주고
하얗게 눈부시다

이 어지러운 세상
한 모금씩 마시는
설록차

그 맛을 음미하며
추억을 마시며
마음의 여백을 열어놓다

춥고 삭막한 날
동양의 고전이나 읽을까 한다.

들깨꽃

돌멩이 골라내어
두어 평 밭을 일구다
들깨 모종을 하다
아기 손바닥만하게
건강하게 자라서
잎 사이사이
꽃자루에 다닥 피어
보일 듯 말 듯 부는 바람에
안간힘쓰다
작아서 부끄러운가
더러는 일찍 그늘에 숨다
이 꽃보다
우리는 얼마나 작아 보이나
아직은 따가운 햇볕
공터 언저리
하얀 들깨꽃
잔잔한 외로움.

시가 되기까지는

낱말을 찾아 나들이 간다
생소한 길을 떠난다
고리로 연결되는
무수한 이미지
그중 한 부분을
절단하는 작업이다
감흥의 등피를 닦는다
비좁은 작업장 밖에
나비 한 마리 훨훨 날아간다
부품이 여기저기 뒹굴고 있다
그것들을 끼워 맞추기에는
한참을 기다려야 한다
나들이 간 낱말이 쉬 돌아오지 않는다
인고의 아픔
시가 되기까지는.

감동에 대하여

자연에서 시를 배우고
시에서 자연을 찾는
서로가 보완하는 노력이다.
노력은 따스한 감동이다.
때로는 시가 자연을 외면하고
때로는 자연이 시를 버린다.
버릴 때의 외로움
외면할 때의 허탈함
외로울 때나
허탈한 일이 손잡아줄 때
더없이 감동은 많은 것을 준다.
사람과 자연을 만나게 하고
자연과 시를 맺게 해주고
사람과 사람 사이
끈끈한 끈으로
감동을 빚게 한다.

구둣방에서

구두의 밑창이나
인생이나 서서히 닳아간다
둑길을 밟다가
아스팔트 위에서 혹은
비탈길을 오르다가 조금씩 닳아간다
닳아가는 것은 매한가지
구두는 창을 갈 수 있지만
새로 맞춰 신을 수도 있지만
그렇게 안 되는 것이 인생
나는 어디쯤 걸어왔을까
구두 한 켤레 맞추러 왔다가
모양도 가지가지
진열장의 구두를 보며
그 밑창에 눈길을 주며
걸어가는 방향은 서로 달라도
언젠가는 닳아 없어질 것이라는
부질없는 생각을 해본다
참 오랜만의 일이다.

사월

사월은 잔인한 달이라고
T. S. 엘리오트는 노래했지만
한국 사람은
이제는 위대한 달로 기억한다
산수화 그림의 달력에서
4 · 19 날짜는 평범하지만
도도한 함성으로 뜨겁다

물오른 나뭇가지
무심히 흔드는 것 같아도
실은 그런 것이 아니라
채찍질한다
아픔을 씹는다
삭정이는 찍어내고
그 자리 새싹을 키운다

자연이 그러하듯이
계절 따라 새 옷으로 갈아입고
그날의 불씨를
훅훅 불어대는 달이다
삼라만상이 생동하고
서로가 부둥켜안는 달이다

퇴근

모두들 퇴근하고
나는 혼자고
꽃이 있던 자리가 비어 있고
누군가 시들어버린 것이겠지
꽃병에 꽃이 없다는 것
참 공허한 일이다.
계절 따라
바뀌는 모양이나 색깔
꽃이 없는 날
새것이 꽂힐 것이라는
이 기다림
목숨은 이 기다림으로 산다.
사람도 매한가지
비어 있는 것의 허전함
있어야 할 자리에
있어야 한다는 이 평범
사무실에서
혼자 지키며
문득 이순의 나이와 만난다.

시인

시인은 시를 쓴다
시를 쓰면서
겉으로 드러내는 사람도 있고
안으로만 밝히는 시인도 있다
시인이라고
뭐 크게 내세울 것은 아니다.

선불리
인생 운운하는 것도 우습다
목탄으로
가볍게 스케치하듯
그런 시나 쓰면서도
공치는 날은 허전하다.

바람에 흔들리다가
풀잎이며
나뭇잎이
조용히 제자리로 돌아선다
그것을 지켜보는 것만으로도
이미 반은 시인이다.

목숨

왜정 때는
만주 땅에서 건너온
썩은 콩깻묵 먹고
그것도 모자라
초근목피로 살았고

육이오 때는
미군부대에서 흘러나온
꿀꿀이로 허기를 채우고
더러는 천주교회에서 나누어준
강냉이죽으로 연명했다.

이제는 형편이 좀 펴나 했는데
뜻대로 안 되는 것이 세상일
분신자살을 하고
옥상에서 몸을 던지고
아, 아까운 사람아.

목숨은 참 질기기도 하고
아침 이슬 같기도 하고
통하기는 하나인데
버릴 줄 알고
택할 줄 알기란 실은 드물다.

답답한 날

눈이 금시 내릴 듯하다
낮게 드리운 회색 구름
올 듯 올 듯한 그리움
편지 답장을 생각한다
눈이 내리면
답장 쓰기가 쉬워질 것이다
눈이 내릴 때까지
기다리기로 한다

하루 종일
눈을 기다렸지만
구름 속
눈 내리기 그리 힘든지
끝내 오지 않는다
무언가 겉도는 나사와 같은
이런 날처럼 답답한 일 없다.

2

추억

외할머니댁
마당 한가운데 있는 우물
이 세상에서
제일 맛있는 것 같았어요
열 길은 족히 되는
지금도 가끔 그 물맛이 생각나거든요.

뒤꼍 바람벽은
연기 그을음으로 왼통 까맸어요
푸슥푸슥 앵두나무 가지 사이로
굴뚝새 날고
한나절 그것들과 놀아도 주었어요.

그것도 심심하면
까만 바람벽에
사금파리로
낙서를 해댔지요
날지도 못한 새들로
상처투성이가 됐어요.

무지개

둠벙에서
긴 대나무 끝에 매달은 낚시로
붕어새끼 몇 마리 잡다가
납작한 초가 한 채
그곳으로 달려가 비를 피했다.

억수 같던 비는 걷히고
세수한 얼굴로 다가서는 앞산
그 너머로 무지개가 섰다
일곱 빛깔의 황홀.

그 무지개를 좀처럼 만날 수 없다
전파상 추녀 밑에서
도시에 내리는 비를 피하여
흘러간 옛노래에서
문득 그날이 그립다.

비릿한 그날의 냄새
황홀했던 무지개는 없고
자라지 못한 꿈이
아스팔트 위에서
탁탁 물방울을 튕기고 있다.

올해의 가랑잎

올해의 가랑잎은
한옆으로 모인다
보도에서나
골목길에서나 가랑잎이란 가랑잎
약속이나 한 듯이
한옆으로 모인다.

가랑잎은 떨어진다는 의미
가을을
영어로 이렇게 부른다고 한다
가을이 아니어도
사람은 세상을 떠나면
땅으로 간다.

가랑잎도 이리저리 떠돌다가
한군데로 모인다
땅 위에 있는
땅속에 묻히는 시간
시간의 차이뿐이다
창밖 가랑잎이
올해는 유별나게 한옆으로 모인다.

햇살에 기대어

햇살에 기대어
먼산 바라보는 일이
이제는 버릇이 되었다
비스듬히 기대고
생각하며 기대고
비운 채로 기대고
그 모양은 각기 달라도
먼발치에서 사랑을 느낀다.

서 있는 풍경을
땅바닥에 그린다
단풍으로 물든
노랑으로 물든
갈색으로 물든 검지손가락
햇살에 기대어
고개를 쳐들면
세상이 조금은 환히 보인다.

도시의 바람

하늘로 곧게 뻗은
시골 미루나무
비어 있는 까치둥지
그 맨 끝 가지 흔드는 바람에
마음이 조였다.
한참 만에 도시로 나왔다.
도시의 골목에도 바람은 있고
그것은 곧잘 곤두박질했다.
바람에 날린 아쉬움
바람에 날린 사랑
누더기가 된 광고판
반쯤 찢긴 영화 포스터
그 속 여인의 하얀 무릎이
도시의 바람을 견디고 있다.

수녀 Cecilia에게

젊어서 수녀가 된
아끼던 사람들이
연민의 눈을 보내고 있었지
그 틈에 나도 끼어 있었다.

예쁜 크리스마스카드
주소가 바뀌어
늦게 사 받아본
그 속에는

　지난겨울
　우연히 오빠 시집 폈다가
　눈감으니 눈물이 맺히던 걸요

시를 붙들고 살아온 나도
아직 남에게 눈물을 못 주고 있는데
나를 대신해
시 한 구절 써놓았다.

그 짤막한 몇 마디
한눈에 전부 들어와도
다는 읽을 수 없구나.

이제는
연민의 눈으로
나를 바라볼 수 있도록
조용히 눈을 크게 떠야지.

삘기 뽑기

하학길에
아무렇게나 퍼더버리고 앉아
삘기를 열심히 뽑았다
입에 씹히는 달착지근한 맛.
시를 써온 지도 삼십 년
미지근한 시만 써댔다.
그 가운데
마음 드는 것을 골라라 하면
어떤 것이 뽑힐까.
하나도 자신이 서지 않으니
어릴 적
삘기 뽑던 재미도 없고
양지쪽에 앉아
살아가는 맛이 바래만 갔다.
종달새
하늘 높이 신명나는데.

꿈

꿈은 아름답다
무지개 등에 업혀
천년 학과 놀기도 하고
그것은 잠깐일 뿐
무서운 꿈이 더 많았다
황당무계하고
가위눌림을 당하기도 했다
우주의 시공 밖에서
꿈은 항상 허망하였다
그 많은 것으로 하여
이 세상 덤으로 사는 것 같아
심심치는 않았는데
요즘의 꿈은
현실
그 선상의 연장 같다
좀 가까이 있는 이순(耳順)의 꿈
단순화로 하여
그리 되는지 모르는 일이기는 하다.

황색

담장에 갇혀 있을 수 없어
도로변에서도
무심할 수 없어
피어나는 개나리
서로 다투며
노랑 크레파스만 문질러댄다
이 강산 어느 곳에나
지금은 평화

제주도에 유채꽃 피다
신혼부부가
기념으로 찍는 사진
그 배경이 왼통 노랗다
이렇게 눈부신 세상 있는가
이 뿌듯한 사랑.

등을 민다

풀잎의 등을 민다
나무의 등을 민다
사람의 등을 민다
그 미는 사람은 외로움을 탄다.
바람은 풀잎으로 눕히고
바람은 나뭇잎을 흔들고
사람의 등에 힘을 준다.
각기 미는 모양은 달라도
모여서 한가지가 된다.
등을 미는
바람끼리는 서로를 안다.

달개비풀

아무데서나 볼 수 있는
반달 모양의 잎
보라색 꽃을 달고 있어
흔한 잡풀만은 아닐 것이라는
그러나
끝내 그 이름을 모르고 있었다.

비로소 알아냈다
병에 효험이 있다는
신문광고 보고
천변이나 산기슭에 가려
수줍음 타던
이 달개비풀을 알아냈다.

여름부터 뜯어 모아
햇살에 뒤척여 말렸다
겨울 준비를 위해서.

달개비는 시들고
죄지은 마음으로 그걸 마신다
작은 보라꽃
아, 마음 쓰이는 이 비정.

가을에

가을이 한 뼘 다가서면
천수답에도 벼는 익어가리
밭이랑에
배추 속은 차오르리
가을은 넉넉한 명령형인가
이슬은 영롱한 소리를 낸다
섬돌 밑에 귀뚜리
휘영청 아직도 운다
친구여
파스텔 화집 속
가을의 손은 크다
아침에도
밤에도 벌레소리
혼자서
전부를 갖고 싶어 한다.

억새풀

억새풀은 바람을 좋아합니다.
산에서
가을바람과 어울립니다.
하얀 달밤을 좋아합니다.
비탈길에서도
잘 어울립니다.
나는 누구와도
어울릴 수 없습니다.
억새풀로 지붕을 엮은
그만한 집
그 아궁이 앞에서
청솔가지 지피던
어린 시절이 그립습니다.

고향

이미 버들잎에
연둣빛이 오른다.

한 시간 거리인데
벽을 쌓고 살아왔구나.

계룡 옆에 끼고
말티고개를 넘는다.

굽이굽이
비단물이 반겨 손짓한다.

내 고향 공주
벌써 마음이 확 트인다.

무령왕릉
건져 올린 천년의 빛

곰나루 고운 모래
송뢰소리 들린다.

나그네로 왔다가
훌쩍 떠나는 것이 왠지 미안하다.

고향은 영원한 곳
사투리로 서로 만난다.

가을 숲

가을 숲에
오솔길
곱게 물든 나뭇잎
모두가 서두는 채비
비어가는 숲속
낭랑한 새소리
어디로 가나
바람 없이도
쌓이는 낙엽
오솔길에서
오랜만에 만나는
당신의
뒷모습.

진눈깨비

비가 오다 눈이 섞여
진눈깨비 내리다
방안에서
놋대야에 발을 담그고
할머니가 발을 씻어주시다
창문으로 낸
손바닥만 한 유리조각에
진눈깨비 바삐 내리다
말씀이 적으신 할머니
흘긋 바라보실 뿐
끝내 말씀이 없으시다
진눈깨비 또 내리다
섭섭하여 함께 오시다
진눈깨비 맞으며
아스팔트 위를 걷는다
구두창에 빗물이 스미도록
그냥 걷기로 한다.

느티나무

지금은 조그마한 면 소재이지만
옛날은 고을이 있었던 곳입니다.
그때 심은 느티나무가
몇 그루 아직 정정합니다.
봄에 더디게 이파리 피고
제일 늦게 단풍이 듭니다.
2월이면
졸업식이 운동장에서 있습니다.

우리가 뛰어놀던 운동장에서
정든 교실에서
모르는 사이
몸도 마음도 크게 자랐습니다.
세상 보는 눈도
조금은 트였습니다.

교장 선생님의 말씀이
아직 끝나질 았습니다.
여러 풍상 속에 견뎌온
몇 아름 느티나무
잔잔한 가지 위로
기어이 눈발이 날립니다.

강물을 굽어보며

허리를 굽히고
강물을 본다
막힘없이 흐르는 물
아래로
아래로 시간이 간다.

아는 자는 물을 좋아한다
공자의 말씀이다
바람으로 물살이 인다
늙지 않는 산에
주름이 생긴다.

굽혔던 허리를 편다
말짱한 산
무심한 구름
모두가 어서
제자리로 돌아가잔다.

3

섣달 바람

나의 생일은 섣달
처음으로 만난 차가운 바람
그래서인지 곧잘 추위를 탄다.
꽃샘바람에도
연둣빛 버드나무 바람에도
몸이 으스스 떨려온다.
한여름
수성페인트를 칠한 하얀 건물
그 앞에서 찍은 사진에도
그런 얼굴이 된다.
인파에 밀리면서 한기를 느낀다.
산마루에 오른다
발아래
사막을 가는 낙타의 등
그 등을 타고
섣달의 바람이 몰려온다.

안개 속에서

안개 속을 간다.
지척을 분간할 수 없는
우윳빛 어둠
개 짖는 소리 들린다.
잎 떨어지는 소리 들린다.
부르릉 경운기 발동 소리
어림으로 세상을 산다
숨을 크게 들이쉰다.

차츰 안개가 걷힌다.
햇살에 무력한 안개
먼산 모습이 드러난다
나무가 제자리에 서 있다.
사람들 움직임이 보인다.
모두가 순간인데
아주 먼 시간 같다
안개 속에서.

당암리

당암리 산기슭은
아버지 편안한 현주소다

햇볕이 가득하고
산새도 와 앉는다

하관 시간
마지막 흙을 덮다

철 아닌 국화
일찍 피어서 무심하다

초점이 흐린 채
뜬구름도 거기 있구나

컷 한 장
허옇게 비워놓다

섭섭해
일부러 남겨놓은 것일까

필름 속
아버지는 안 계시다.

벚꽃

해방 직후에
벚나무가 일본 것이라 하여
도끼로 찍어낸 적이 있다
그 벚꽃이
한 삼십 년 또 자라서
활짝 구름처럼 피었다
더러는 구경차
관광버스 전세 내어 떠나고
그도 아니면 벚꽃 아래
식구들이 모여서
야유회한다
피었다간
금세 눈처럼 흩어진다
미련없이 확 진다나
여러분
이 벚꽃의 자생지가
제주도 한라산인 사실을 알고 있나요?

신록에

이 맑은 눈동자이고 싶다
이 여린 마음이고 싶다
바스스 일어나는 신록을 보아라
가벼이 손짓하는 신록을 보아라
바람과 만나
햇살과 만나
사람과 사람 사이에서
한결 싱그럽구나
아장아장 걸어가는
걸음마같이
넘어져도 방긋 웃는
아기와 같이
신록은 동심
이 눈부신 푸르름
때가 묻을 겨를이 없네.

소국(小菊)

앞뜰에 피어준 소국
노란 소국
제철을 만나서
엷은 가을 햇살에
한결 눈부시고
벌은 왱왱거리고
이 작은 것끼리의 만남
저 벌들의 바쁜 역사(役事)를 브아라.

곱게 물든 단풍
이미 떨어진 잎도 있지만
한눈팔지 않고
이 작은 소국으로 모여드는
입놀림을 보아라
그것들을 보고 있노라면
온종일 선 채로 있어도
다리가 아프지 않겠네.

홍도

영욕의 세월에 밀려서
섬이 되었나
배로 한 바퀴 돌아본다
바위자락 아래로는 파란 물빛
멀어지며 점점 쪽빛이다
시루떡 켜를 포개놓은 듯도 하고
피사의 사탑처럼 기울기도 하고
혹은 칼날 모양으로 서 있다
뉘 솜씨로 이리 만들었나
비집고 바위틈에 선
키가 작은 소나무
그래도 기품을 지킨다
근심을 잊는다는 꽃
노란 원추리가 반갑다
파도는 때리며 하얗게 부서진다
외로운 것은 사람뿐이다.

허수아비

가을걷이가 끝난 논과 논
베고 남은 밑동이
가로 세로 반듯하게 줄 서 있다
한결 을씨년스럽다
볏가리 위로 차가운 하늘
팔을 벌리고 있다
할 일은 끝났는데
아직 서 있는 허수아비
겁도 없이 대들던
참새떼나 바라보며
지난날이 즐거웠다
남루한 몰골로도 심심치 않았다
좀 쉬거라 허수아비야
대신 서 있어주마
이런 생각에
할 일 없는 그 날의
논바닥에 내린 햇살을 미리 줍는다.

삼월

삼월은 만나는 달이다
입학한
아우와 언니들이 만나고
새로 오신 선생님과도 만나는 달이다
움츠렸던 새소리 낭랑하고
고요한 나뭇가지
백목련 앞에 서는 달이다
단단한 땅을 헤집고
생명이 일어서는 달이다
만난다는 것은
어쨌거나 기쁜 일이다
끊임없는 움직임
겨울과 하직하는 달이다
삼월은 넉넉한 포용력
부지런히 만나야 하는 달이다.

입동(立冬)의 시

땀 흘린 만큼 거두게 하소서
손에 쥐게 하소서
들판엔
노적가리가 아직 남아 있습니다
주먹을 펴게 하소서
찬바람이 지나갑니다
뒤돌아보는 지혜를 주소서
살아 있다는
여유를 가르쳐주소서
떨리는 마음에
불을 지펴주소서
남은 해는 짧습니다
후회 없는 삶
이제부터라는 것을
마음 편안히 갖게 하소서.

이름 외우기

그래도 기억력이 있다 싶던
젊은 그 시절에도
이름 외우기는 자신 없었다.
외국 배우 이름은
왜 그리 길던지

이름 외우기는 지금도 매한가지
빙빙 머리에서 맴돌 뿐
가수나 탤런트
별로 무관한 그 이름 석 자도
얼른 떠오르지 않을 때가 많다.

떠오르지 않을 때의 그 불안
엄습하는 이 불안
가랑잎이듯
하나하나 곁을 떠나는 사람
그 이름은 가을 하늘만큼 서럽다.

원근법

십일월호에서 만난 목차 컷 하나
하늘은 아직 푸르고
나뭇잎 다 떨어져 줄 서 있다
그 아래 굵은 활자는 눕다
황량함이여
나뭇잎은 왜 떨어지는가
있던 사람은 왜 가고 없는가
착하게 살아서 먼저 간
슬픈 하루야
여름에도 떨어진 잎은 있다
힘들여 그린 것 같지 않아
정이 한결 가는가
나무들의 원근법
아, 넉넉한 공간에서
멀고 가까운 이유를 생각한다.

한국의 산

한국의 산은
한국 사람을 닮았다
서두르지 않고
중용을 지킨다
춘하추동
계절에 민감하면서 말이 없다
산새 소리에도 말이 없다
말이 없는 산에서
잠언 한 말씀 듣고 싶다
궂은 날보다
햇빛 드는 날이 많다
한국의 산은
천년을 하루같이
하루를 천년처럼 산다
한국 사람이 마지막 기대는
넓은 가슴이다.

금강(錦江)

선비의 걸음걸이처럼 흐른다
산 그림자 강심에 눕히고
억새풀 강으로 쓸어 모은다
충청도의 뜨거운 혼이 맑다
철새가 날아온다 한다
을숙도 가는 길목에서
잠시 머무는 것이 아니라
이리로 아주 자리 잡는다 한다
충청도 사람만큼
순박한 철새만이 모인다 한다
와락 감정을 드러내지 않고
하얀 옥양목
두루마기 자락 사이
넘치지도 않고 넉넉히 흘러간다
누가 비단강이라 이름하였나
손을 적셔보면 안다
강모래도 이곳 모래가
제일 곱다 한다.

상식(上食)

아침 상식을 올린다.
잡수시지 않는 음식 차려놓고
절을 올린다.
어두운 골방에서
어머님께 이미 올린 적 있는 상식
일곱 살 때 그 기억이 살아난다.
그때는 별 뜻 없이
옆에서 시키는 대로 따라 했다.

시간이란 일방통행인가
여쭐 일 아직 많았는데
훌쩍 떠나셨다.
생전에 말씀이 적으시던 아버님
뜨락 영산홍은 피고
여전 말씀이 없으시다.
저승에서는 통화가 가능할까
불효라 흐느낌도 이리 더디나.

인동초

겨울이 좋아
함께 사는 인동초
쌓인 눈 속에 몸을 털다
힘주어 잎을 세우다
모두가 얼어붙은
황량한 저쪽
날으는 새도 뜸하다
이름이 좋아
우리 만난 인동초
그렇구나
참아가는 미덕
이 철이 외려 따스하다.

세설(細雪)

눈이 내린다
작은 눈이 내린다.
병실에서
창문에 이마를 대고
바깥세상을 바라본다.
낯익은 풍경인데
이런 날은 적막하다.
인생은 생략법이라던가
가파른 산을 오르는 사람 있고
물 따라 쉬 가는 사람 있고
생애란, 참 이런 것인가.
숨었던 참새 한 마리
획을 긋고 지나간다
계속 세설이 내린다
쉬 그칠 것 같지 않다.

세상의 꽃은 아름답다

일년생이거나
나이 많은 나무거나
세상의 꽃은 아름답다.
그것을 보는 마음도 아름답다.

꽃에도 차례가 있어
일찍 피는 것도 있고
더디 피는 것도 있다.
일찍 지는 것도 있고
그보다 더디게 지는 꽃이 있다.

벌들은 왱왱거리고
나비들은 춤이 되고
별빛에도
초롱초롱한 얼굴이 된다.

그 꽃은 무언가 남기려 한다.
열매를 갖고 싶어 한다.
크기와 빛깔은 달라도
세상에
무언가 남기려 한다.

양지에서는 건강한 열매를 달고
그늘에서는 실하지 못한 그것이 되지만
어느 것 하나

거짓이 없는
착한 꽃의 소산이다.

애비는 시를 쓴다

애비는 시를 쓴다
이 넓은 세상인데
숨어서 시를 쓴다
작은 꽃
억센 잡초 곁에서 시를 생각한다
한낮에 쓰인 시와
이슬이 내리는 시와의 차이
한쪽으로 기우는 나뭇잎은
바람 탓일까
여러 해 동안
어질병으로 시달리고
밤하늘에는
별이 반짝반짝 빛난다
움직여 쓰고
정지해 쓰고
답답해서 쓰고
아파서 쓰고
애비는 이렇듯 시를 사랑한다.

4

서정시인

당신은 서정시인
빛바랜 서정시인
산등성이에서
억새풀 흔드는
그런 시늉을 하다가
큰 길을 피해
고샷에서 만나는 달빛
허허 헛웃음 틈서리에서
눈물은 뜨겁고
오십이 훨씬 지나서야
철이 든 당신
혼자 있고 싶어 하고
안으로 세상일 삭이는 당신
약해도 단단한 뼈
섭섭한 날 있다
소리치고 싶은 날 있다
맑은 물소리에 귀 세우는
당신은 아무래도 서정시인.

손을 흔든다

손을 흔든다
지나가는 차 안에서 손을 흔든다
처음 보는 사람인데 손을 흔든다
이름도 모르는데 손을 흔든다
답례를 하려는데
휙 지나가버린다.

나루터에서 사람들은 만난다
물살을 가르며 배가 지나간다
저쪽 사람들이 손을 흔든다
어이 어이
메아리친다
별 뜻도 없이
반갑게 손을 흔든다.

머리말에

머리말에
몇 권의 시집
시를 읽다가 잠이 들었다.
종이와 볼펜 한 자루
시를 생각하다가 꿈을 꾸었다.
철학과 경제도 모르면서
시 한 줄 만지작거리는
오십이 넘은 사내
아침마다
냉수 한 사발 들이켜는 요즘
발 묶인 상상이
쭈그리고 있다.
미완의 시는 아름답다.

빈 의자

사무실에 혼자 앉아
시를 생각한다
몇 날을 이렇듯
물기 마른 파지만 낸다
서녘 노을이
빈 의자에 곱게 와 앉는다
풀리지 않는 매듭
그것이 풀리면서
한 편의 시가 되어줄 때
아, 소리치고 싶어라
빈 의자여
앉았던 자리
만나는 자리
혼자 있어도
결코 외로움 타지 않네.

해변시인학교

이름이 멋진
이 해변시인학교는
입학이 따로 없다
학년도 자유.

이 학교 학생들은
잘도 재잘거린다
이내 가슴이 통하고
파도와 닿기 때문이다.

시간표도 없는 학교
칠판도 없는 학교
종도 필요 없지만
그래도 가끔은 땡땡 울린다.

바다 푸르다
솔잎소리 맑다
파도 부서진다
시집 한 쪽을 편다.

이 멋진 이름의 학교
모래사장도 넉넉하고
거기 무수한 발자국
물기 묻은 조개가 따라나선다.

순수 감정으로 올린 깃발
알몸으로 있으면 된다
일망무제
젊은 합창으로 뜨겁다.

토란 잎사귀

지난여름은 몹시 무더웠다
지독했던 가스 냄새
서로 밀고 당긴
같은 나이 또래의 몸싸움
투석과 화염병
어지간히 흘린 눈물
거기 섞인 재채기
밭머리 토란 잎사귀
축 처진 모양새 보며
지친 전경들
그 방패 생각이 났다
아우성도 냄새도
이 가을엔 없다
높아진 하늘
왠지 씁쓸할 뿐이다.

난(蘭)

토기부터가 기품인 양 싶다.
그 안에 난 몇 촉
올해는
꽃이 되어줄 것인지
난 키우기 힘들기는
힘든 모양
물주기 삼 년은 버텨야 한단다.
난은 향으로 핀다.
눈감아도
분간이 가는 난의 향기
나이 들어 가까워진다.
풍진 세상에 난 한 촉
비로소 내 곁으로
바싹 다가앉는다.

공일

잡다한
어제의 제목은 접어두기로 한다
하루를 비워두고
생각 안 하기로 한다
말하지 않기로 한다
아무하고도
만나지 않기로 한다
버들개비 흩날린다
날으다
멈추는 곳 어디 있으리
망연히
그저 공일로 남고 싶다
서두르지 않는
햇살같이
바람결같이.

대관령

모처럼 충청도 땅에서
대관령을 오르내린다.
아흔 몇 굽이라든가
산이 온통
이곳으로 모여들었나.
곧게 뻗은 소나무
기골이 장하고
운치 또한 겸했구나.
높이에 따라 산빛이 다르다
솔바람이 층을 만든다.
월정사 가는 표지판이 눈에 띈다
오대산을 비켜서는 모양이다.
가슴이 확 트인다.
쉬엄쉬엄 몇 날을 두고
옛사람은 넘어갔으리.
오늘은 고속버스에 몸을 싣고
대충 대관령을 볼 수밖에는.

오랜만에

오랜만에 바다에 갔다
수평선 멀리 그대로 있더라
고동소리 있더라
갈매기 유유히 날으더라
참 재미없는 일
잡다한 일
훌훌 버리고 왔다
터널을 지나며
차창에 얼굴이 비친다
주름이 잡힌
수척한 얼굴
분명 내가 아니라는 생각
어둠에 묻히는 바깥
더는 볼 수 없어
떠나온 수평선만 떠올린다
연신 차창에 나를 지우며.

일모(日暮)

지난여름은 뜨거웠습니다.
공원 의자에 앉아 땀을 식혔습니다.
한 쌍의 남녀가
흠뻑 사랑에 빠져 있었습니다.
물보다 빠른
지칠 줄 모르는 시간
지금은 빈 의자
아무도 보이지 않습니다.
가을이 떠난 뒤의
을씨년스런 일모(日暮)
때 놓친 나뭇잎이
빈 의자에 떨어집니다.
열매가 없는 나무입니다.

초설(初雪)

교실에서
아이들이 웅성거리고 있습니다.
갑자기
떨어진 날씨 탓이겠지요.
종이 울립니다
교실이 조용합니다.
창에 기대어
먼산을 바라봅니다.
구봉산(九峰山)이 한 발짝 다가옵니다.
높아서
간밤에 내린 눈을 볼 수 있습니다.
한 폭의 동양화
아무도 손대지 않은 그림입니다.
낙관은 찍을 수 없습니다.
계절이 주는 감동
화제를 초설(初雪)이라 붙여봤습니다.

은행나무

이사 온 뒷집 주인과
아직 인사를 못했다

담 사이인데
너무 무심하다 싶다

그 집 은행나무의
그 눈부심

충충한 우리집을
환히 비춰준다

공짜로 바라보는
이 편안함

은행잎 지기 전에
그 집 주인과 인사를 나눌까 한다.

벌초

동네 어귀마다 서는 시골버스
타는 이보다 내리는 사람이 많다
새끼줄 칭칭 감은
낫 한 자루 손에 들고
벌초하는 길이다
낫 놓고 기역자 모르고
그렇게 까먹은 세월
잔뼈로 굵은 낫질인데
한 움큼 잡은 잡초
왠지 손이 떨리누나
머지않아 보름달 보겠다
휘영청 조금은 섭섭하겠다
오랜만에 들어보는
풀벌레소리
쭉정이가 되지 말라던
음성이 귓전에 울린다
막걸리 한 사발 들이켜고 싶다
자꾸 갈증이 난다.

빨간 신호등

빨간 신호가 떨어지면서
2.5톤짜리 트럭도 멈춘다
그 위에 실린 황소가
낯선 도시를 두리번거린다
몸집이 커서 슬프냐
도살장 가는 길이라 한다
큰 눈 하고도
눈물 한 번 흘린 적 없었는데
두 줄기 고드름이 생겼다
쟁기질하던 일 그립다
꼭두새벽
외양간에서 바라보던 별빛
두메에서
정이 많던 우리 주인
지금은 무엇을 하고 계실까
찰싹 손바닥으로 맞아봤으면
파란불로 바뀐다
착한 뒷모습이 멀어간다.

종이집

단단한 적벽돌집인데도
종이로 만든 집과 흡사합니다.
바람이 조금 와도
세차게 창틀이 흔들리고
비 오는 날엔
처마가 땅에 와 닿습니다.
정돈되지 않은 가구가
방에 가득합니다.
마당에는
잔디가 푸릅니다.
심심한 비둘기도
쉬 돌아올 것 같지 않습니다.
집은 남향인데
흐린 날이 많습니다.
이런 부부가
한집에 살고 있습니다.
서로 이야기가 없습니다.

나들이 단장(短章)
—봄

1
기지개를 몇 번 하고
가진 것 없이 봄나들이 간다
멀리 아지랑이 가물거리고
숲속에서 파닥이는 새
날개의 힘을 시험해 보려는가
눈도 귀도 옛과 같지 않으니
마음으로 봄을 느낄 수밖에.

2
골목에서 만난 햇볕
담장 너머 백목련
엄지만 한 망울이 금세 터질 듯하다
올해는 어느 가지에서
순백한 얼굴을 맨 먼저 보여주려나
매일 오고간 이 골목
무심했던 날이 부끄럽다.

3
작년에 접어두었던
봄의 소재가
그만그만한 감동으로
다시 고개를 쳐든다
살아가는 이치를
조금씩 바꾸기로 한다.

4
봄은 이미 왔었다
구름처럼
확 덮인 복숭아꽃
먼산이 어제 거와 또 다르다
전시장 그림 앞에 선 여인
그녀의 다리가 희고 곧다.

나들이 단장(短章)

—여름

1
객과 더불어 겸상을 한다
꽁보리밥
차가운 냉수에 말고
된장에 한입 깨문 풋고추
얼얼한 그 맛
아, 빛나던 식욕.

2
어느 바다에서 왔나
식탁 위에 생선 한 마리
깨끗이 발라먹은
원형의 생선가시
그림 되고 싶다
접시 위에서 포동포동 뛴다.

3
목 태우던 비 오다
주룩주룩 오다
장대처럼 꽂히는 비
가끔은 여우비도 섞인다
사이사이
참새들도 땅에 와서 노닌다.

나들이 단장(短章)

—가을

1
소음을 비켜서
쓰릉 쓰르릉 벌레소리
아침저녁으로 선들바람
고향 찾는 길인가
고향에서 오는 길인가
쓰릉 쓰르릉.

2
바지랑대로
팽팽해진 빨랫줄
묵은 옷가지
조용조용 햇살을 말린다
그 옆에서 감나무 이파리
떨어지는 소리를 한다.

3
가을은 외롭지 않고
충만하지만도 않고
다만 비어 있을 뿐
저 높은 하늘
빗질하던 청소부
잠시 손을 놓고 우러러본다.

나들이 단장(短章)
—겨울

1
미루고 미루었던 해안선
발밑에 와 닿는 겨울 물소리
추위를 지피는 사랑
떠나는 나그네
모두가 허전한 미완성이다.

2
한 바퀴 돌고
또 돌아도
그냥 그 자리
겨울을 달리는 굴렁쇠
힘차게 달리던
어린 날의 꿈.

3
햇살이 한 군데 웅크려 모인다
아침에 오는 바람
저녁에 오는 눈발
종착역의 빈 의자
거기 앉아서
겨울만 생각하기로 한다.

*조재훈 발문 생략.

◆후기(後記)

어떤 작업을 할 때, 그 노력의 흔적이 바로 눈에 띌 때가 있는가 하면 그렇지 못한 경우도 볼 수 있다.

늘 후회가 뒤따르지만 이번 시집에서도 시가 참 어렵다는 것을 절감했다.

아주 버릴까도 생각했다. 그럴수록 시가 내게 적극적으로 다가서는 것을 대체 어떻게 설명해야 하는가.

이왕 이 길로 들어섰으니 묵묵히 끝을 내라는 채찍인가.

한편 너무 조급하게 서둔다거나, 혹은 익기 전에 열매를 따려고 욕심을 부린 것은 아닌지 조용히 자경도 해본다.

과일나무는 꽃이 빈약하다. 색깔이 화려하지도 않다. 그러면서도 크고 탐스런 열매를 매달아준다.

끈기 있게 기다려야 한다는 겸허…….

넉넉한 시가 되었으면 한다.

시는 우선은 예술을 떠나서는 안 되고, 조금은 고집스러워도 좋다는 생각이다.

이런 부질없는 생각, 따지고 보면 우리 주변엔 목소리가 너무 시끄럽고 다양해서 내게는 생소하게 들려서 그런지 모른다.

1989년 8월
임강빈

6시집

버리는 날의 반복…1993

◆자서(自序)

시집 머리에

시하는 사람으로서 시집(詩集)을 낸다는 것은 당연한 일이다. 그런데도 망설여질 때가 있다. 작품이 시원치 못해서 오는 자괴심(自愧心)이랄까.

삽을 들고 땅을 열심히 팠더라면, 그 일한 만큼의 자리가 눈에 들어올 일이지만 시 쓰는 일은 그렇지가 않다. 작업량과 비례되는 것도 아니다.

누군들 좋은 시 쓰기를 원하지 않는 사람이 있겠는가. 머리로 쓰든 가슴으로 쓰든 우선은 격(格)을 생각해야 한다.

나의 시는 나의 시로 족하다. 고집(固執)이라 해도 좋다. 남을 의식하거나 눈치를 살필 때는 지났다. 좀 더 자유자재(自由自在)로운 시세계(詩世界)나 구축했으면 한다.

머리말에 가을벌레 소리가 한창이다. 사람은 바뀌고 세상은 변했지만 이 목소리는 한결같다. 흔히 요즘 사람들은 정감(情感)이 없다고 한다. 정말 그럴까.

절절한 이 풀벌레 소리를 들어보아라. 들으려고 하는 자에게만 들려줄 것이다.

이 시집이 나오기까지 도움을 준 여러분께 감사를 표한다.

1993. 가을

1

낙숫물 소리

어려서
이사한 사글세 집은
양철 지붕이었다.

개복숭아 꽃잎에
비가 젖고 있었다.
추녀 끝으로
서둘러 빗소리가 모여 들었다.

뚝뚝
낙숫물 소리.

그 소리 들으며
텅 빈 방에는
언제나 나 혼자였다.

이름 석 자

금강산은 명산 중의 명산
비로봉
만물상
숱하게 들어온 이름
사진으로만 보아 더 간절하다.

아버지가 주신 이름 석 자
〈강(剛)〉[*] 자는 만인이 우러러 보는
그 금강산에서 따온 글자
욕심이 많으셨는지 몰라
그 숱한 글자 가운데서
골라 또 골라 이렇게 주셨다.

얼마나 섭섭해 하실까
휘휘
돌아봐도 눈에 뜨이지 않는
나의 산
평범한 산이 되어
이렇게 묻혀 있으니.

오늘은 텔레비전 화면에서
금강산을 보며
힘찬
구룡폭포 물소리 보며
죄스럽다
조금은 눈물 난다.

*원생고려국일견금강산(願生高麗國一見金剛山).

백목련

엄지만한 망울이
금새 터질 듯하다가
골목 담장 안이거나
아파트 단지 앞뜰에
순백의 꽃이파리를
살포시 가지 위에 얹어 놓는다.
이른 봄 침묵 속에
이렇게 백목련은 핀다.

장날이면
사방에서 사람들이 모여들었다.
흰옷을 사랑하는 백성
일본 순사들이 숨어 있다가
흰 것이 눈에 뜨이기만 하면
검정 물감으로 그어 댔다.
고샅으로 피해다니고 또 쫓고
조선의 마음을
뭉개버리려는 얄팍한 수법.

환한 백목련을 보면
그 광경이 선히 살아난다.
조용히 다스리는 꽃
세상을 밝히는
달빛 같은 꽃.
겨우내 얼어붙었던 마음
구겨진 것들을 위해
이렇게 하얀 꽃으로 있고 싶어 한다.

삐걱 소리를 내며

삐걱 소리를 내며
책상 서랍을 연다

버리기 아깝다 해서
남겨두었던

정돈되지 않은
일상의 손때

장마철의
눅눅한 습기가 아직 남아 있다

언젠가는 버려야 할
그 언제를 위해 이렇게 챙긴다

가득 쌓이면 버리고
비어 있는 만큼의 쓸쓸함

이 버리는 일의 반복
언제나 삐걱 소리를 낸다.

굴러가는 것
언젠가는 정지한다
지금도 머릿속에 굴렁쇠 굴리는 소리.

굴렁쇠

잠실 스타디움
그 많은 관중 앞에서
소년
혼자서 굴렁쇠를 굴리도록 했을까
어쨌든 그 광경은 감동적이었다
압도했다
그날의 소년과
어릴 적 나와 얼마나 한마음일까.

자전거 점포에서
고물 바퀴를 얻어
그것으로 굴렁쇠를 만들었다
하얀 입김을 혹혹 불며
서리가 내린
들판을 신나게 달렸다.

신나게 굴리던 굴렁쇠
갑자기 균형을 잃으면서 멈췄다
땅에 부딪치는 금속성
그 소리가 귓전에 여지껏 남는다

가을을 간다

가을을 간다
목적 없이
그냥 떠나기로 한다
한 폭의 수채화
높은 하늘에 걸어 놓고
바라보는 이 홀가분함
버스에 기대어
산기슭에서 허리
허리에서 등성이
차츰 시선이 위로 간다
조금씩 타 들어 가는
산적적(山寂寂)
넉넉한 포용
천연색 필름
누군가 천천히 돌리고 있다

도시 귀뚜라미

섬돌 사이
시골집에서 울던 귀뚜라미
수수목 고개 숙이는
소슬바람
뼛속 깊이 사무치던
그 적막감
두리번거리지 않고
세상을 울어대더니
도시로 이사 온 후로는
무언가에 탁탁 걸리는 것 같다.
연탄광에서 숨어 사는 귀뚜라미
전과는 달라
왠지 허스키를 닮았다.
조심스레 울고 있는
도시 귀뚜라미
귓전에서 점점 멀어가는
사랑, 그 허전함이여

가을

묵은 먼지를 털어내고
풀칠을 한다.

푸푸
입으로 물을 뿜는다.

햇살에 팽팽해진
하얀 창호지

아, 이런 날엔
하나의 詩가 되고 싶다.

가을이 비친다.

까치둥지

까치는 높다란 나무에다
둥지를 튼다

고향가다 만난
유화(油畫) 한 점

스산한 바람이
빈 나뭇가지에 맴돈다

주인은 어디로 떠났는지
거의 비어 있다

사글셋방이 아닌
단독주택

하나 둘 늘어난 검은 둥지가
고향길을 재촉한다

무심히
살아온 것에 대한 후회

까치는 언제나
가려서 둥지를 틀 줄 안다.

허수아비

가파른 천둥지기에도
누렇게 벼는 익어가리.
외롭다 말라
산골 햇볕은
얼마나 찬찬한가.
작은창자 채우려
몰려온 참새떼
오히려 무료를 달래주고 있지 않느냐.
하늘만 쳐다보다가
지금은 벼가 익고 있다.
남루함이여
시름은 털어버려라.
황금빛 저 익어가는 것
그것 바라보는 것만으로도
넉넉한 일 아닌가.

문틈 사이로

문틈 사이로 가을을 본다
무성했던 나무
그 잎들이 익어서
갈색으로 물들어
막 떠나려는 시간을 본다
가을은 나에게 명령을 한다
이렇게 의젓한데
자꾸만 작아지라고 호령을 한다

문틈 사이로
손에 잡히는 것은
벌레 소리뿐이다
이렇게 울어대는
가을 벌레뿐이다
주먹을 불쑥 쥐어도
손에 잡히는 것은
이 낭랑한 벌레 소리뿐이다.

개구리 울음

앞 논에 개구리
뒷논에도 개구리

시새움하며 울다가
일제히 뚝 멈추고

심심해서
개골개골 또 소나기

그 울음
한동안 잊고 살아 왔는데

시골에 와
오랜만의 해후(邂逅)

산그늘
길게 배경삼아

얼마나 신나게 울어대는가
초록빛 울음

참 반갑더라
그래그래 음악이더라.

이삭줍기

산에 갇혀서
좀 답답하기는 해도
개명한 땅
공주를 나는 잊을 수 없다.

제민천을 따라 아래로 가면
닷새마다 장이 서고
사람들은 모여들고
우시장(牛市場) 옆
미나리꽝
파릇파릇한 그 냄새 잊을 수 없다.

왜정 때
벚꽃이 피던 어느 날
조선의
엄복동(嚴福童)이 왔다는 소문에
공산성(公山城) 운동장에
인산인해를 이루던 인상을 잊을 수 없다.

어려서 나는 이사를 많이 했다.
셋방이나 전셋집으로
여기저기 옮겨 다녔다.
부끄럽다는 생각은
철이 든 다음에 알았지만

양철지붕
빗소리가 좋았다.
묵은 초가집
이엉 이는 것을
뒷짐 지고 바라보는 재미도 있었다.

이 소년 시절의 추억
혹은 어린 아픔 같은 것
그 이삭들을
공주에서는
광주리에 가득
얼마든지 주울 수 있다.

문풍지

흰 눈이 쌓이고
창호지에 비치는 달빛

웅크린 건넛방이
갑자기 환해 온다

가늘게 떨고 있는
문풍지 소리

귀 세워
그 소리를 듣는다

혼자 있어도
추위를 몰랐던 문풍지 소리

눈 탓이었을까
달빛 때문이었을까.

우수음(雨愁吟)

정수원(淨愁園)* 쪽
입구 표지판에 보인다.

이 길로 해서
근심을 잊으라 한다

눈부신 신록인데
하얀 영구차 하나

차창 밖으로
막 비가 내린다

가닥가닥 때리는 것은
바람 탓일 것이다

정수원 굴뚝 연기가
마지막 비를 맞는다.

*대전(大田) 근교(近郊)에 있는 화장장.

정류장에서

버스가 잠시 머물다 떠나는 정류장
어둠이 깔리면서 사람으로 붐비다
친구의 부음 받고
그 상가에서 돌아오는 길이다
그와는
아무런 대화도 없었다.
죽음 앞에
손익 계산이 무슨 필요 있는가
인생의 마감은
두려움일까
편안 그것일까
이런저런 생각에 빠져 있다가
내 행선지
820번 버스를 놓쳐버렸다
아래 호주머니에 손을 넣고
인생은 기다리는 나그네
붐비는 정류장에서
이 귀한 가르침 하나 얻었다.

똥파리

여기까지 따라왔구나
먼 여행이었구나
날씨는 참 좋은데
하늘은 푸른데
여기는 설악인데
그래그래
푹푹 썩는 냄새
구린 것도 없는데
바위와 숲뿐인데
공기 맑은 이 산등성이
알겠다
겉으로는 말짱해도
내 구석 어딘가 썩고 있어
심심 설악산
예까지 따라왔구나.

그리움

전화 한 통이면
음성을 들을 수 있겠다.
엽서 한 장이면
사연을 전할 수 있겠다.
눈 감고도
그대 형상 그려낼 수 있겠다.
그런데
그렇게 쉬 되지 못하는
망설임 반
아쉬움 반
이 세상 한 사람쯤은
이렇게 꽉 차 있어도 좋겠다.
그리움은
서성거림이다.
이승 떠날 때까지
그대로 비워 놓았으면 좋겠다.

2

들국화

들국화는 가을에 피어야 제격이다
시골에서 만나야 한다
오솔길에서 마주쳐야 한다
이슬과
풀벌레 소리
그것들과 함께 있겠다 한다.

들국화는 겉치레 없이
산이나
들판에서 필 줄을 안다
조금은 쓸쓸한 얼굴로
이런 곳에서 만나자 한다.

성묫길에
피어있는 하얀 들국화
가난한 아버지
그 시늉으로 흔들고 있다
소슬바람 앞세우며
이렇게 흔들고 있으라 한다.

답답한 눈이여

조간신문이
스모그에 가려 있다
서울 남산에서 내려다 본
고층건물
그 윤곽이 희미하게 잡힌다.

연례행사인가
며칠 사이
중국 대륙에서 날아온
황사 현상
계룡산 연천봉이 몽롱하다.

신체검사 때 자랑이나 되듯이
시력은 1.5였다
안경알을 닦아내도
물체가 부옇게 보이기만 하는
답답한 요즘의 눈이여.

여행하듯 가라

잠을 설치었지
맨발로 마당에 서서
몇 번이나 별을 쳐다봤던가
가슴 설레던 미지의 세상.

다지고 보면
바람 같은 여행이었지
호기심으로 가득 찬
기웃거림이었지.

지각하던 날
허전했던 한 구석 아직도 남아
등을 다독거리던 친구여
이번 길은 서로가 기약이 없네

여보게, 꿈을 키우면서
설익은 과일만 한바구니 땄지
후회한들 무엇하나
어릴 적 여행하듯 그렇게 가라.

뻐꾹새 소리

뻐꾹새 소리 들으면
제삿날 가까워짐을 안다.

상현(上弦)달 기울면
할머니 생각이 간절타

일 년에 한 번
이리 뵙기 힘든가

멀리서 뻐꾹
가까이서 뻐꾹

소지(燒紙) 한 장
하르르 불사르면

먼 곳
편안한 데 계심을 안다

밤에 듣는 그 소리
무어라 말할 수 없는 사무침

그래그래 오늘이사
밤새 슬피 울어도 좋겠다.

두레박

독일 사람은 식사 후
숭늉 대신 맥주를 마신다 해서
굉장히 부자라고 생각한 적 있는데
그게 아니었다
적당히 마실 물이 없어
그러했다는 걸 나중에서야 알았다
삼천리강산
어느 곳에나 땅을 파면
생수가 솟았다
그 물이 썩고
죽어 간다고 야단들이다.

우물을 들여다보면
하늘이 그 안에 있고
구름 가는 것이 보였다
찰랑찰랑
퍼올린 두레박
그 주변엔
숱한 이야기가 따라다녔다
정이 있었다
단숨에 들이마신 그 물맛
이젠 두레박을 볼 수 없고
향수만 옛날같이 고일 뿐이다.

봄이 온다

잠에서 깨어나 기지개 켠다.
개울가 버들강아지
통통 버들강아지 살이 오른다.
도시보다 시골에서
큰길보다 고샅에서
일찍 봄은 오는가.
노란 산수유 우선 눈에 띄고
개나리 이기지 못해
담 넘어 온 몸을 내민다.

팔이 잘린 가로수에도
연두색 잎이 줄로 서서
봄을 재촉한다.
산에 들에
시골이나 도시나 할 것 없이
묵은 일 말끔히 씻어버리고
새 옷으로 만나자고 한다.
이맘때쯤
참새 소리도 한결 낭랑하다.

아파트 단지

아파트 단지에
어둠이 가까워지면
하나 둘 등을 달고
이빨 빠진 것도 더러 있지만
살아 숨 쉬는 거대한 모자이크.
인연이 되어
낯선 사람들이 단지로 모여든다.
익힌 얼굴보다
서먹서먹한 이웃이 아직은 많다.
보금자리 찾아
탱자 울타리
짹짹거리던 참새떼 생각
밤이 깊어
하나 둘 불을 끄면
수은등이 서서 외롭다
손바닥만 한
공유의 잔디밭에 이슬이 내린다.

나비 한 마리

그 흔하던 나비
어디로 숨어 버렸나

표본실
나프탈렌 냄새에 갇혀 있는가

나비
한 마리 기다려진다

시야에 들어오는
흰나비 하나

오늘
부음을 받았다.

설법은
아직 남았는데 훌쩍 떠났다

좋아하던
시 한 구절 어디에서 찾으랴

분홍 노랑 연둣빛
한 마당 벌여 놓고

한 마리
나비 되어 가누나

홀가분히 벗어던지려고
그리 서둘렀나

보일 듯 말 듯
골목 밖으로 날아간다.

마른 풀밭에서

세상사 이렇게 매섭다던가
강가 어디선가 상여소리 들린다.
키가 커서
바람막이 먼저 하더니
마른 풀 되어서도 그렇구나.
선 채로
사박사박한 찬바람 소리
어허왕 어화
보이지 않는 상여소리
겨울을 참세
이렇게 매서운 걸세.
만장도 없이
자꾸만 다가오는 상여소리
옆으로 더 빨리
강물소리 들린다.

익모초

따스한 이름
익모초

장독대 뒤에서
여름을 산다.

확독에 찧어
밤이슬 재우다.

외할머니 성화에
코를 잡고 마시다.

사기대접에 적힌
수복(壽福) 두 글자.

입에 넣어주신
박하사탕.

육십 가까이에도
외할머니 언제나 옆에 계시다.

함박눈

눈은 대개 밤에 와서는
아침을 눈부시게 하기 마련이지만
한낮에 내려도
그 짜릿함은 다를 바 없다.
차갑다가도
활활 타는 용광로 같다.

천지에 눈이 쌓이는 날은
아궁이 앞에 모여서
불을 지폈다.
도란도란 이야기 소리
조용히 내리는 함박눈 소리
탁탁 나뭇가지 타는 소리.

창가에 기대어 밖을 내다보며
그날의 소리를 듣는다.
이렇게 펑펑 쏟아지는 날은
자꾸만 왜소해진다.
시인이 아니라도
그렇게 되고 싶어서 그럴까.

꽃샘바람

봄이 오는 소리가
귓전에 스친다

거리에서 마주치는
꽃샘바람

집중이 안 되어 그런가
오들오들 추위를 느낀다

망울 터뜨리려는
안간힘

생명은
항상 눈뜨게 한다

컬러 사진 앞에
내일은 서리라.

참새

참새가 떼 지어
빨랫줄에 날아와 앉는다.
작은 동요(動搖)
위태위태하다가
이내 균형이 잡히고
사면을 두리번거린다.
사람이 산다는 것도
이런 연속일까.
올해처럼
시를 많이 쓴 적도 드물다.
더는 두리번거리기 전에
부지런히 써야겠다는 생각
같은 방향으로
훌쩍 떠나는 참새떼
다시 잠깐의 동요가 인다.

일상의 즐거움

출가한 딸이 첫 애기를 낳았다.
외손자와
친손자 누구를 예뻐할래요?
느닷없는 물음에
그야 다 사랑하지
어정쩡한 내 답이었다.

그리고서 십년
친손자를 얻었다.
미국에 있는 딸한테서
전화가 걸려 왔다.
애들도 전과 같이 해줄 수 있으세요?
괜한 소리 다한다.

무구하다
천진하다
쑥쑥 이대로 자라거라
안아본다
볼을 비벼본다
이 일상의 즐거움.

밉다
볼수록 밉다
탁상 위 사진과 마주칠 때마다
에이크, 이 놈
주고받는 이 순수
이 희희낙락이여.

창가에 기대어

창가에 기대어
늙을 줄 모르는 햇볕
그것을 등으로 받으며
행복한 때가
언제였던가를 생각해 본다.
어슴푸레할 뿐
글쎄
그런 때가 있었던 것 같지 않다.
행복 대신
가을 햇살에
조용히 물들어 가는 저 나뭇잎
그것에 마음 쓰기로 한다.

다시 가을에

다시 가을에 섰습니다
연년세세
시원한 바람 앞에 섰습니다
말도 살찐다는 가을
나는 말띠 생입니다.

넓은 들판을
얼마나 정신없이 달렸는지
말발굽소리
잠시 멈추고
야윈 말로 서 있습니다

하늘은 커다란 문입니다
수시로 이곳을 출입해 왔습니다
빗장이 언제 닫힐지 모릅니다
자질구레한 일에
너무 집착해 온 것 같습니다.

가을 앞에 몇 번을 또 서야 할는지
푸른 하늘이 왈칵 다가옵니다
추억만은 아름답게 남기고 싶습니다
구름처럼 멈추었다 헤어졌다
또 그런 일을 계속해야 합니다.

까치밥

밤사이
우수수 잎진 감나무 가지에
까치밥 하나
해거리로 풍년인데
지천인데
빈 하늘에
덜렁 까치밥 하나
인색하다 말라
빈자의 등불이거니 하라
공중에 까치밥 하나
외로움 하나
아직 까치는 오질 않고.

무제(無題)

가로수 잎들이 갈색으로 갈아입는다
가로수 잎들이 노랗게 갈아입는다
산은 시차를 조금 두고
울긋불긋 갈아입는다.
사람도 언젠가는 갈아입는다
하얀 옷으로 갈아입는다
나무는 선 채로 스스로 갈아입는다
사람은 누운 채 남의 손에 갈아입는다.

3

고독한 레이스

이솝의 우화에는
거북이가 승리하도록 되어 있다
마라톤을
고독한 레이스라 한다
자신과의 싸움
자신과의 타협
마라톤 생중계 앞에서 나도 뛴다
숨을 가쁘게 몰아쉬며 함께 달린다
따지고 보면
말동무 없이 이렇게 달려 왔다.
반환점을 돈다
연변의 박수소리 간간이 흘리며
목적지를 향한 혼신의 힘
고독한 레이스
이솝의 우화에는
거북이가 결승 테이프를 끊게 되어 있다.

감빛

1
근 사십 년 전의
청양 땅은 아주 시골이었다
닷새장이 기다려졌다
감의 산지(産地)
그날 노점 책가게에서
우연히 손에 잡힌 『現代文學』誌
추천이 된 것을 비로소 알았다
그날의 하늘과 감빛
늘 잊지 못하고 산다

2
감꽃이 지천으로 지는 해 있다
달착지근해 주워 먹기도 하고
그마저 심심하면
목걸이를 만들어
누구에게 걸어줄까
막연할 때 있었다
땡감으로 일찍 빠지기도 하고
용케 남아 있기도 해서
어떤 것이 잘한 일인지
분간하기 힘들 때 있다
무서리 내린 마당 저편
알몸으로 서 있는 감빛
시인의 재산은 고독이라고 한
구용(丘庸)의 말씀이
자꾸자꾸 생각나게 한다.

추억

텔레비전이 드물었던 시절
다방 같은데서 신세를 졌다
커피 한 잔 앞에 놓고
권투나
축구 생중계 있는 날은
어김없이 그랬다.

박용래(朴龍來)
하루는 그 집에 있었다.
흑백텔레비전 앞에
동네 사람들 틈에 끼어 있었다.

숨을 죽이고 있었다.
닐 암스트롱이
우주선 사다리에서 내려
달에 첫 발을 디디는 순간.

아, 연신 감탄사를 내고 있었다
한 발자국
조금은 휘청거리며
한 발자국 또 옮기고 있었다.

먼지뿐인 달
암석이 듬성듬성 있었다
그래서
약간은 실망했다.

그 이유 때문은 아니었다
달에 대한 향수
우리는
그날도 만취가 되어 있었다.

소유

면사무소에 가면
지적도가 있고
거기에는
지번이 거미줄처럼 매겨 있다지만
한 번도 들춘 일 없이 살아 왔다.
어린 시절
땅뺏기 놀이에서는
많은 소유를 경험한 일 있다.
지금에 와서도
땅 투기란 무엇인지
어깨너머로는 도무지 생소하다.
힘이 없어
아귀다툼에 끼지 못하고 있다.
반듯하게 누울 자리
서너 평 가량의 소유만은
내게도
필요한 게 아닌가 생각한다
이 가을 어스름.

취미

간혹 앙케이트에서
취미를 물어오면
선뜻 대답이 궁할 때가 있다
무취미가 취미라고
적당히 얼버무리지만
진짜 내 취미는 무엇일까
자문자답해도 별무신통이다.

작가 이문구(李文求)가
어느 문학잡지에 관계하고 있을 때
내 취미에다
〈먼산 바라보기〉로 적어 놓았다
역시 그의 눈이
남다른 게 있다 싶어 감탄했다.

그 숱한 취미 가운데
하필이면
겨우 그거냐고 할지 모르나
답답할 때
외로움에 젖어 있을 때
자주 〈먼산 바라보기〉로 달랜다.

보지 말아야 할 것들
귀로 들어막아야 할 것들이
바로 눈앞에 자질구레하니
그것 가지고
티격태격하기 무엇해서
먼산 바라보는 것이
은연중에 몸에 배인 것 아닌가 한다.

소풍

연신 방문을 열고
밤하늘을 쳐다보았다.
유달리 별들이 반짝이었다.
잠을 설쳤다.
조례대에서 교장선생님의 훈시
왜 그 시간이 그렇게도 길었던지
전대를 어깨에 메고
신작로 지나 산길로 걸었다.
가다가 만나는 패랭이꽃
자운영이 지천으로 피어 있었다.

일본 사람들은
원족(遠足)이라 했다.
오고가기 사오십 리는 예사였다.
중학생이 되어
갑사(甲寺)는 걸어서 일박(一泊)했고
마곡사(麻谷寺)엔
뿌연 먼지 뒤집어쓰며
화물차에 실려갔다.
그래도 무엇이 그리 신났던지
목청이 따갑도록 합창을 해댔다.

지금도 봄가을로 소풍은 있다.
예년 행사가 계속되는 셈이다.
갈 만한 곳 마땅치 않아
다람쥐 쳇바퀴 돌아가듯 한다.
설렘이나
감동 같은 것
얼마나 가슴에 와 닿게 될까
바람 쐬러 가는 일도
많이 변해 버렸다.
빛바랜 흑사진 들여다보듯이.

아무렇지 않듯이

아무렇지 않듯이
살아가기란 참 어려운 일이다.
명리에 대해서
욕심에 대해서 더욱 그렇다.
사랑도 그렇다
뜨거운 사이면서
아무렇지 않듯이
짐짓 거리를 유지하기란 힘들다.
죽음을 앞에 놓고
초탈함은
오직 경외 그것이다.
자신을 알고
정리한다는 것
죽음을 촌각에 두면서도
대범하기란
아무나 흉내 낼 수 없는
선(善) 바로 그것이 아닌가.

인슐린 주사를 맞으며

사발농사 아느냐고 물으면
아이들 모두가 드리도리 한다
이 나라에서 가장 험한
그런 고개 아느냐고 하면
네, 보릿고개입니다
이번에는 일제 답한다
귀동냥으로 알아낸 거겠지
참, 보릿고개 넘기 힘들었다
찬물에 보리밥 대충 말아
풋고추 된장에 한 입 물면
어느 부자 부럽지 않더라
그때는 눈물 같은 건 없었다
악에 바쳐 그랬는지도 몰라
요즘 아침마다 인슈린 주사를 꽂는다
그것을 맞느라면 눈물이 핑 돈다
전에는 먹을 것 없어 그러했지만
흰밥 제쳐놓고
옛날 까만 보리밥으로 버틴다
그 보리밥 씹으면 눈물 난다
뜨거운 눈물 난다
지난 일 생각나서 그런가
마음이 자꾸 어려져서 그러한가.

기다림

처음엔 4면짜리 신문이었다
건넌방 방바닥에 배를 깔고
첫머리에서
광고란 맨 구석까지 훑었다.
그래야 직성이 풀렸다.

신문 기다려지기
학수고대란 말 꼭 알맞다
기다리다가
홧김에 욕지거리
안절부절 하다가
아, 반갑다
마당에 신문 떨어지는 소리.

32면 전부 읽기는 무리다
돋보기에 기대면서도 힘들다
대개는 대충대충 읽을 수밖에
깜짝 놀라게 하는 뉴스
밝은 것보다
그늘진 면이 장식되는 세상.

연중무휴
하루도 거르는 날 없다
한데
젊은 그 날의 기다림은 어디로 갔나
오늘이 어제 같고
엉켜있는 실타래 같아
차츰 외면하는 날이 늘고 있다.

가요 무대

케이비에스에는
가요무대라는 프로가 있다
흘러간 노래다
추억은 진정 아름다운 것일까
거기 모이는 청중도
풍상에 찌든
대개는 한풀 간 사람들이다.

더러는 눈시울을 적시고
잠시 향수에 젖는다
장단 맞추어 청중도 분위기를 돋군다
어려운 시구보다
가사는 또 얼마나 편안한가
가끔 티격태격하다가도
이 프로만은 별 이의 없이 통한다.

집사람 소원은
그 홀 좌석에 앉아보는 것이라 한다.
흘러간 노래를 직접 보는 것이라 한다
얼마나 심심하면 그러랴 싶다
아내여
언젠가는 그날이 쉬 올 것이다
텔레비전에 비치는 당신의 환한 얼굴
믿는다 나는.

뒷자리에서

시민회관 소강당에서
문학의 밤이 열리고 있다.

이런 날 가끔은
나도 시를 낭독했다.

헛기침하며
목청을 가다듬으며

떨리는 소리로
힘주어 읽었다.

왜 이런 만남은
소중할까

이런 사람끼리 만나서
우리는 외롭다.

아직은 뒷자리에
앉기는 이른가 싶다.

모두 숨죽이고 있다
해일처럼 밀려온다.

청중 편에 앉아서
오늘은 시 낭송을 듣기로 한다.

건망증

기억력 하나는 남다르다 했는데
그것도 거짓이 되었다.
성냥갑 한 개라도
헤프게 놓고 오는 일 없었다.
그 기억력이
거짓말같이 싹 가셔버렸다.
생각이 문득 떠오르다가도
이내 지워지고
그것을 되찾기까지는
낑낑거리며 참아야 한다
그 답답함.
잊어버리기로 한다
가슴 죄던 사랑
찡하던 아픔
바람에
가랑잎 날려버리듯 하기로 한다.
컴퓨터에 입력하면
기억이 살아난다 하지만
머리에서 떠나간
마음에서 식어버린 것
빈 하늘만큼이나
그대로 두었으면 한다.

중학 동창 모임

며칠 전에 동창 명부를 받았다
건강하자고 서로 헤어졌는데
세상 떠난 친구 몇 명이 또 늘었다.
살기 좋은 이 세상
고희(古稀)도 서럽다는데
일찍 갔구나
그 친구 주소란은 공란으로 되어 있다.
가면 누구나 그런 거지
창씨개명으로 입학해서
신사 참배 끌려 다니고
공부보다
노력 동원에 시간을 빼앗겼다.

종전이 되었다
출석 호명하는데
하이, 하이, 그 버릇이 남아
대답하기가 어쩐지 쑥쓰러웠다
그러다 육이오를 만났다
전쟁터로 나가
전사한 친구
행방불명된 친구
동창 명부엔 이름 석자만 공란으로 남아 있다
한 선상에 우리는 서 있었는데
이순(耳順)이 되어 뿔뿔이 흩어져 산다
흰머리카락이 부끄러워서인가
검게 염색으로 가리고 살면서도
모두가 동심으로 남아서 고맙다.

한 번이라도 더 만나자는
연락을 받았다
우이동(牛耳洞) 골짜기에서
정담이나 나누며 청유(淸遊)를 하잔다
그래그래 자주 만나자
실컷 흘러간 노래 부르자
별명도 잊지 않고 희희낙락한다
임마, 잔 받아라
넌 주량이 형편없이 줄었구나
돈 챙겨 저 세상 가는 거 아니잖아
뭐니 해도 건강이 첫째지
이런 것 안주 삼아
몇 해만에
개구쟁이 동창들이 모여들었다.

남지나해를 지나며

마침 국외연수의 기회가 있어
대한항공에 올랐다
행선지는 싱가폴, 태국, 홍콩
동남아라야
이웃 동네 마을 가듯 하는 요즘 세상
고도 삼만 피트를 잡는다
아래는 첩첩 구름밭이다.

싱가폴 함락했다고
기세등등하고
그 축하 행렬에 끌려다니다가
선물로 고무공 하나씩 받았던
어린 시절이 살아난다.

잿더미 속에
경제 동물이 되어
그것을 자랑하고 있는 일본
세계 제일의 경제 강국
대동아 공영권에의 향수
그 향수에 함뿍 젖어 있을지도 몰라
남지나해 성난 파고가
귓전에 들려오는 듯하다.

사계(四季)

얼음 밑으로
졸졸 흐르는 물소리
봄이 오는 소리
움이 트고 꽃이 핀다
여름엔 살갗을 태우고
만산의 단풍
나뭇잎 떨어지면
다시 눈이 온다
계절의 바뀜
잔잔한 충격 속에
우리는 살고 있다.

동남아 여행길
이 무더운 열풍에
가끔 오리털 파카 차림이
눈에 뜨인다 한다
상하의 땅에서
겨울을 생각하며
흰 눈을 상상하며
이렇게 미친 노릇하는 사람도 있다는
안내인의 말
이에 비해 얼마나 복을 탄 우리인가
사계가
뚜렷한 제일강산.

우울한 날

입동이 지났으니
눈이 내려도 좋겠다.
금시 내릴 듯하다가
오지 않고
무언가 잡힐 듯하다가도
공치는 이런 날은 우울하다.
전생에 인연 있어
이렇게 죄를 짓고 산다.

전화에 실려 오는
눈초리 따갑다.
우황청심환 씹는 일은
꽤나 버릇이 되었다.
미워하지 말자
잠깐의 인연인 것을.
안절부절 하다가
손에 잡히질 않고
끝내 눈도 오지 않는 날은
참으로 우울하다.

착각(錯覺)

비가 오락가락 한다
한바탕 쏟아졌다가
쨍쨍 햇볕이 든다
오락가락하는 이런 날은
호랑이 장가간다던가
바람에
풀꽃이 한켠으로 쏠리며
우우 소리를 낸다
살아 있다는 뜻일 것이다.

벽에 갇힌 몸인데
누군가 탕탕 못질을 한다
벽에 갇힌 누군가를 향해
이번엔 내가 못질을 한다
이런 착각의 연속
시계불알이
고른 간격으로 시간을 흔든다
한참을 보고 있으면
앙금이 뿌옇게 피어오른다.

대둔산

늦었구나
옆에 두고서 이제사 찾는다.
숲보다 기암으로 덮여 있는
한 폭 그림
대둔산(大屯山).
철이 일러 그런지
단풍은 눈에 들어오지 않고
가지 끝에서 하나 둘
서둘 채비를 한다.
수락 계곡 쪽을 택하기도 하고
태고사(太古寺) 끼고 오르기도 좋지만
정면을 비켜
완만한 능선 따라 오르는 코스가
제일 뛰어나다고 한다.
바위 틈서리에서
하늘거리는 구절초가 반갑다.
정상까지 쉬어가기 몇 번
눈앞이 확 트인다.
사방 산등성이마다
단단한 대둔산을 향해 고개를 쳐든다.

4

푸성귀

나는 채식을 좋아한다.
수줍음을 잘 탄다
시인이라는 관사 앞에서나
얄팍한 시집 앞에서도 그렇다.
이왕 시로 출발했으니
시가 펑펑 쏟아졌으면 하지만
컥컥 목에 걸린다.
변죽만 울리지 말고
진짜 좋은 놈 하나 되었으면 한다.
한눈팔다 가버린 세월
앞으로의 시간보다
살아온 시간이 분명 많았다.
이제는 서두르지 않고도
바빠질 수밖에.
좋은 시인 노릇 못하고
땅땅 소리 한번 내지 못했다.
땅에다 뿌리하고 있는
푸성귀 같은 시
풋풋한 시
이런 것 하나 남겼으면 한다.

해바라기

〈해바라기〉는
고등학교 시절
육필로 쓴 내 단권 시집
나지막한 초가지붕
그 너머로 해바라기가 있는
장정은 친구가 맡아 주었다.

자주 이사하는 북새통에
오죽잖은 습작이나마
그것을 잃어버렸다
그때의 허전함
젊은 날의 꿈이
일시에 정지되는 것 같았다.

시골길을 가다가
오랜만에 그것과 마주쳤다
〈해바라기〉와
세상 떠난 그 친구에 대해서
한참을 생각했다.
오늘 빈집 앞마당
키가 커서 그런지
해바라기가 수척해 보였다.

현황(現況)

내 시집을
뒤적이다가

행간에서
무심했던 당신을 만납니다

가깝다 할 때
자꾸만 멀어지고

멀다 싶을 때
가까이에 있어 준 당신

화살은 이미
시위를 떠난 지 오랩니다

요즘에서야
그것이 시야에 들어옵니다

이처럼
두려울 수가 없습니다

손에 닿을 수 없는 당신
손에 잡힐 수 없는 시간

한 편의 시 가진 것 없이
좌우간 끼적거리고 있습니다.

시 한 편을 위해

시 한 편을 위해
몇 날을 끙끙거리다
그 작품이 완성되었을 때
하도 기뻐서
방안에서 데굴데굴 굴렀다는
선배 시인의 일화가 생각난다.

창작의 기쁨은 누구에게도 있는 듯하다
어느 겨울
함박눈이 펑펑 고샅에 쌓이고
신고 끝에
한 편의 시를 낚아 올렸다.

제민천변(濟民川邊)을 따라
둑길을 따라
정신없이 걷던 일 생각난다
우시장(牛市場) 옆으로
가끔 들리던 선술집 하나
어느새 거기 앉아
흥분을 주체 못하고 있었다.

통금이 있던 때라
단숨에 막걸리 들이켜고
그 시를 몇 번이나 외며
집으로 돌아오던 일 생각난다
사방은 흰 눈에 덮여 있고
구름 사이로 별이 빛나던
이제도 가끔 그 별이 반짝이고 있다.

소재(素材)

소재는 얼마든지 있다
가령 등교하기까지
본 것 들은 것
간밤 꿈이라도 좋다
무진장 있다
작문시간에 이렇게 가르쳤다.

아이들은
얼굴만 쳐다보며
연신 붓방아만 찧고 있었다.

정말 소재는 그렇게 무진장한 건가
그 말이 옳았던가
아니다
고개를 옆으로 젓는다
아무리 많다한들
손에 쥐지 않고서는 공허한 것
요즘 글이
통 되지 않아서 그런가
이렇게 자위해 본다.

계단 오르기

혼자서 계단을 오른다.
하나 둘
계단을 세는 일 재미있다가
중간에서 숫자를 놓쳐 버렸다.
가위 바위 보하며
한 계단씩 오르던
어릴 적 일 그립다.
혼자가 되어
외로움 타던 일 또한 그립다.

이 계단 오르기
언제쯤에서 끝날 것인가.
지금은 열심히 올라갈 뿐
딴 생각 안 하기로 한다
아직 말간 정신이 남아 있다
아는 얼굴 하나 둘 떨어져 나가고
말동무 없는 날은
오기(傲氣)같은 게 들어서
무작정 오르기로 했다.

쉽게 쓰여진 시

쉽게 쓰여진 시는
두려움이 뒤따르기 마련이다.
생각 없이 헤프게 쓴 것은 아닐까
사물에 철학이 있는 것 아니다
그것을 통해 감각하고
의미를 주고
상징으로 이어져야 한다

지우고 다시 쓰고
파지만 내면서
몇 날을 이렇게 버티어도
생경한 날말만 돌출한다
이 답답함
철학이 시를 낳게 할 수는 없다
시는 언어 속에 부화한다.

가슴속에 고여 있다가
뜸 들여서야 나오는 시
벽치듯 하다가
산고 끝에 만들어진 시
어느 것이 진짜 좋은 것일까
분간 못한 채 아직도 쓰고 있다.

생략법

인생은 깁니다
뱀보다 깁니다
하나로부터
예순까지 손가락으로 꼽기는 쉽지만
그 세월은 깁니다
전부를 살려고 하지 마세요
생략법을 배우세요
희로애락을 적당히 하세요
함축은 아름답습니다
적을수록 큽니다
시시한 것 버리고
과감히 생략법을 쓰세요
필요한 부분
결코 그것만 열심히 하세요
넘치지는 않습니다.

배설(排泄)

변기에 걸터앉아
일을 본다
하루의 계획을 세우는데
더없이 편한 곳이다.

입과 항문은 하나로 통한다
서로 떨어져
그 기능은 각기 달라도
얼마나 소중한 것들인가.

변비 때문에
힘주어
끙끙거리며
하여 잡칠 때가 있다.

이 시원한 배설을
짐짓 외면하려 한다
이 고마움에 대해서
똥에 대해서.

한중간에서

계단 한중간에서
오르지도 못하고
내려서지도 못하고
어중간에서
맨손으로 있는 자여
생각에 빠져 있는 자여
시름에 젖이 있는 자여

유치원 마당
시소를 탄 적 있느냐
오르락내리락 하는
그 재미로
한나절 보낸
유년 시절을 기억하고 있지 않느냐

헉헉거리며
한참을 여기까지 왔다
위를 보아도
까마득하고
아래를 보아도
아득한데
다시 생각하기로 한다
인생의 정서
그 음영 같은 것에 대해서.

입춘

입춘 문턱에서
오랜만에 눈과 만난다
온 세상이 만건곤하다.
겨울에 눈이 없다는 것은
춥고 삭막한 일이다.
즐비하게 경사된 지붕마다
눈이 쌓이고
도로변 전봇대 전선이
눈 무게로 늘어져 인상적이다.
이 깨끗함
온 김에 종일토록 내릴 모양이다.
창가에서 서성거린다.
공산성을 오르내리며
아직 수녀가 되기 전
오늘 같은 눈을 맞으며 들려준 동요.
무릎 가까이
푹푹 바지며
이제는 내가 부를 차례다.
입춘 문턱에서
고별 같은 눈이 내린다.

오월

오월의 햇살이
벤치에 먼저 와 앉는다.
소녀들 우르르 모여든다
뭣이 그리 재미있는지
까르르 까르르 웃어댄다.
나뭇가지에
참새가 모여서
맑은 웃음소리에 귀 기울인다.
까르르 까르르
연신 흉내 내지만
짹짹
그 짧은 스타카토여.
시작 종소리
신록은 이미 가까이 와 있다.

구름

고층 건물 위에 서 있는
피뢰침
그 위로 지나는 구름
며칠 동안
장대비 퍼붓고 나서
총총히 가는 먹구름.
그 빠름이
육안으로도 빤히 보인다.
막힘이 없이
거침이 없이
그 서두름이여.
하늘에 쉬고 있던 구름
한가롭던 구름
그러던 것이
오늘은 재촉하듯 가고 있구나.

눈물

어려서는 곧잘 울었다
괜히 보채었다
덕분에 누룽지나 사탕
그런 것들을 얻어먹을 수 있었지만
좌우간 눈물도 타고나는 모양
조금 자라서는
그 센티멘탈 때문에 눈물짓고
더 커서는
사랑 같은 감정으로
또 그러했다.
옛날과 다른 것이 있다면
남에게 보이지 않으려는 노력
그 버티는 힘이다.
감동과 가까이 있는 눈물
집에서 혼자 텔레비전을 보다가
또 울었다.
〈두 여인〉
서양식 고부간의 갈등
그 갈등을 승화시킨
감칠맛 나는 영화였다.

산모퉁이 풍경

힘차게 달리던 기차가
산모퉁이를 돌 때는
어김없이 기적을 울려주었다.
검은 연기가
여운을 길게 남기고
꼬리가 완전히 사라진 후에도
멀어 가는 기적 소리
멍하니 한자리에 서 있었다.

산모퉁이를 지나면
초가 몇 채가 거기 있었다.
집 굴뚝에서 나는 연기
갑자기 시장기가 들었다.
연기가 옆으로 뻗고
억새풀은 바람 따라 물결쳤다.
참, 멋지다
몇 번이나 이렇게 뇌까리곤 하였다.

서릿바람

오뉴월 서리 내리는 일
본 일은 없지만
서릿바람은 있대요
나뭇잎 다 떨구고 난
그 어느 날
설핏 서산에 해지면
서릿바람 불 만도 하지만
지금이 어느 때인데 그런가요
신록이 넘실대는데
푸르름이 짙어 가는데
서리 내린다는 것 있을 수 있나요
하지만 서릿바람 있대요
오뉴월이 아니라
태양이 작열하는 한여름에도
서릿바람 있대요
씽씽 불어닥치는
서릿바람 있대요
으스스 오장육부에도 혈관 깊숙이
사무치는 서릿바람 있대요
대낮에도 있대요.

더듬거림

모처럼의 나들이인데도
막상 떠날 때가 되면
머리가 아프거나
설사를 하거나 한다.
여러 사람 앞에서
무엇을 읽거나
말할 계제가 되면
사시나무 떨 듯했다.
목이 콱 막혀서 더듬거렸다.
본시 심약하고
불민한 탓이라고 스스로를 달랜다.
서울은 이 나라의 수도
그런데도 주저주저해진다.
종로나, 퇴계로
마포나, 천호동 쪽에 들러도
생판 생소하게 느껴진다.
서울 비둘기도
어려움을 당한다는데
사람인들 오죽하랴 싶다.
한 닷새쯤 머무를까 했다가도
그날로 하향하고 만다
서울 사람들
당신들은 어떤 양생법(養生法)이라도 있는가.
시선을 차창 밖으로 던지면서
곰곰이 이렇게 생각해 본다.

객기(客氣)

그저 쓰고는 버려야 하나
배설(排泄)할 때의 그 시원함으로
만족해야 하나
무슨 재주 있다고
누가 출판인들 해줄까
그래도 쓰는 버릇은 남았다
배설하듯
자꾸 쓰는 그것으로 즐겁다.

시 한 편 쓰는 건
식은 죽 먹기로 알았다
위가 건장하니까
장도 탈이 없으니까
그냥 삼키면
시가 되는 것으로 알았다
아, 젊은 날의 객기.

산에 들어갈수록
그 곳에서 헤어나기 어렵듯이
시는 쓸수록 두렵다는 생각
허리를 펴자
몇 줄의 시를 위해 힘을 모은다
배설하는 그 시원함은 줄었어도
거침없이 써댄다
이건 예순이 지나서의 객기일까.

풀벌레 소리

마지막이다
에미 잘 봐 두도록 해라

할아버지의
흰 수염이 움직였다

죽음이란 대체 무엇인가
알 턱이 없다.

어제도 옆집 계집애와
소꿉장난만 했다.

우르르 모여드는
울음 울음들

무섭다는 생각이 번뜩 났다
어서 빠져나가자

음력 팔월 들판의
풀벌레 소리

장정 등에 업혀
상여 뒤를 따랐다

억새풀이
휘도록 흔들어대던

그때의 필름이
아직도 생생이 살아 있구나.

타일에 대하여

측간에 앉아 있으면
하나로 생각이 집중되었다.
예하면
영어 단어 외우기 같은 것
잡념을 버릴 수 있었다.

양변기에 걸터앉아
편안은 하다마는
사면 타일에 갇혀
몰개성(沒個性)에서 오는
무섭다는 생각
때로는
긴장이 엄습해 온다.

그 되풀이 속에
변비가 되어 더러는 고생한다.
똑같은 규격들의 만남
그 만남에서 벗어나야겠다는
우리들의 안간힘일지도 모른다.

5

기상(機上)에서

중학교 때는
지리 공부가 제일 재미있었다.
세계 지도를 펴들고 꿈을 키웠다.
오대양 육대주
부풀었던 꿈
지금 태평양 상공을 날으고 있다.
델타 항공기
점점 고도를 올린다.
푸른 바다는 보이지 않고
아래는
끝도 없는 구름밭이다.
하도 무료해서
군맹무상(群盲撫象)
이 단어 하나를 떠 올렸다.
이 광활한 아메리카
어디부터 무엇을 볼 것인가.

초록빛

미국 유치원 어린이는
크레용을 손에 쥐어주면
우선은
초록부터 칠한다
집 앞 잔디가 그렇고
거리가 그렇고
운동장이 그래서 그럴 수밖에
주말이 되면
남자들이 하는 일은
잔디 깎는 일이다
웃통을 벗어 던지고
기계 위에 올라간다
잔디가 기준보다 크게 자라면
벌금을 내야 한단다
그것 때문은 아니리라
어릴 때 그 초록빛
그 꿈이 뇌리에 살아남아
그러하리라

소읍(小邑)

버지니아주 블랙스버그는
삼만 남짓 사는 소읍
가옥이 숲속에 가려 있다
숲속에 마을이 있다
그 넓은 땅인데
분수를 알고 산다
교회도
마켓도 단층이다
한참 차로 달려야 눈에 띈다
요란하지도 않고
나지막하게
십자가(十字架)는 서 있다
그래도 그들은
축복받은 땅에서 살고 있다.

거리에서

거리에서나
식당에서나
미국 사람들은 마시는 나라인가 한다
음료수 종이컵부터가 우선은 크다
코카콜라의 나라
그 상표가 지구상 어디에서나 만날 수 있다
얼음을 덤으로 주는 것은
인심이 아니라 상식이란다.
비만증으로 고생하는 사람들
그 비만증으로 고민하다가
아예 포기하는 사람이 많다.
실컷 마시고 먹기를 작정한 사람들.
후미진 아프리카의 가난한 나라
혹은 방글라데시
그 앙상한 늑골과 휑한 동공
자꾸만 멀리 떨어진
미국 거리에서 오버랩한다.

어느 공항에서

공항 대합실은 사람으로 붐비다
헤어지기가 그리 뜨거운가
여기저기 포옹 사태다
그 잡다한 사람 속에
흑인 청소부가 눈을 끈다
그가 하는 일은 휴지 줍는 일
별로 버려진 것 없는데
십 분 간격으로 내 앞을 지나간다
휴지통을 밀며 가는
착해 보이는 흑인 청소부
내게 멋쩍게 윙크를 건넨다
인상적인 그 흰 이빨
나는 곧 떠나야 할 사람
서로가 한 마디 건넨 일 없지만
친구여,
우린 이미 전생의 인연인 것을.

야영(野營)

웨스트 버지니아에 와서야
산다운 산을 만난다
가도 가도 광활한 땅
산을 보려고
일부러 이곳까지 여행을 한다
캠프 그라운에서
하룻밤 야영하기로 한다
천막 하나 차지하는데
사방 삼십 평은 족히 되는 넓이
거의가 가족 단위다
밤에
텐트 위에 내리쏟는 빗방울
이내 멈추고
깍깍 미국 까마귀 소리
한국에서는 좀처럼 힘든데
캠프 주변
나뭇가지로 우르르 모여들어
까닭 없이 깍깍 짖어댄다
그 까마귀 소리에
밤은 깊고 별은 초롱초롱하다.

조깅

카터 대통령이
고요한 나라를 찾아와서
조깅하는 광경을 화면으로 본 일 있다
그땐 점잖지 못하다고 생각도 했는데
미국 땅에 와서야
그 조깅의 뜨거움을 알 수 있었다
버지니아 공과대학 산책로에서 만나고
웃통을 벗어 던진 채
털이 성성한 가슴을 하고
워싱턴 백악관 근처
한낮에서도 만난다
자기 건강에나 신경을 쓸 뿐
부끄러움 같은 것 모르는 사람들
아침 소로길에서
남녀 한 패를 또 만났다
하이, 혹은 굿모닝
황색인 나에게도
인사성 하나는 베리 굿이다.

콩코드에서

노스 캐롤라이나주(州)
소읍(小邑) 콩코드에서
조금 벗어나면 바로 시골이다.
길이 곧게 트여 있고
좌우로는 울창한 숲의 연속
시속 백오십 킬로로 달려도
오히려 답답하다는 생각
노루 표지판이 휙 지난다.
갑자기 뛰어들지 모르니
요주의 하라는 경고.
어쩌다 일이 생기면
좌우지간 벌금이란다.
길옆으로 농산물 전이 선다.
럭비풋볼 모양을 하고서 갑절은 큰
속은 충남 성환 개구리참외를 닮았다.
농산물에도 정찰제라
흥정하는 재미는 덜하다.

나이아가라 가는 길

족히 십이 미터가 넘는 넓이
푸른 잔디가 그 중앙선을 구분해 준다.
더러는 상행과 하행
위아래 따로 길을 갈라놓았다.
가다가 휴게소에 들르다.
나이아가라 가는 길이라 하니
조금은 부럽다는 눈치
그러면서도 우리 땅인데
언제인들 못 볼라구 하는 투다.
숙박 사정이 어떨지 몰라
턱 밑에서 일박하기로 한다.
전국 체인인 홀리데이 인
중학교 영어 시간에
인(INN)은 주막 정도로 알았는데
그게 아니다
장(莊)급 여관보다 시설이 훌륭하다.
방안에서 취사
저녁을 때우기로 한다
코가 예민한 이곳 친구들이라
여간 신경이 쓰이는 게 아니다
조심 또 조심.

나이아가라 폭포

굉음이 차츰 가까워진다
이 거대한 낙차 소리.
굽어보는 이 장관
형용사는 잠시 잊기로 한다.
다만 바라볼 수밖에
먼저 소리에 압도되고
흰 물기둥에 넋을 잃고
아, 여기가 나이아가라 폭포란다.
수억 조의 물방울의 직산
엘리베이터로 내려서
우의를 입고 유람선에 오른다
위로 쳐다보는 것 또한 장관이다.
무지개가 수시로 핀다.
선명한 일곱 빛
굉음과 함께
움직이는 한 폭 그림이 된다.

포틀랜드 공항(空港)

미국에 있는 딸네 집에서
이십 일 동안 머물다가
귀로에
마지막 기착지 포틀랜드 공항
이륙하는 비행기
착륙하는 비행기
넓은 공항을
지게차가 분주히 움직이고 있다.
급유를 하고
우편낭을 옮기고
기내 서비스를 위해 식품을 나르고
제각기 일사불란하다.
비행기도 따지고 보면
거대한 잠자리.
씽씽
어릴 적 외가 마당을 날던
고추잠자리
그 비행기 보며
불현듯 향수에 젖는다

*성찬경 해설 생략.

7 시집

버들강아지…1997

◆자서(自序)

시가 점점 두렵다는 것은 시에 대한 눈이 조금 떠졌다는 것일까. 시집을 낼 때마다 앞으론 좋은 작품을 쓰겠다고 다짐을 했다. 거짓말만 한 셈이다.

나의 한계는 누구보다 내가 잘 안다.

세상은 바삐 가고 있는데, 나 혼자 늑장 부리고 있다는 두려움이다. 짧은 말 속에 깊이가 담긴 시가 되었으면 한다.

이 시집을 다섯 부분으로 나눴다.

특별한 뜻은 없다. 제5부 기타(其他)는 대개 부탁에 의해서 쓰여진 것들이다. 계륵(鷄肋)이란 말이 있다. 취하기는 무엇하고 그렇다고 버리기에는 아깝다는 뜻이다. 망설임 끝에 이번 시집 속에 묶기로 했다.

오늘의문학사 여러분에게 고맙다는 인사를 전한다.

1997년 10월

우봉서재(又峰書齋)에서

1

민들레

민들레 씨앗 하나
노란 꽃이 되어 주었다
한동안 곁에 있어 주었다
어서 떠나거라
달무리 같은
깃털을 쳐다보면서
여행하듯 하라고 바랬다
공중을 떠돌다
마땅한 곳 찾지 못해
좁은 마당에
다시 돌아와 낙하한 것일까
해마다 늘어나는 식솔
이제는 숫제
노오란 꽃밭이 되어 주었다

조춘(早春) · 1

산수유는
저만치 피어 있는데
봄이 왔는데
죽은 듯이 꼼짝 않고 있는
나무가 있다
움트려고 애쓰면서
내색하지 않는 나무가 있다
사람들아
살아 있으면서
짐짓 이런 시늉밖에 할 수 없는
이 기막힌 일 또 있으랴

조춘(早春) · 2

한 줄로 서기를 좋아한다
플라타너스
가로수도 한 줄로 서 있다
지난 바람의 잔해가 남아 있어
아직은 이른 봄인데
쓱싹쓱싹 전기톱으로
사정없이 나뭇가지를 절단한다
너무하다 싶다
나무에 올라선 인부들이
뭐라고 소리친다
맞은편이라 잘 들을 수가 없다
포승줄에 묶인 사람들이
한 줄로 걸어가는 것이 보인다

근황(近況)

나보고 시인이라고 한다
상상의 날개는 축 처지고
녹슬 만큼도 됐지
몇 줄 끼적끼적하는데도
끙끙거려야 한다
전에는 청탁서 받고
작품이라고 건넸는데
지금은 사정이 많이 다르다
시인이 많아졌고
시의 양도 대단해져서
약삭빠르지 않고서는
비집고 들어갈 틈을 주지 않는다
시인이 지천인데
뭐 대단하다고
번거롭게 청탁까지 하랴
가뭄에 콩 나듯 해서야
부랴부랴 서둔다
너무 서둔다 이렇게라도 해서
세상을 볼 수밖에 없다
나는 진짜 시인되기는 틀린 게 아닌가
문득문득
부끄럽다는 생각을 하게 한다

망설임

이렇게 옹졸할 줄이야
스스로 알다가도 모르는 일
예쁜 꽃 앞에서
참 부럽다는 생각
딸까 말까
큰 일보다는
작은 일일 때의
이 망설임
어느 쪽을 택할까
하루에도 몇 번
이 얄팍한 망설임 앞에 선다

한 편의 시

한 편의 시가 되었다 싶으면
어디론가 떠나고 싶다
떠나고 싶다는 충동
굳이 그 이유를 물어온다면
해방감이라고나 할까
둑길이나
잡목림(雜木林) 사잇길도 좋고
도시의 소음(騷音)도 상관하지 않는다
괜히 부끄러울 때가 있다
오랫동안
좁은 공간에서 파닥이고 있었다는
저의(底意) 때문일 것이다

버들강아지

교도소 철문이 활짝 열린다
드르륵 하는 금속성(金屬聲)
웅성대는 사람들
막혔던 시간이 일제히 쏟아진다
오랜 만남의 포옹
자유를 심호흡한다
난사(亂射)하던 햇살이
높은 담벽에 꺾여 돌아간다
정지된 시간이 되살아나는
한 컷의 스케치
얼음 밑으로 흐르는 물소리
배음(背音)으로 깐다
시냇가 부푼 버들강아지

토기(土器)

박물관에서 비를 만났다
가을비가 서둔다
비에는 무게가 있을까
내심 모른 체하면서
실은 재촉하는 가을비
그 빗소리 옆에 놓고
진열장 속
귀 떨어진 빗살무늬
그 토기(土器) 하나 껴안고 싶다
단순과 소박
무명으로 남긴 솜씨
먼 옛날로 거슬러 가고 싶다

숲속에서

숲속에서
헤집고 나온 것처럼

시 한 편이
완성되었다 싶으면

세상사 제쳐놓고
이런 기쁜 일도 드물다

모처럼
아내에게 말 건네는 것도

시가 있기 때문이다
흔들리지 않기 때문이다

딱정벌레

딱정벌레는
상수리나무에서 산다
꽝꽝 돌로 치면 먼 산울림
상수리가 우수수 떨어졌다
그 열매 줍기에 싫증이 나면
이번엔 딱정벌레 싸움
톱니로 단단히 무장하고
전의를 세웠지만
이내 슬금슬금 뒷걸음질한다
약이 올라 빨리 하라고 소리쳤지만
정면 대결은 피하고 싶은 모양
싸움은 싱겁게 끝났다
딱정벌레야
너 그때 스트레스 많이 받았냐
사람들은 그런 일에 흥미를 가진단다
미안하다
그날의 딱정벌레야

빨래집게

T셔츠
그만그만한 것들을 빨아 널다
깨끗함을 위해
느슨했던 줄이 팽팽하다
꽉 물고 물린다
나일론 줄에서
순응과 모순을 배운다
햇살과 바람이
오늘따라 유별나다
한 걸음
가을 분위기 속에 빠져든 것인가
T셔츠가 가볍게 펄럭인다
파란 하늘과 어울려서
한 폭의 그림이다

과묵에 대해서

흔히 사람들은
나를 보고 과묵한 친구라 한다
입이 무거운 사람으로 치부한다
통 말이 없다고 한다
몇 날을 입을 봉한 채
버틸 수 있고
그래서 혹 벙어리 된 게 아닌가
아 아 하고 확인도 해본다
그러나 사람들아
어찌 나뿐이랴
나무는 침묵으로 교감하고
저 새는 끼룩끼룩 날다가도
멈추는 시간이 더 많다
나불대고
말이 많은 이 세상
답답하긴 해도
과묵은
첫째가는 덕목이 아닌가 한다

날개

새는
자유를 위해 날갯짓한다
허공에 서 있을 수 없어
이런 짓을 되풀이한다
반복하는 동안
날아갈 방향을 잡는다
끼륵끼륵 소리도 함께한다
언뜻 보아서는
하나같지만
그 나는 모양이 각기 다르다
각기 다르면서
하나의 날갯짓으로 행복하다

구름에게

하얗게 떨어진 지상의 벚꽃
쉽게 비로 쓸어낼 수 있지만
구름은 저 멀리서 높다
흙손으로 바르듯
평면 가득한 날은
참 난감하다
어디론가 가고 있을
그 행방도 알 수 없고
저들끼리 충돌도 하고
낮고 높은 층이 생길 일이지만
죽은 듯 광망하게 저리 있으니
알 수가 없다
그 속마음 가늠할 수가 없다

팔베개

노랗게 가을이 물들었다
그 잔디밭에 팔베개한다
하늘은 언제나 비어 있어 좋다
그 하늘에 굴렁쇠를 굴린다
유년 시절엔
그것 하나만으로 아름다웠다
손자놈이
곁에 와서 팔베개 시늉을 한다
나는 연신 굴리고 있다
후다닥 멀리 달아나 버리는 녀석
재미가 있을 리 없다
잔디가 어느새 노랗게 변한 것처럼
나의 꿈도 단단하게 굳은 채로 있다
굴렁쇠소리가 딱 멈췄다

벌레소리

처서(處暑)가 되면서
벌레는 목청을 가다듬는다
가을을 향해 굴리는 소리
절절한 사연 같기도 하고
조율할 틈도 없이
그대로 켜대는
현악 합주 같기도 하다

모두가 찌들어 있다
당연한 일로 여기고 산다
한밤중인데
들어보라는 이 편안한 휴식
단독주택
이쪽으로만 가득한 가락
옳아, 가을이 던지는 축복 아닌가

별

마당에 멍석을 깔고
팔베개하고 쳐다보는 하늘
온통 별이 반짝이었다
나 혼자일 때는
어둠이 몰려와 더욱 그랬다

그 말똥말똥한 별을 보며
나는 꿈을 찾고 있었다
손에 잡힐 듯 저공비행하는 반딧불
은하수에서 떨어지는 별똥도 보였다
밤이 깊어
푸슥푸슥 타들어가는 모깃불
시골 여름밤의 정경이었다

아파트라는 마을이 있다
가끔은 창문을 열어 보지만
희미한 별빛은
이미 힘을 잃은 지 오래이다
마당 멍석에 누워서 본
그날의 별은 하나도 없다

병력(病歷)에 대하여

원래 나는 약골이었다
아직은 쓸 만하다고 견디어 왔는데
병원 가는 일이 잦아졌다
육체에 고장이 온 것이다
그렇다고 내 병력이
무엇이라고 딱 집어내기도 힘들다
신문기사에서
혹은 TV 한 장면에서
조그마한 일에 쉽게 감동한다
눈 가장자리가 붉어지고
기어코 눈물을 쏟는다
이것도 병이라면 병이 될까
남에게 들키지 않게
조심스런 눈물이 흔해졌다
병원 나의 차트엔
무엇으로 기록될 것인가
난외(欄外)로 쫓겨난다면
또 얼마나 허전할까
아픔만도 아닐 것 같다

계룡산

외가가 계룡산 아래라서
방학 때면
그 산을 바라보며 자랐다
산 그늘이 늘 시원했다
말티고개를 넘으면서
힐끗 바라보지만
언제나 입은 꼭 다문 채였다

때로는
갑사를 거쳐서
동학으로 내려가는 길을 택했다
큰 바위며
골짝 물소리며
새소리도 여느 산에서도 만날 수 있는
그저 그러한 산이려니 했다

갑사를 정면으로
녹수장 뜰로 내려서면
연천봉과 마주친다
높다고만 여겼는데
나이 들어 그런가
산록에 휩싸여 오늘따라 가깝다
궁한 티라곤 하나 없는
의젓한 풍도다
뭐니해도 여기에서라야
산다운 계룡을 만날 수 있다

출구(出口)

전부 떨쳐버리고 나면 개운합니다
이제는 기다릴 수밖에 없습니다
덜거덕덜거덕 굉음(轟音)이 함께합니다
떨어진 낙엽은
썩어가는 시간이 필요합니다
레일 위를 달려갑니다
너무 휙휙 지나고 보니
못난 자존심(自尊心)을 놓칠 수가 있습니다
출구를 향해 속도를 냅니다
긴 터널을 빠져나가면
봄은 옵니다
속삭임이 보입니다

2

돋보기

호주머니에 있을 줄 알았던
돋보기가
손에 잡히질 않습니다
답답해서
보던 신문을 접어들었습니다
먼산으로부터
차츰 다가서는 능선(稜線)
그 푸르름 여전합니다
산새 한 마리
아까의 갑갑함을 씻어줍니다
돋보기 두고 온 것
참 잘 했다고 생각했습니다
산은 멀어도
늘 가까이 있습니다

동이 트며

창에 동이 틀 무렵
잠깐의 시간이지만
살아온 것들
대충 펼쳐봅니다
남루한 옷가지를
주섬주섬 다시 챙깁니다

죄가 많았습니다
조금이나마 갚을 요량이지만
열심 그것만으로는 어쩌지 못합니다
꿈의 잔해(殘骸)가 뒹굴고 있습니다
이율배반으로 들어찬 숲에서
바삐 빠져나가고 싶습니다

다시 동이 틀 무렵
참회록 한 줄 씁니다
경건하고 싶습니다
인생은 짧은 것만도 아니라는
의문부를 찍기에
아직 이른 이 시간인데 말입니다

겨울

하늘도 차갑구나
돌팔매질하면
쨍그랑 유리 깨지는 소리 나겠다
겨울나무의 행간은 적막하다
엷은 햇살이
나뭇가지에 모여서 떨고 있다
어떤 미사여구(美辭麗句)도 거절하라
쏘아대는 난수표(亂數表)도 무시하라
겨울나무엔 자유가 있다
생각하는 깊이가 있다

가을 어스름

광활한 황금들판에
벼가 고개를 숙입니다
논두렁을 돌면서
여위 여위 참새떼를 쫓습니다
이 넉넉한 가을에
그까짓 얼마나 축내겠습니까
가을은 있는 그대로가 좋습니다
지붕에 빨간 고추가
제풀에 마르듯 말입니다
허수아비 비스듬한 밀짚모자에
두 팔 벌린 옷소매에도
참새가 앉습니다
무섭다는 낌새도 없습니다
이 가을 어스름
황금 들녘에 서서
조금은 두렵다는 건
바로 나 자신입니다

밀레 선생

콤바인으로 베어갑니다
황금물결이 차곡차곡 넘어갑니다
밀레 선생
이삭줍기는
당신의 그림에서나 만날 수 있을 것 같습니다
당신은 가난했습니다
자연은 아름답습니다
가난은 더 아름답습니다
해질 무렵
대지를
처음 만난 듯 서 있는
허름한 옷가지에 바람이 찹니다
콤바인소리도 멈추었습니다
멀리 만종이 울립니다

촌닭

우리나라에서
제일 높은 건물은 63빌딩입니다
어쩌다 상경할 때면
맨 먼저 시야에 그것이 들어옵니다
종로 화신백화점 앞에서
한동안 입을 벌린 채 있었습니다
물론 왜정 때 일입니다
63빌딩에 한 번 올라가는 게 소원입니다
그 꼭대기에서 굽어보면
사람도 개미처럼 기어 다닐 것입니다
한낱 나에겐 그림의 떡입니다
나는 지쳐 있습니다
못난 촌닭입니다

감나무

지난해는
주체스러울 만큼 많이 달린 감이
이번엔 해거리하는 도양이다
겨우 열 개 남짓
얼른 눈에 잡히질 않는다
제법 의젓해지면서
스스로 제 감빛을 낼 줄 안다
때가 되어서야 드러내는 것일까
이상하게도
감나무 잎이 일찍 단풍이 들어
선홍빛으로
그리고 서둔다
서둘러야 할 이유라도 있는가
미안하다는 인사일까
목숨 다했다는 따스한 몸짓일까

코스모스 · 1

애당초
코스모스는 향기가 없었다
가을이 좋아
하늘을 향해
발돋움하는 저 몸짓
소소한 바람에
전부를 맡기고
나중엔
향기로 줄을 서지 않던가

코스모스 · 2

새털구름 사이로
언뜻 보이는 파란 하늘
그곳을 향해 발돋움한다
훤칠한 키 하며
흔드는 폼이 전과는 다르다
세상이 훌쩍 커버려서 그런가
잘 다듬어진 아스팔트
국도(國道) 연변에
가을을 손짓하는
코스모스는 키가 난장이다
그래도 힘주어
연신 흔들어댄다
안쓰럽다
키가 작은 코스모스는

이별

이만큼 살아 왔는데도
아직 적응이 잘 안됩니다
사람이 제일 어렵습니다
벌어지기만 하는 갭
저쪽 세상으로 훌쩍 떠나면 어떨까요
사람과는 물론 서먹서먹하겠지요
햇살은 나뭇잎에 살랑거릴까요
자연하고도 어떨지 모르겠습니다
노력은 하겠습니다
적응이 되도록 말입니다
마지막 버스에 올랐습니다
안녕이란 인사
나눌 사람도 없습니다
그냥 떠날랍니다

전지(剪枝) 가위

분재 가게에 들렀습니다
대개는 관상용입니다
될수록 축소시켜야 합니다
가지마다 철사를 칭칭 감습니다
모양을 잡기 위한 초브단계입니다

난장이 마을입니다
만신창이가 깊을수록
홍정이 잘 이루어진다 합니다
가혹한 아름다움입니다
행복한 질곡입니다

누구든 한 가지 재주는 있다는데
난 타고난 것이 하나도 없습니다
자연으로 돌아가라
이건 루소의 탄식입니다
분재 가게를 나오면서 한결 착잡합니다

내외간

약속 없이도
살아가는 게 내외간입니다
눈 떠서 그럭저럭
40을 넘겼습니다
왜 그렇게 인색했는지 모를 일입니다
감사하다는 인사말 말입니다
앞으로는
더듬더듬 할 요량입니다
한 사람은 될 수 있는 대로
말을 줄이는 중이고
한 사람은 녹음테이프
틀어놓듯 반복 중입니다
참 용케 견디어 간다는 것이
내외간입니다

소심한 사람

문학잡지를 들고 다닐 때는
알몸을 드러내는 것 같아
책 표지를 씌우는 버릇이 생겼다
가끔은 내 작품도 실려 있어
그래서
부끄러워했는지 모른다

해방 후
라이프나 뉴스위크 같은
외국잡지
겨드랑이에 낀 채 활보하였다
무슨 자랑이나 되듯
그런 유행이 한때 있었다

서점도 대형화하면서
크고 작은 사상(思想)이 구름처럼 모여든다
무엇을 고를까 하는 망설임
그러나 문학잡지 앞에서는
지금도 곧잘 수줍음을 탄다
이 소심한 사람아

고갯길

경사진 고갯길을
한 노인이 걷고 있다
멈춰 서서
온 길을 되돌아본다
지팡이로 한곳을 가리키고 있다
무엇일까
누구나 추억은 있기 마련
그 중에서도
젊은 날의 추억은
더 아름다운 법
고개를 넘으면 산이 있고
단풍이 한창일 것이다
비록 허망한들 어떠랴
다시 고갯길을 재촉하고 있다

계곡 물소리

동학사 계곡에 앉아
발 담그고 더위를 식힌다
시름을 잊기로 한다
바위 사이 통로를 잘도 타며 흐른다
열려 있는 물소리
말씀 하나쯤
귀동냥하려 해도
영 말문을 열어주지 않는다

나그네 되어
송광사 계곡에 앉아
또 귀 기울인다
여전히 청렬한 물소리인데
갈증 같은 것을 느낀다
한 말씀 나올 듯한데
오늘도 이 물소리나 듣고
그냥 돌아가라 하신다

낙엽 밟기

낙엽을 소재로 해서
시 쓴 적이 별로 없다
감상주의자가 못 되어 그런가
황황히 떠나는 잎들
비 오듯 쏟아지는 나뭇잎들
이미 끝낸 휴식인데
지상으로 내려와
또 다른 휴식을 취한다
구두에 밟힌다
때로는 포근하게 혹은 차갑게
밟는 자와 밟히는 자와의 거리
이 엄청난 거리감으로 해서
분명 있을 법한 신음소리가
들려오지 않는가

세모(歲暮)

시간이 쌓여서 세월이라 한다
한참 지나고 나서야
그 빠름을 후회하기 마련
너무 쉽게 살아왔구나
손에 잡히는 것이 없다
무너진 계획의 잔해뿐이다
이 허망을 무엇으로 메우랴
전신주에 광고가 어지럽게 붙어 있다
볼썽사나운 낙서
저 부끄럼 같은 것이라고나 할까
한 해가 저문다
나의 세모는 단 한번이라도
위선(僞善)에서 비켜섰으면 한다

대청호

충남 대덕군 동면 신하리
충북 보은군 회남 법수리
한 자락이 물에 잠기면서
부스스 호수를 떠올린다
호면엔 햇살과 물결이
바람결이 한데 어울려 반짝인다
대전 근교에서
탁 트인 곳을 꼽으라 하면 단연 여기다
이미 많이들 도여들었다
갑갑한 사람
나만은 아니라는 증거
대청호는
지그시 눈을 반쯤 감고
갈증을 적셔 주는 일
깊은 생각에 빠져 있다

비가 오시는

비가 오시는 날이면
시가 쓰고 싶습니다

독자 한 분이
비에 관한 시가 많다고 일러주었습니다

적절한 지적이었습니다
비는 눈물입니다

전에는 무심히 비켜섰던
빗방울이었는데

나이 들면서
여과 없이 뺨으로 흘러내립니다

구름도 이런 과정이
있는지는 모를 일입니다

비가 내립니다
시 한 편 만들고 싶습니다

주인

셋방살이 하고 있는 날 보고
주인은 나보고 주인 하라고 그래요
농담으로만 듣다가
만날 때마다 같은 말 되풀이하기에
이번엔 내가 화를 냈지요
주인은 피식 웃기만 하는 거예요
당신 허무(虛無)란 걸 알아요
만끽한 적 있나요
그런 어려운 말은 모르지만
외로움 하나는 미칠 듯 좋아한 적 있습니다
그럼 됐어요 아무래도 당신이 주인입니다
이런 실없는 이야기를 하다가
담장에 핀 나팔꽃 앞에 섰습니다
힘차게 올라갑니다
주인은 물뿌리개로 물을 주면서
그럼 이것으로 정하면 어떨까요
이 나팔꽃 말입니까
그래요—, 언젠가는 우리는 떠납니다
참 알 듯 모를 듯한 주인하고
우리는 한집에 살고 있습니다

3

장난감

왁자지껄하며 놀다간 뒤의
이 적막함
손자놈 그 또래들의
오전 한때의 일상
우르르 떼 지어 밖으로 나간다
방바닥에 여기저기 흩어져 있는 장난감
놀다가 버리고 간 이 소중함을
잠깐은 잊어도 좋겠다
저 세상에도 이처럼 심심하다면 어찌할까
놀던 아이들 틈에 끼지 못한 나처럼
이 적막이 이어진다면 어떻게 할까
하찮은 일 같지만
이 심심함의 길들이기
그래, 조금은 서둘러야겠다

소나기

봄비는 언제나 속삭이듯 말한다
잘 자거라
어린 시절은
대개 순응하듯
곤히 잠이 들었다

젊어서는
비 자체보다
빗소리가 좋았다
손가락으로 퉁기는
하프소리
크게 열어 놓은 두 귀

소나기는 언제나 서둔다
우릉우릉 천둥소리와 함께
그 서두는 품이 마음에 닿는다
소나기는
수직으로 떨어지는 일 없이
비스듬하게 사선(斜線)으로 꽂힌다
잠깐이라서 그럴 것이다

허수아비

허수아비야
한 발로 서서
오히려 편안하구나

벌초하는 길에
철 이른 풀벌레소리
이 소리에
한눈팔다 넘어진다
무성한 잡초에 걸려
이번엔 뒹군다
두 발 갖고서도
헛짚고 또 넘어진다
늦게 찾아온 것에 대한
회한(悔恨)

오히려 부러울 때가 있다
한 발로 서서
너 허수아비야

한 폭 그리고 싶다

복숭아꽃
배꽃이 한데 피어 있는
나지막한 구릉(丘陵)
멀리 바라보노라면
거기 꿈같은 세상
그리고 싶다
수채화 하나 그리고 싶다

모두 떨쳐버리고
나목으로 서 있는 육신
허전한 팔을 벌리고
서로 잡으려는 손과 손의 떨림
이런 날은
나이프로 지우고 덧칠하며
유화(油畫) 하나 그리고 싶다

고엽제(枯葉劑)

움이 트려 하는
초록빛 세상인데
지상에 남아서 떠나지 못하고
바람에 우르르 몰려다닌다
이 망령

베트남 상공에선
전쟁을 살포한다
고엽제를 뿌렸다
뜨거운 대낮
칠흑 같은 아픔아

낙엽은 가을에 만나야 한다
짙은 정글 속에
힘없이 떨어지는 베트남의 여름
병상의 한 구석
그놈의 신음소리

공일

백목련 자리가 너무 허전하다
누가 찾아올 것 같아
자꾸 밖을 내다본다
우편함에는
공과금 고지서 혼자 누워 있다
이런 날엔 전화벨도 없다
한 점 구름 없이
하늘마저 비어 있다
답답한 이런 날이 또 있으랴
마당 한 구석에 노란 민들레
반갑다고 연신 아는 체한다
그래그래 알았다
오늘은 완전 공일이다

파지(破紙)

병상에 누워있는 서예가 한 분이
선화지를 쳐들고 응시한다
고개를 옆으로 저은 뒤
미련 없이 쭉쭉 찢어버린다
아주 당당한 자세
획마다 힘 있어 싶은데
세상에 부끄러운 것
남기고 싶지 않다는 말씀이다

이 답답함은 어쩌랴
중심이 안 잡히고
한참을 끙끙거려도
더는 나가지 않을 때가 있다
찢어버리기로 한다
찢기는 소리의 쾌감
그 소리 따라
부스스 시가 탄생하지 않던가

원고지

원고지는
같은 규격끼리 사는 아파트이다

개성도 닮은 주인이
칸마다 집을 지킨다

아파트는
새장의 새

자유를 위하여
시가 있는 것

이 안에서
자승자박하는 꼴이다

네모난 중압감에서
탈옥을 시도한다

백지에 몇 말씀 마구 갈기는 버릇은
이때부터 생겼다

한밭대로(大路)

다시 찾아오는 고향사람들
기지개 펴며
서 있는 도시에 우선은 놀라고
아파트 숲에 가려서
푸른 산등성이 보기 어렵고
참 많이 변했다고들 한다
목척교 근방은 역시 사람으로 붐비다
이왕 대전 올 일 있으면
확 트인 왕복 10차선
한밭대로로 오실 일이다

창을 통해서

창을 통해서
바깥세상을 본다

아무래도 시야에 들어오는 것은
싱싱한 생명력이다

나무가 있고
거기 무수히 달린 잎과 잎

산이 보이고
그 위로 구름이 떠 있다

작은 새 한 마리
찍찍 그 방향은 알 수 없다

모두가 움직이고 있다
목숨을 키우고 있다

분명 변화하고 있는데
왈칵 보여주려 하지 않는다

창을 통해
조금씩만 보라 한다

풍죽(風竹)

아무리 뛰어난 작품이라 한들
이만은 하랴
사각사각
몸 부딪쳐도 소리야 낼 수 없고

아무리 농담(濃淡)의 기법이
뛰어난다 한들
청청한
이 시늉만은 흉내 낼 수 없고

아무리 큰 낙관이 찍힌다 한들
액자 밖으로 나와서
햇살과 어울리며
살짝 잎끝을 건드리는 참새

살아 움직이는
이 그림만한 것이
또 어디 있으랴

채송화

산모롱이 돌면 마을이 있었다
나지막이 집들이 살고 있었다
채송화도 한몫 끼어 있었다
키가 작아서
앉은뱅이 꽃이라고도 했다

쨍쨍한 대낮 허기가 들면
자주는 자줏빛을 세게 내고
노랑은 노랑빛을 세게 내고
흰색은 그것대로 세게 내며
도란도란 이야기가 재미있었다

지금은 그 꽃 보기가 힘들다
비슷한 걸 만날 수 있지만
대개는 키가 껑충한 개량종이다
열심히 집 안을 밝혀주던
키 작은 채송화는 언제 만날까

매미소리

어둠 같은 긴긴 시간을 보내다가
잠깐 머무는 세상
매미소리는
결코 시원하다거나
한가한 노래는 될 수 없다
짧은 생을 등에 지고
완곡한 울음뿐이다
오늘 나와 함께 있는
이 울음은 무엇일까
훌쩍 떠나간 사람
그를 위한 기도소리
차라리
절절한 기도라면 좋겠다

스냅 속의 술잔

몇 장 안 되는
스냅 사진이지만
그 속에
어김없이 술잔이 들려 있다

누가 이 기막힌
순간을 포착했을까
용케 이 시간에
셔터를 눌렀을까

다시 술잔을 높이 들라
그리움이 있더라
방황이 있더라
그날의 분위기가 있더라

행간(行間)

시의 행간을
탄탄대로보다는
언덕이라면 어떨까

꽉 짜인 포도(鋪道)
한참 지나서 꺾이는
오솔길이라면 어떨까

좁은 골목이되
환한 세상이 보이는
출구라면 어떨까

쓰러져 눕는 침묵이 아니라
툭툭 튀는 빗방울
그것이라면 어떨까

나무

생각하는 힘을 보아라
움직이고
흔들리고
모양 짓고 있는
나무, 나무들을 보아라

나무는 밤에 자란다
별빛을 보며
아무도 눈치 채지 않게 자란다
나무의 뿌리는
칠흑 같은 땅이다

서 있을 수밖에
번듯하게 한번 눕지도 못하고
그것은 형벌이다
그것은 생명이다
그것은 한 편의 시(詩)다

보리밭 향수

보리는 겨울에도
파란 고개를 내밀었다
바람이 일면
건강한 이랑이 파도쳤다
하늘 높이 종달이는 떴다
깜부기 뽑기 내기를 했다
우리는 하하거렸다
영락없이 넌 검둥이구나

앞마당에서
타작이 한창이었다
도리깨로 힘껏 내려치는
아픔
땀방울이 뒤범벅이 됐다
처마에 쪼그리고 앉아
으스스 한기를 느꼈다
이제는 먼 향수가 되었다

승강장에서

승강장에서
기다리는 시간은 길다
버스가 오질 않는다
우리 집 목련은 필 기미가 없던데
아파트 단지 화단에서는
시나브로 지고 있다
모든 것이 나에게는 더디다
발등에 불이 떨어져서야
비로소 움직인다
슬그머니 짜증이 난다
이 머무는 시간에
우리 집 목련은 피고 있는 게 아닐까
실없는 이런 생각으로
느긋이 서 있을 수밖에는

할버지

할버지라 한다
말을 배우기 시작하면서
할아버지 네 음절이 힘든지
그렇게 부르기로 한 녀석
그래그래 편하도록 해라

귀엽고
꾸밈이 없고
그 놈은 나를 좋아해
나 또한 그놈이 좋아
의기투합 살아간다

참이란 무엇인지
바르게 산다는 것
아름다움은 또 무엇인지
사랑이란 엄두도 못낸
그런 나약한 할버지였다

너는 꿈을 세워라
순수하라
건강하라
창조하는 인간이 되어라
사랑은 클수록 좋은 것

생각 않기로 한다
하늘에 떠 있는 한 점 구름
어느 날의 우리들의 헤어짐
작은 손을 연신 흔들며
날 보고 할버지라 한다

골목

활처럼 굽은 골목이 있다
목욕탕이나
약국도 이 길로 가면 가깝다
슬레이트 지붕이 양옥으로
단층집이 이삼층으로 올라갔다
세상이 변하는데
이곳만 조용하라는 법은 없다
더러는 분뇨차가 가로막기도 했는데
빨간 석유차 대신 서 있다
여기서 만나는 사람은
대개 목례를 할 줄 안다
큰 거리의 어지러운 간판보다
이곳은 조용해
노란 개나리가 담 너머로 한창이다
잠시 머무는 구름
이 골목에서도 만날 수 있다

4

첫눈

거리에서 첫눈을 만났습니다
함박눈입니다
이런 행운은 드문 일입니다
하늘에서 지상까지 긴 여정
시야에 잡히는 짧은 동안에도
나름대로의 개성이 있습니다
잠시도 정지하는 일 없이
춤추듯 내려옵니다
눈송이가 점점 커집니다
지하도 계단 입구에서
구걸하고 있는 장님을 만났습니다
천원짜리 지폐가 잡혔습니다
백원 주화 몇 개로 대신했습니다
떨어지는 그 음향이 좋아서입니다
함박눈이 이어집니다
도시의 공간이 한결 부드럽습니다

동행(同行)

발자욱 소리에 뒤돌아봅니다
아무도 없습니다
스치는 소리에 이번엔 멈추었습니다
여전히 보이질 않습니다
공연한 착각이려니 하다가도
무언가 쫓기고 있다는 생각이 불안합니다
무심코 어느 건물 앞에서
굴절된
큰 그림자와 마주칩니다
잠시 잊고 살아온 사이
멋대로
자랐다는 것에 대한 놀라움
가까우면서
멀리했다는 자책감으로
한동안 이렇게 벌서고 있습니다

침묵

한 방에
서로 다른 식구가 살고 있습니다
통 말들이 없습니다
아침부터 밤까지
여러 날 이 모양입니다
너무 길다 싶습니다
다툰다는 기색도 깜깜합니다
빗장을 누가 먼저 풀까
이런 힘겨루기가 또 시작됩니다

바람 · 1

바람과 진지한 대화를 나눈 적은 없다
오랜 세월 속에 함께 살다보니
알게 모르게 통하게 되었다
바람은 순수하다
삼라만상
무엇 하나 때 묻지 않은 일은 없지만
바람은 그걸 모르고 산다
얼만큼 살다보면 염증이 난다
그 증세가 바로 때가 아닐까
바람은 바삐 움직인다
때로는 폭풍처럼 몸살을 앓지만
여유 만만하다
아무 데나 자유롭게 떠난다
바람이 부럽다

바람 · 2

방향을 딱 정한 것도 아니다
대개는 햇빛과 어울려
사방팔방으로
미리 떠날 채비를 한다

바람은 잠시 서 있지를 못하고
심심하다 싶으면
풀잎이라도 흔든다
그래야 직성이 풀린다

장난기가 있다
이런 놀이에 푹 빠져 있다가도
얼어붙은 땅에 와서는
천근만근 새순을 일으켜 세운다

레미콘

레미콘의 불룩한 배
식성이 좋다
자갈 모래 시멘트
물 섞어 소화시킨다
거대한 빌딩을 위해
다투어 출구를 빠져나간다

철판 위에서
어림으로 배합하던
인부들의 바쁜 손놀림
이십 몇 평짜리 우리 단층집
대궐 같다
이름 석 자
문패를 달아 놓았다

계속 움직이고 있다
거대한 빌딩을 위해서
열심히 돌리고 있다
한 방울 허무도 개입하지 않는다
넋 놓고 바라보는 이 재미
요즈음 일과의 하나가 되었다

틀

강물에 누운 채 흘러갑니다
풀잎 사이로 바람은 흘러갑니다
나도 어디론가 흘러갑니다
시간은
제어장치가 없습니다
강물이나 바람
언제나 이대로라면 좋겠습니다
우리는 먼저 떠나야 합니다
틀은 이대로 두고 말입니다

아침

아무리 서둔다 해도
새들하고는 경쟁이 안 된다
언제나 앞선다
아침을 여는 것은
이 낭랑한 새의 노래이다

그보다 더 앞서가는 것은
꼭두새벽을 쓸고 있는
청소부의 빗자락 소리이다
아침은 항상 깨어 있는 상태
귀 기울인다면 언제나 만날 수 있다

익숙하지 못한 날은
중천에 해가 있을 때이다
무슨 일이 생길까
조마조마하는 것은
아침의 빗장을 늦게 열어서 그렇다

일모(日暮)에

창으로 들어온
손바닥만 한 햇살이 따스하다
구김살이 없다
나뭇잎 우수수하고
참새떼 짹짹거리고
길다 생각한 하루가
벌써 마감하려 한다
나머지 빈 구석
허무 그대로 내버려두고
진통으로 있게 하고
내일 만나기로 한다
일모(日暮)에
긴 그림자

조용한 흔들림

영화『허리케인』의
한 장면은 아니라도
바람이 윙윙 소리 내고
건물 간판이 날아가고
뿌리째 가로수가 뽑히고
이런 날은 왠지 무서웠다

지금 바람은 보이지 않고
유리창 밖
회초리 같은 나뭇가지
이파리가 한 줄로 서 있는
조용한 흔들림

폭풍 뒤에 오는 고요
이 고요를 버티려는 안간힘
그것과 마주칠 때
안으로 흐느끼는 버릇이
배어 있음을 알고
참으로 두렵다는 생각을 하게 되었다

부실(不實)

누구를 탓하랴
백화점이 무너졌다
대교가 동강났다
사람의 머리
사람의 손
썩은 탐욕 때문이다
억지로 뜯어 맞춘 인과(因果)이다

과일은 순응할 줄 안다
때가 될 때까지 기다릴 줄 안다
열매는 향기가 있다
쭉정이는 자연(自然)이 남긴 부실이다
그래도
남에게 해는 끼치지 않는다
물론 아비규환(阿鼻叫喚)도 없다

유등천 산견(散見)

유등천 사이로
도시 계획인가 뭔가 해서
길만 자꾸 넓히더니
사람의 왕래도 여전 뜸하고
어쩌다 트럭이 지나가면
뿌연 흙먼지 뒤집어쓰기 일쑤였다
좁은 소견으로
지랄한다 욕도 해댔지만
그게 아니었다
육차선
포장한 도로로 변해버리고
앞 다투어 집이 들어서고
아파트 단지에 가리어
산이며
능선을 전처럼 볼 수 없게 되었다
서대전에서 한국조폐공사 공장 쪽
버드나무가 한 줄로 서서
유등천 뚝방에도 한 줄로 서서
겨울 때를 털어내고
먼저 봄이 왔음을 알려준다
길게 늘어선 버드나무가지
아래로 아래로 쏠리는
저 초록빛
답답하다 생각이 나면
유등천
버드나무로 와서
이 기막힌 초록빛이나 만나 볼 일이다

나의 시간

나의 시간은
저쪽으로 가고 있습니다
어느 날 벽에 부딪치면서
그 반대라는 것을 알게 되었습니다

유유한 강물 같아
느릿느릿하더니
방울새 훌쩍 떠난 후로는
조바심을 냅니다

사람들이 모여서
웅성거립니다
눈치 채지 않게
슬그머니 빠져나왔습니다

빠져나온 시간이
무슨 영문인지
똑바로 고개를 쳐듭니다
누구와 의논하고 싶은 모양입니다

나의 시간은
덩어리입니다
쪼개고 잘게 써는 방법
그 일로 서둘고 있습니다

겨울 모기

방 안은 나 혼자인데
그게 아니었다
모기 한 마리 함께 있자 한다
지금은 겨울
참 목숨도 모질구나 싶다
휘저으며 윙윙거린다
깜깜한 방인데
자유를 구가하려 함인가
애걸스럽기도 하고
비웃음 같기도 하다
무슨 수를 써야지
그러나 그것도 잠깐
얼마나 외로우면 그러랴 싶다
공포에 질린 소리 같아 더욱 그렇다
형광등을 죽인 채 그냥 있기로 한다

타인의 시

남의 시가 커 보인다
속은 무량하고 뜻도 무진하다
밭고랑에서 갓 뽑아 온 무우
잔뿌리에 묻어난 흙의 신선함
저토록 커 보일 수가 없다
주눅이 들어 있는 나의 시
허약하고 쩨쩨하다
다는 아니지만
남의 시는 탄탄하고 꼿꼿이 서 있다
부러울 뿐이다
나의 시가 부끄러움을 타는 탓이다
가급적 비교는 삼가기로 한다
황량한 벌판에서
나는 나의 시를 줍도록 한다

가을비

가을비는 보채지를 않는다
마지막을 위한 이 집중
무질서에서 질서를 통하는 길목
땅에 와 누워서 그런가
감나무 잎이 생각보다 많다
모두가 짙은 채색 차림이다
여기 하나하나에 쏟는 비의 무게
칙칙한 집 안이
가을비로 해서 눈부시다
문설주에 선 채로 바라본다
싫증이 나지 않는다
툭툭 튕기는 그 빗방울
이건 분명
어느 궁전의 화려한 잔치가 아닌가

외등(外燈)

골목을 지키는 외등 하나
낮이면 더 추위를 느낀다
모두가 동동걸음이다
누구 하나 거들떠보지 않는다
무관심은 어디에서나 춥다

함박눈이 내린다
형광등을 껐다
이중 우유빛 유리창 때문일까
눈송이가
솜조각만큼은 커 보인다

함박눈이 방안을 기웃거린다
들어오려고 애쓴다
창을 열었다
외등 불빛 아래로
함박눈이 일제히 모여들었다

숫자에서

일년은 삼백 육십 오일
길다면 길고
잠깐이라면 또 잠깐인
그 가운데 며칠은
미칠 것 같은 날 있어
이 숫자에서 빼어버리면
어떡하나 해서 그런 거예요
사랑하다가
미워하다가
슬퍼하다가
가을 하늘 쳐다보며
눈물이 나서
미치도록 겪은 일들이
조금씩 멀어지다가
영 생각이 안 나면
어떡하나 그런 걱정으로
실은 하고 있어 그래요

공주 가는 길

내 고향은 지근(至近)의 거리
그래서 그런가
향수 같은 걸 덜 느끼며 살아왔다
모처럼 공주 가는 버스를 탈 때면
바른쪽 창가에 자리잡는다
금강을 따라가기 위해서이다
바람이 좀 부는 날에는
물소리는 조용조용하다

전 같으면 며칠 머물러
친구 만나 회포도 풀 일이지만
대개는 당일치기다
알 만한 얼굴이 가뭄에 콩 나듯 해서 그런가
말이 고향이지
낯설고 서먹서먹해서 그런가
웬만한 일은
그날로 되돌아 올 수 있기 때문이다

말티고개
헉헉거리다가 몇 번은 쉬어가던 목탄차
이 아래로 터널이 뚫린다
완공이 되면 이십분은 단축되리라 한다
더 가까워진 공주
오는 길엔
계룡산을 끼고 무언의 대화를 또 나눈다
이런 공부는 싫증이 나지 않아 좋다

제야(除夜)에

메마른 이 땅에
올 듯 말 듯 한
눈이 오지 않는다

깊은 밤에
누더기를 벗어버리고
허물을 열심히 벗고 있다
얼마나 위선에 차 있던가를
얼마나 기만에 가득했던가를
얼마나 측은했던가를

오늘밤은 짐승일 수밖에는
오늘밤은 회환일 수밖에는
오늘밤은 뜨거운 눈물일 수밖에는

눈이 내린다
참다못해 눈이 내린다
적막한 이 밤에 눈이 쏟아진다

5

금강(錦江)의 노래

—대전일보 창간 31주년에 붙여

금강(錦江)이 흐른다
어제도 오늘도
고운 물살
소리 내며 흐르고 있다
강줄기 따라
넓은 들판
산이 있고
무성한 나무들
나뭇잎들의 신명난 춤

청풍명월(淸風明月)
순박한 우리네 인심(人心)
기쁨도
어려움도
서로 나누며 살아온 곳
찬란한 옛 문화(文化)
백제(百濟)의 미소를 꽃피웠던 곳
또 여기는
나라가 위급(危急)할 때
몸으로 막아낸
충(忠)과 의(義)의 고장
피맺힌 절규가
금강물처럼 흐르고 있다

〉
대청(大淸)댐
총저수량(總貯水量) 14억9천만t의
수문(水門)이 열리면
떨어지는 물기둥
그 굉음
무지개빛 물보라
이것은 바로 우리의 힘
이것은 바로 우리의 지혜
가뭄땅을 적시고
오곡(五穀)을 키우고
누렇게 익을수록
고개 숙이는
그 참뜻을 생각하게 하고
풍요(豐饒) 앞에
우리를 멈추게 하고
뿌린 자(者)만이
거두는 소박한 진리(眞理)를 깨우쳐 준다
유유히 흐르는 물줄기
그 맑은 물속에
나를 들여다보고
우리를 비춰보는 총명도 갖자
더러는 우리 마음
한 귀퉁이 남아 있을
교만한 생각
남을 중상하고 모함하는
그런 것 모두 멀리 떠내려 보내자
정직(正直)한 사람은
법 없이도 사는 사람
허물을 부끄러워할 줄 아는
정(正)과 사(邪)를 분별할 줄 아는

그런 정(淨)한 마음이
항상 도도히 흐르게 하자
그리고 또
우리의 가난한 이웃
주눅이 든
힘없는 이웃들의 아픔도
이 강물로 흐르게 하자

금강 상류(上流)에
〈복(福)된 지역사회개발(地域社會開發)의 기수(旗手)〉의
기폭이 날리고 있다
우리의 눈이 되어
우리의 귀가 되어
우리의 입이 되어
한 세대가 넘는 시간 위에
항상 우리 편에 서서
펄펄 날리고 있다

우리의 마음과 마음으로
이어주는 우리의 강(江)
더욱 땀 흘려
화합(和合)의 대행진 속에
금강(錦江)의 기적(奇蹟)을 앞으로 당기자
우리의 젖줄
우리의 고향(故鄕)
그 강물이
영겁(永劫) 속에 흐르고 있다
아! 우리의 금강(錦江)

1981. 11. 13

큰 나무는

—류흥섭(柳興燮) 교장 정년(停年)에

큰 나무는 사랑입니다
차가운 땅
봄을 위해
더 깊이 뿌리를 내립니다

봉오리가 터지는 아픔에
꽃은 아름답습니다
잎은 무성하고
생각하는 열매로 익어갑니다

외길 사십 성상
참 스승의 길을 걸어오신 임
큰 나무로
지금 우리 앞에 서 계십니다

일찍 날으는 새는
먼동이 트기 앞서 하늘로 향합니다
더 높은 비상을 위해
죽지에 힘을 줍니다

이제 무겁던 짐을 부려 놓으시고
편안한 눈으로 지켜보아 주십시오
둥지로 새들이 돌아옵니다
재갈거리는 노래에 귀 기울여 주십시오

해가 갈수록 큰 나무는
낮에나 밤에나 사랑을 키웁니다
환히 등불을 밝혀줍니다

1988. 2. 24.

준마(駿馬)처럼 달려라

—대전일보 신년시

90년대가 트는
밝아오는 이 아침
맨 앞에서 달리자
준마(駿馬)든
방울소리 짤랑짤랑
조랑말이든
앞을 향해 달리자
힘찬 말발굽소리
아득한 광야(曠野)
만주땅 주름잡던
그 기세로 달리자

주눅이 든 어깨에
따뜻한 손을 얹고
벼랑에 선
친구에게 희망을 주고
닫힌 이웃과 대화를 나누고
모두가
제자리에 서게 하고
주춤했던 수출에
채찍을 가하고
노사 간에 함께 웃게 하고
정의와 불의
이것을 분간하게 하고
서로 잡아보지 못한
허전한 이 손 꽉 잡게 하자

민주화(民主化)를 위한 도약
민주화를 위한 아픔
쓰레기통에서는
장미를 피울 수 없다
비리(非理)를 물리치고
거친 목소리를 낮추게 하고
힘차게 달려서
한눈을 팔 겨를이 없게 하자
무질서에 대해서
주먹에 대해서
과소비(過消費)에 대해서
히로뽕에 대해서
인신매매에 대해서

하루가 다르게 달라지고
휙휙 세상이 변하고 있다
거센 자유화 물결
어쩔 수 없는 도도한 물결
베를린의 장벽(障壁)이 무너지듯
마음의 장벽을 허물자
정치는 참 정치되게 하고
경제는 참 경제되게 하고
문화는 참 문화되게 하고
십년이면 변한다는 강산
코앞에 닥친
다음 세기(世紀)를 서둘러 준비하자
줄기차게 달리자
준마(駿馬)처럼 달려야 한다

1990. 1. 1.

「도원」 송(頌)

한겨울에도
복숭아나무는
예쁜 부리를 하고
날으려는 채비를 서둔다

긴긴 겨울밤
즐겨 읽으신 할아버지
삼국지(三國志) 첫 머리 제목은
도원결의로 시작된다

도연명(陶淵明)은
화목하고 평화롭게 살 수 있는
이상향으로
무릉도원을 꼽았다

하도 재미있어
밤 깊도록 읽어도
끝나긴 창창한데
복숭아꽃은 이미 피기 시작한다

봄에 피는 복사꽃
진한 빛깔도 아니면서
멀리 바라보면
뭉게구름처럼 모여든다

큰 일하는 사람은
조그마한 일부터 할 줄 안다
작은 것이 한데 모여
확 트이게 하는 복숭아꽃

복숭아밭에 배움의 터를 닦다
우의 있고
바르고 슬기롭게
진짜 진국이 되라는 가르침

나무보다 쑥쑥 자란다
배우면서 눈을 크게 뜬다
생각하며 행동할 줄 안다
의연하게 스스로를 다스릴 줄 안다

구릉에 올라온 복숭아꽃
탐스러운 열매를 약속하며
멀리 날개를 편다
세상을 굽어보라는 높은 뜻이다

1990. 1. 20.
교지 「도원(桃園)」 창간시

아! 일어서는 빛이여

—대전매일신문 창간에 부쳐

꼭두새벽부터 설렌다
정결한 백지 앞에
겸허(謙虛)하다
왜 이렇게 설레는가
한 획 긋는 이 손이 떨리는가
불편부당
얼마나 공정(公正)할 수 있을까
얼마나 진실(眞實)할 수 있을까
시(是)를 시(是)라 할 수 있을까
비(非)를 비(非)라 꾸짖을 수 있을까
이 겸허한 물음 앞에
우리는 주저하지 않는다

지방화시대(地方化時代)에 맞추어
우리는 탄생한다
서해안시대(西海岸時代)에 맞추어
펄럭일 깃대를 여기 꽂는다
어두운 곳 깊이 파헤치고
밝은 곳 더욱 밝히는
우리는 그 선봉(先鋒)에 섰다

충청인의 따스함
충청인의 도량
충청인의 기개
충청인의 뜻
그 뜻 대변하기 위해 태어났다

서울에서 전라도 가는 길
이 땅을 밟아야 한다
경상도 사람
서울 가기도 매한가지
이 나라의 중심(中心)
충청도 사람 위해 희망을 주고
충청도 사람 위해 아픔도 나누는
충청인의 영원한 빛

이 땅의 주인
착하게 정도(正道)를 걷고
꿈을 키운다
무관심(無關心)은 우리의 적이다
부정(不正)은 용서하지 않는다
불의(不義)와는 타협을 모른다

소백산맥(小白山脈)
차령산맥(車嶺山脈)
그 준령 이어가듯 하리라
이 땅 적셔주는 금강(錦江)
그 강물처럼 유유하리라
힘을 축적하리라
눈의 질(質)을 높이고
이 세상 구석구석 뛰어가리라
넘어지고
뒹굴어도 굴하지 않으리라
아! 일어서는 빛이여
이 세상 골고루 함께 있음이여

1990. 6. 11.

쩌렁쩌렁 소리칠 날이

—<한밭교육(敎育)> 창간에

구슬이 서 말이라도 꿰어야 보배라는데
교육은 그 꿰는 작업입니다
가르친다는 것
힘든 노력의 소산입니다
교육은 사랑입니다
교육은 정성입니다
앞을 내다보는 뜨거운 보람입니다
나라의 힘입니다

한밭은 나라의 중심입니다
여기 용광로에 불을 붙여서
그 쇳물로
새로운 형상으로 있게 하여
거기 피가 통하게 하고자 합니다

연구하고 과학하는 마음
분석(分析)하고
종합(綜合)하고
그래서 예술(藝術)과도 통하고자 합니다

식장산(食藏山)을 스치는
일진청풍(一陣淸風)이고자 합니다
서로가 생각하고 함께 의논하고
옳고 그름을 판단하고자 합니다

황폐해 가는 이 시대(時代)
상실해 가는 인간애(人間愛)
메마른 정에 물오르게 하여
받는 것보다 주는 편이고자 합니다

〈한밭교육(敎育)〉이
고고(呱呱)의 소리를 냅니다
아직은 작은 소리입니다
구르는 돌은 이끼가 낄 겨를이 없습니다
행동하며 창출(創出)하고자 합니다

비록 오늘은 미미하다 하더라도
언젠가는
진한 장미꽃으로 피우게 될 것입니다
항상 빛 속에 자라서
쩌렁쩌렁
소리칠 날이 있게 할 것입니다

1990. 7. 16.

큰 나무로 계시게

—청헌(靑軒) 안종운 형 갑년(甲年)에

충남의 알프스
청양 땅에서 뽑혀서

목탄차 타고
칠갑산(七甲山) 넘어

개명한 공주로
유학차 나온 자네

공부는 대충한 채
근로 동원이나 끌려다니고

그러다 일제가 망했다
얼떨결에 해방을 맞았다

나는 윤리(倫理) 시간에는
별 재미도 없고 해서

책상 밑에
소설이나 훔쳐 읽고

자네는 손을 번쩍 들고
논리가 정연하였지

그 친구 대학 강단에 설 것이라는
짐작이 적중(的中)됐다

청헌(靑軒)이 갑년(甲年)이라니
참 세월도 빨라

자네는 〈윤리(倫理)〉를 세우는 사람
학문(學問)을 자랑으로 여기는 선비

가난하여도 즐겁고
넉넉하여도 교만하지 아니할

그런 큰 나무로 계시게
청복(淸福) 또한 오래 누리도록 하시게

1990. 10. 25.
화갑기념논문집(華甲紀念論文集) 축시(祝詩)

송(頌)「용전(龍田)」

이 곳에 터를 잡을 땐
계족산(鷄足山) 푸른 솔이 맞아 주었다
허허 벌판에
달랑 학교 하나였는데
집들이 꽉 차고
아파트 단지도 다투어 들어섰다
십 년이면 강산도 변한다 한다

변한 것은 주변만은 아니다
아직은 어리지만
마음도 키도 얼마만큼 자랐다
아침마다 배우고 익히며
꿈을 일군다
정상(頂上)을 향해
한 단계 올라가는 훈련도 쌓는다

언젠가는 용이 하늘로 올라가리라
앞으로 십 년도 눈 깜짝할 사이
휙 지나가리라
우리의 지혜
참고 견디는 힘
쉬임 없이 스스로를 달랠 줄 알고
아픈 회초리도 맞을 줄 안다

먼 훗날 마음은 건강하고
몇 갑절 뚝심도 세지리라
그리하여
우리 용전의 아들 딸은
더 넓은 세상을 비상(飛翔)하리라
새로운 개척
빛을 세우는 참 일꾼이 되리라

1992. 12. 10.
교지(校誌) 〈용전(龍田)〉 창간시

불호령이 떨어지다가도

—이상훈(李相訓) 선생 정년(停年)에

무슨 큰 행사가 있으면
공설운동장 담 너머에서
쩌렁쩌렁한 구령
오척단구(五尺短軀)에
어디 그런 소리가 숨었을까
모두 고개를 갸웃거렸습니다

제일 일찍 학교에 나오고
나이 들면서는
뒤치다꺼리 하느라
맨 나중에 퇴근하고
사십 여 풍상(風霜)을
이렇게 학교에서 살았습니다

누가 뭐라 해도 평교사로 족했습니다
사제동행(師弟同行)이 마냥 즐거웠습니다
케이비에스를 통해 방영된
〈하늘이 있는 교실〉의 주인공
운동장은
곧 나의 교실이라는 신조로 일관했습니다

의(義) 아닌 것에는 타협을 모르고
당당히 앞만 걸어온 길입니다
외강내유(外剛內柔)라 했던가
불호령이 떨어지다가도
등을 어루만져주는
정(情)도 참 많았습니다

오직 사랑으로 바친 교육,
선생님 고맙습니다
숱한 제자가 줄지어 따랐습니다
그래그래 큰 재목이 되거라
청출어람(青出於藍)
오늘 햇살은 유난히 맑습니다

1993. 2. 20.

최선의 몸짓일 때

—중도일보 신년시(新年詩)

아침 해가 솟는다
유난히 밝은 햇살이다
아침은 그냥 온 것이 아니라
어둠을 밟고
긴 밤을 거쳐서 왔다
이 설레임이여
이 겸허(謙虛)함이여
깨끗한 종이 위에
마음을 그리자
펄럭이는 깃발을 걸자

우리는 너무나 익숙해 왔다
조급증(躁急症)에 대해서
망각(忘却)에 대해서
불신(不信)이나 부도덕에 대해서
이제는 뭔가 새로워야 한다
찌든 것을 벗겨버리고
바르게 걷는 걸음
마주치면 손 흔드는 법

한 줄로 설 수 있는
작은 일부터 달라져야 한다
운동장의 선수이거나
힘이 있는 자이거나
주눅이 든 사람이거나
정한 룰 안에서
당당히 싸워서
승자에게는 승복할 줄 알아야 한다

스피노자의 사과나무는 아니라도
집집마다 몇 포기 꽃을 피우게 하자
향기 있는 것으로
좁은 공간 가득히 채우도록 하자

버리도록 하자
독선(獨善)과 아집(我執)
나태(懶怠), 그리고 무관심
이런 것 과감히 버리도록 하자
생활에 갇히고
마음에 갇혀서
한번 기지개 펴볼 겨를이 없었다
새장의 새였다
하늘보다 높은 상상력(想像力)
그 키우는 훈련도 쌓도록 하자

가슴이 철렁 내려앉는
권위주의와 오만(傲慢)을 털고
문민시대가
얼마나 편안한가를
누구나 피부에 닿도록 하자
콧등이 찡한 감동이 있을 때
최선의 몸짓일 때
풍요롭고
탄탄해지리니
항상 이 햇살처럼 눈부시게 하자

1994. 1. 1.

다시 뛸 채비를 하게나

—정필복(鄭必福) 교장 정년에

왜정 때 중학교에 입학하고 보니
개교기념일에 전교생 마라톤 대회가 있었다
금강 철교를 지나 정안천 제방 따라
왕복 10킬로
나는 막 철교를 건너고 있는데
반환점을 돌아
선두그룹이 시야에 들어왔다
나중에 안 일이지만
우리 반 정필복이 일등했다

바로 그 친구가 정년을 한다
사십 여 성상(星霜)
〈교육(敎育)〉을 위해 힘써온 마라톤 선수
일등을 남에게 물려준 일 없이
당당한 주폭(走幅)으로 살아왔다
남 가르치는 일에 전념했고
눈 뜨이게 하는 데만 일관했다
그래서 많은 사람으로부터
신망이 두텁던 친구

넓게 보이던 것이 좁아 보이고
가깝다 생각된 것이 멀리 있다
흔히 인생(人生)을 마라톤에 비유한다
쉼 없이 달려온 사도(師道)
이제는 좀 쉬게나
가꾸어온 숱한 나뭇가지
거기 탐스런 열매를 바라보며
조금은 쉬게나
그리고 다시 뛸 채비를 하게나

1994. 8. 23.

사랑을 가슴에 심으신

—우계(又溪) 김형중(金炯中) 교장 정년에

이삭이 패어
한여름 따가운 햇볕에 익고
익어서는 스스로 고개를 숙입니다
굽은 것 바르게 잡으시고
썩은 가지 잘라내시는
당신은 사랑의 원정(園丁)

숱한 비바람 속
바른 것으로만 살아오시고
꿋꿋하게 버텨 오셨습니다
가르침을 피부에 닿게 하시고
사랑을 가슴에 심으신
외길 사십여 성상(星霜)
대숲 나무는 속을 비워 놓은 채
곧게 하늘로 향하고
푸른 이파리를 가지에 달고 있습니다

가을은 사상(思想)이 익어가는 계절
가는 곳마다 당신의 나무들
그 익은 열매를 바라보시며
이제는 미소 지으소서
지난 풍상 낙(樂)으로 바꾸시고
오래오래 편안하소서

1988. 8. 25.

새출발

—대전 MBC 신년시

옷깃을 여민다
새 달력을 벽에 다는
이 설레임은 무엇일까
다시 출발 선상에 서 있어 그럴까
천리 길도 한 걸음부터라 한다
첫걸음의 소중함
정지(停止)는 멈춤이 아니라
후퇴임을 알자

희망을 버리는 자
가장 불행하다 하지 않느냐
조금씩 깨달을 줄 알고
뜻을 세울 줄 아는 사람이 되자
높은 목소리 낮출 줄 알고
횡행(橫行)하는 무질서(無秩序)
그런 어둠은 싹싹 쓸어버리자

가파른 언덕을 넘듯
늘 그렇게 살아 온 우리
단절은 아픔
이 아픈 틈이 더는 벌어지기 전에
서로를 달래며
왈칵 부둥켜안을 채비를 하자
우리의 염원(念願)이여
벽돌 하나하나 쌓아가듯 하자

둥근 해가 떴다
떨군 고개 쳐들어
먼 곳 바라보는 눈을 키우자
마음의 남루(襤褸) 벗어버리고
겸허하게
당당하게
출발 선상에 서서
힘찬 다짐 한번 다지도록 하자

1995. 1. 1.

은백(銀白)으로 빛나는 세상
—대전일보 신년시

기상청에 따르면
모처럼 추운 겨울이 될 것이라는 예고다
겨울은 겨울다워야 한다
정치하는 사람은 정치가다워야 하고
기업하는 사람은 기업가다워야 한다
사회사업가나 종교인도 마찬가지
장미꽃은 장미답게 피어 있어야 하고
질경이는 밟혀도 일어설 수 있어야 한다
모두 제자리에 있을 때 이 세상은 아름답다

추위 때문에 그럴까
지금 너나 할 것 없이 들떠 있다
획획 지나가는 찬바람에
방향 감각을 잃고
실의(失意)에 허둥대고 있다
양심이 마비되어 있다
두 얼굴을 하고도 태연하다
붕어빵 한 개가 2백억 원이라
이건 자조(自嘲)인가 한 점 희화(戲畵)인가

민주주의는 질서다
이제는 익숙할 법도 한데
목청은 크고 악만이 남아 있다
무엇이 우리를 어수선하게 하는가
누가 우리를 차갑게 만드는가
나쁜 관행에 찌들어 있다
무질서(無秩序)여,
교통순경의 호루라기 소리에
왜 깜작깜짝 놀라야 하는가

신바람나는 사회, 살맛나는 세상
주저주저할 겨를이 없다
이를 꽉 물자
일억 달러 수출에 둥실 춤추었던 일이
바로 엊그제 같은데
마침내 천억 달러의 고개를 넘었다
그래그래 멀리 들팔매질 하자
우리의 무관심
우리의 아픔을

눈다운 눈이 왔으면 좋겠다
펑펑 함박눈이 쏟아졌으면 좋겠다
더러운 것 고약한 일 모두 덮어버리고
은백(銀白)으로 빛나는 세상
물 흐르듯 순리대로 살아가리라
고향길 찾아가듯 하리라
삶의 질(質)도 높이도록 하리라
세계화로 가는 길목
그 출발 선상에 우리 함께 서 있도록 하자

1996. 1. 1.

살아있는 음악(音樂)으로 늘 있어라

—대전 MBC 표준 FM 개국(開局)에

보리밭 이랑에 파도가 일면
종달새 하늘 높이 날고
이 세상은 왼통 초록빛이다
계룡산에서 만난
원색(原色)차림의 젊은 남녀들
야—호 먼 산울림
정상에서 땀을 훔칠 때
여전히 시원스런 FM이 있다

메마른 가슴에 물기 오른다
하늘은 가끔 구름에 가리어
그 푸르름을 볼 수 없지만
감미로운 샹송
잔잔한 클래식
칠갑산(七甲山) 고향 냄새도 맡게 한다
언제 어디서나
대전 MBC FM은 우리 곁에 있다

서해안(西海岸) 시대가 쉬 열리리라
크고 작은 뱃고동 소리
끼륵기륵 날으는 갈매기
부리에 음악 한 닢 물고 있으리라
어두운 밤하늘
초롱초롱 별은 빛나고
아름다운 꿈
잠이 들도록 FM을 켜놓는다
〉
누가 금강(錦江)이라 했던가
이 땅을 적셔주는 젖줄
흐르는 품도 의젓하고
물결을 밀어내며 맑은 소리를 낸다
오늘은 더 멀리 시원스런 음질(音質)
대전문화방송 표준FM 개국하는 날
충남의 중심(中心)
살아있는 음악으로 늘 있어라

1996. 3. 15.

꽉 다문 입가에 미소(微笑)가

—박경원(朴景源) 교육감(敎育監) 퇴임에

당신은 허허벌판에서
정지(整地)에 앞장섰습니다
그 흘린 땀으로 해서
이 나라 굴지의 〈大田敎育〉을 세웠습니다
잘 다져진 아스팔트가 아닌
비포장(非鋪裝) 길로 얼마를 달려야 했습니까
덜커덩덜커덩 소리는 차라리 음악이었습니다
겉은 강하되 속은 부드럽고
몰래 눈물도 훔칠 줄 알았습니다

교육은 교향악(交響樂)에 비유됩니다
크고 작은 울림이 한데 어울려
우렁찬 화음으로 탄생합니다
무대 맨 앞에 지휘봉을 들었습니다
균형이 잡히도록 노심(勞心) 했습니다
이 웅장한 소리가 멀리까지 닿을 것입니다
마음의 감동이 오래오래 남을 것입니다

이제는 무거운 짐을 내려놓고 홀가분하십시오
손수 심은 어린 나무와 나무들
저 뻗어나는 힘찬 생명력을 보십시오
때로는 굽은 것은 바로 세우고
썩은 가지는 잘라내는 아픔도 있었습니다
어느새인가 거목(巨木)으로 자랄 것입니다
나라의 동량(棟梁)으로 커 나갈 것입니다
당신의 꽉 다문 입가에 미소가 보입니다
당신의 보람이 어둠 속에 빛납니다

1997. 1. 14.

송(頌) 공주(公州)

개명한 공주를 사랑한다
발굴한 천년 유물을 사랑한다
보이지 않는 면면한 전통을 사랑한다
높이 비상하는 날개를 달고
옛과 이제와의 조화
이마를 맞대고 의논하고
최선을 다하는 땀을 사랑한다

공주 사람은 격(格)이 있다
따스한 정감이 있다
향기보다 짙은 사람이 있다
이 고장을 지키는 이와
둥지를 잠시 떠난 출향인
미래로 통한 청사진
이 꿈을 펴들고 함께 뛴다

동이 텄다
이 설레임은 무엇인가
차분하게 설계하는 일
시행착오는 고치는 일
생각하며 실천하는 일
이것이 공주인의 힘이다
이것이 백제인의 뿌리다

1997. 1. 10.
『공주문화소식(公主文化消息)』, 신년시(新年詩)

허무(虛無)의 큰 괄호 안에서

—고(故)박재삼 시인 영전에

바다만한 크기의 꿈이 있었습니다
그 꿈이 심심하면
풀잎에 내리는 햇빛
나뭇잎에 감도는 바람하고 벗했습니다

평생을 시 하나로 살아왔습니다
쉬운 시만을 고집했습니다
감동은 멀리 마음을 적시었습니다
손익 계산 따위 외면했습니다

뭐니 해도 당신은 큰 시인이었습니다
잘난 척하거나
거드름 피우거나
명리(名利)는 거들떠보지 않았습니다

당신은 바람과 인연(因緣)이 깊었습니다
천년의 바람 말입니다
살랑살랑 햇살에 취해
천진하게 자연을 사랑했습니다

허무의 괄호 안에서
열심히 공부했습니다
모순(矛盾)의 현장에서
무욕(無慾)을 한 아름 껴안았습니다

당신은 가난을 좋아했습니다
병고의 시간은 길었습니다
이제는 그 아픔 같은 것
훨훨 내던질 수 있습니다

저세상에도 시가 있는지 모릅니다
순수(純粹)를 옹호하십시오
꾸밈은 배격할 것으로 믿습니다
참시인의 진면목을 보여주셔야 합니다

1997. 6. 8.

8시집

비 오는 날의 향기…2000

◆시인의 말

외로울 때 시가 된다

꽃은 그 모양이나 색깔로 아름답다. 각각의 개성으로 흔들리고 있을 때 더욱 아름답다.

꽃은 말이 없다. 향기가 있다. 그 꽃을 보려고 사람들은 다투어 모여든다. 처음엔 오솔길이다가 나중엔 큰 길이 생긴다. 나도 그 길을 따라 나서지만 아직도 그 실재를 모른 채 첩첩산중에서 헤매고 있는 꼴이다.

시를 시작한 지 꽤나 시간을 흘려보냈지만 어렵기는 지금도 매한가지다. 왜소하고 무기력한 시만 만지작거리고 있어 이것이 부끄럽다.

세상에는 예기치 못한 일로 고민하고, 보이지 않는 어떤 힘이 불쑥 나타나서 혼란스럽다. 주위가 너무 빠른 속도로 달리고 있다. 정신 차리고 있지 않으면 탁류에 휩쓸리기 십상이다.

외로울 때 시가 된다. 시가 되었다 싶으면 다시 우울과 만난다. 이런 인연으로 시를 버리지 못하고 있는지 모른다. 의롭다는 것도 따지고 보면 사치가 아닐까.

시 쓴다는 것은 힘든 작업이다. 고뇌가 따른다. 하지만 즐거움도 함께한다. 이 얄팍한 즐거움이라도 있어 나를 지탱하는 힘이 되어준다.

건강을 위해서도 나에게 시는 필요하다.

2000년 봄

임강빈(任剛彬)

1

나비

한 마리
백 마리
천 마리
기만(幾萬) 마리
떼 지어 일제히 날아든다
나비가 습격한다
편성을 짠 것으로 보아
조직적인 행동이다
여름방학 숙제로 냈던
나프탈렌 냄새
상자 속
핀에 꽂혀 있던 날개까지도
공격에 가세한다
무언의 시위이다
장다리 밭에
나풀나풀 날던 그 나비는 아니다
이런 환상(幻想)에 젖는다는 것
이것만으로도 얼마나 좋으랴
나비야 날아라

이슬비

소리 없이
이슬비가 내린다
우산도 없이
온몸으로 맞으며
아픈 편린 한 조각
선명하게 떠올린다
이슬비가 주는
이 고마움
생면부지
누구와도 이야기를 나누고 싶다
소곤거리며
촉촉한 이슬비가 가슴을 적신다
허락만 한다면
언제까지나 이대로 있고 싶다

추억

기역자 형(型)의
초가지붕 한 채
반듯한 울타리
짙은 녹색으로 둘러쳐 있었다
그 안엔 노란 탱자가
시나브로 익고 있었다
우릉 우르릉 탈곡기 소리
앞마당에 멈췄다
이때다 싶어
몇 개를 슬쩍했다
가시에 찔리기는 했지만
가득한 호주머니 속의 향기
지금 그 자리엔
고층 아파트가 즐비하다
어둑어둑할 때면 수선 떨던
그 참새 소리 뜸하고
탱자 짙은 향기
그 추억도 적막하다

미간(眉間)

미술시간에
좋은 그림은 특징을 잡아야 한다고
말씀하시며
미간이 넓은 얼굴과
미간이 좁은 얼굴
대비시키면서 칠판에 그려 놓았다

미간이 넓은 어린이는
보름달을 하고 있었다
좁은 미간의 어른 쪽은
협곡에 뜬 달빛을 하고 있었다

이제는 물론
협곡에 내린 달빛이다
보름달은 휘황하고
세진에 찌들린 나의 달빛은
어기적거리며 내려오고 있다
그믐달은 대개 이런 모양일 것이다

세수

세면기에서 얼굴을 씻는다
안색이 좋아졌다고 하고
신수가 환해졌다고 한다
지나는 인사치레거니 하다가도
정말 그럴까
그렇다면 지난날의 몰골은 어떠했을까
얼마나 비참했을까
그것은 우울과도 통한다

비누질을 한다
날마다 하는 일인데
물위에 때가 둥둥 떠다닌다
바람이 잘 닿는 각(角)으로
알게 모르게 낀 것일 게다
흘깃 거울을 본다
가난한 이목구비
분명 나를 닮았다

손바닥으로 북북 문질러댄다
묵은 것이 손에 잡힌다
때 묻지 않은 얼굴로 있는다는 건
어려운 일이다
깡마른 정신으로 있다는 것
더 어려운 일이다
얼굴의 운반체는 발이다
발을 씻는 일 가끔은 잊는다

물결무늬

나무가 모여 숲이 되고
숲은 잠시도 쉬는 일이 없다
수많은 이파리를
흔들어 깨우며 소리를 낸다
무뚝뚝한 수피(樹皮)도
그 껍질을 벗기면
여인의 속살보다 더 곱다
함부로 훔쳐봐도 되는 건지
목수는 묵묵히 대패질만 한다
살아서 숲이 되더니
떠나서는 무늬로 남는구나
단단한 나무일수록
이 선명한 물결무늬
겉과 속이 이렇게 달라도 되는가
목수의 손끝에서 나무 향기가 나온다

공허

마지막이라는 어휘는
될 수 있는 대로 안 쓰기로 한다

내가 있던 실내를
무심코 뒤돌아본다

가지런한 책상과
몇 개의 집기

누가
이 의자에 와 앉을까

조금은 바꿔 놓겠지
전에 내가 했던 것처럼

서럽다거나
두려움은 아니다

공허라는 단어가
썩 어울린다는 그것뿐이다.

세계지도를 보다가

벽에 걸린 세계지도
오대양 육대주가
손바닥에 들어오네요
대륙의 끝 한반도
대한민국이
고추만 하게 달려 있어요
작은 고추가 맵다 하지요
자랑스럽습니다
세계 구석구석
살육과 기아
오늘은 전쟁하는 것 같지도 않고
평온하네요

세계지도에서
고향 나들이 했어요
소가 누워 있는 산맥
울창한 숲
강물이 찰랑이네요
흰 두루마기 바람에 날리며
산모퉁이 돌아서는 어른께
꾸벅 절도 했지요
황금 벼가 물결치네요
귀뚜라미도 서럽게 울 줄 아는
시골 마을
대한민국을 떠올렸습니다

다시 고향

나의 고향은 산이었다
사방이 산으로 둘러쳐 있고
산을 넘으면 또 산
그러면서도
답답한 생각은 왜 하지 않았을까
산은 든든한 성곽(城郭)이었다
침묵도 예서 익혔다

요즘은 도시에 둥지를 틀었다
형형색색의 간판
그 사이로 질주하는 소음
밤은 네온사인
유혹은 어디서나 있었다
귀가할 때는
어깨가 축 처진 전사(戰士)였다

다시 이사하라면
당연 산일 것이다
이삿짐 챙길 것도 없이
그냥 가면 된다
오랜만의 귀향이라 생소는 하겠지만
산새 소리가 반길 것이다
시원한 바람도 즐비할 것이다

미명(未明)에

새벽길을 걷는다
다리 힘을 붙이기 위해
운동화 끈을 매고 나선다
어린 아이로 되돌아간다는 느낌
가끔 이 길에서
공중을 나는 작은 새와 만난다
상견례(相見禮)한 적은 없지만
대충은 그 울음소리로 짐작은 간다
서로 언어는 통하지 않아도
별로 답답한 것 모르며 산다
낭랑한 소리 듣는 것으로 족하다
잘 가라는 인사를 놓칠 때가 있다
미명에 너무 서둔 탓일까

우시장(牛市場)에서

사방에서 터벅터벅 모여들었다
우시장이 서는 날
낯설다 한 놈이 울면
연방 따라 울었다
겁에 질린 듯한 그 큰 눈
이 북새통에도
쟁기질하던 아련한 추억을
반추(反芻)하고 있을까
한쪽 구석에서는 흥정이 끝났다
돈 세기에 바쁘다
황소의 눈언저리엔
외로움이 잠시 스친다
하늘에 걸려 있는 한조각 구름
고독은 사람만의 것이라는데
참말 그럴까

눈물

제일 기다려지는
케이, 비, 에스 TV프로를 들라면
나는 단연
수요일의 아침마당
〈그 사람이 보고 싶다〉 입니다

삼십 년
혹은 사십 년 만의 만남도 만남이지만
눈물도 눈물이지만
사람은 선(善)한 구석이 있다는
이 확인만으로 족합니다

만나고 싶습니다
만나야 합니다
사람마다 곡절은 있고
사연 또한 가지가지입니다
인생은 한바탕 연극입니다

나는 구경꾼에 불과하지만
마음이 가벼워집니다
함께 깨끗해집니다
눈물은
예행연습이 없어 편안합니다

해변에서

바닷물도 소리 내는 것을 보면
갈증이 나는 모양이다
바다의 중심에서 쫓겨나
아주 먼 변두리까지 와서
목말라 한다
횡대로 띠를 지어
육지로 올라가려고 저토록 애쓴다

육지를 빤히 보면서
이런 반복을 되풀이한다
저 세상은 어떤 곳일까
겨우 모래톱만 간지럽히고
쏴 서둘러 빠져나간다
갈매기도 끼륵끼륵 떠나고
해변은 다시 바다로 꽉 찬다

만년(晩年)

다 그런 것은 아니지만
타인(他人)의 시가
커 보일 때가 있다
만년에 씌어진 시에서
기막힌 것과 만날 수 있다
예감 같은 것 때문일까
마감 앞의 지혜로움인가
요즘은 시가 통 되지를 않는다
빈둥거릴 뿐이다
다람쥐 쳇바퀴 돌 듯한다
아무리 닦아도
깨끗해지지 않은 땟자국
이런 요량이면
내 생의 끝은
아직은 안개 속인가
조급증 때문일 것이다

호도알을 굴리면서

기내(機內)에서 아래를 굽어본다
분명 바다 위를 날고 있을 텐데
보이는 것은 첩첩 구름뿐이다
무료해서일까
호도알을 굴린다
단단한 껍질끼리 부딪치는 소리
중국 대륙
그 땅은 얼마만한 크기일까
잠에서 깨어난 사자는
어슬렁어슬렁 어디쯤 가고 있을까
대한민국 임시정부
그 청사는 보존되어 있을까
남경대학살
어떤 피비린내로 남아 있을까

이 상념
저 생각에 잠겨 있는데
곧 상해(上海)에
착륙한다는 아나운서 멘트
보고 싶은 것
아직 정리가 안된 채
트랩을 내린다
연신 호도알을 굴리면서

감정의 무게

계절이나 장소에 따라
사람의 마음도 변화하기 마련이다
즐거울 때의
슬플 때의 색깔은 다르다
육십 킬로그램
이쪽저쪽인 나의 체중
물론 감정까지 포함된 몸의 무게이다
순수한 감정의 양(量)은 얼마나 될까
증오(憎惡)를 달아 보았다
추가 한쪽으로 기운다
고독은 어떨까
역시 아래로 처진다
중심이 잡히지 않아
제대로 측량하기 어렵다
사랑도 마찬가지
그 심층(深層)까지
정확히 알아내기란 힘들다

2

들꽃

바람결에 꽃소식은 와도
듣는 둥 마는 둥 하다가
마침내 피어나는 들꽃
가느다란 대궁
미미한 꽃잎
수줍음을 잘 타서
식물도감에도 낄 성싶지 않다
이 노란 꽃들의 전개(展開)
허리 숙여 입맞춤하려다가
더 수줍어 할까봐
딴 곳으로 고개를 돌렸다
이 가냘픈 들꽃에
무슨 이름이 필요하랴
바람 안에
이대로가 좋은 것을

패랭이꽃

산그늘이 내려와서
황량한 벌판을 펼친다
바람 없이도
잡풀은 저들끼리 소란을 핀다
작아서 귀여운 꽃
그 강한 빛깔은
어디서 나온 것일까
도시 로터리 꽃밭은
잔칫날 기분이지만
무언가 빠진 게 있다
있다 해도 멀쑥한 개량종뿐이다
산그늘이 내려와
작아서 크게 울리던
아, 패랭이꽃
그 옆에 조용히 있고 싶다

할머니

동네 마실이나
기껏 닷새장에나 나가셔서
바람 쐬는 일이 전부였습니다
이것이 낙이라면 큰 낙입니다
사람들 틈에서
허드레 잡담도 아끼시던 분입니다
불평 하나 들어본 적 없습니다
평생을 이렇게 살아오셨습니다

지금 그 할머니는
대한항공이나
어떤 기내에도 안 계십니다
떠나신 지 오래입니다
시간으로 따질 수 없는
아주 까마득히 먼 세상
우주여행 중인지도 모릅니다
차멀미 같은 것 모르시던 분입니다

귀뚜라미

섬돌이나 이슬 풀밭이
그들의 현주소인 줄 알았다
끊어질 듯하다가도
이어지는 귀뚜라미의 긴 가락
긴 가락은 대체로 슬프다
허름한 연탄 창고 구석에서
대낮인데도 절절하다
가을이 깊었다는 표현법일까
우리집 골방 하나 내주고
식솔을 이리로 옮겼으면 한다
형광등 아래
티격태격
불협화음보다는
얼마나 평화로운 소리이랴 싶다

바람

식장산(食藏山) 자락에 둥지를 틀고
김정수(金丁洙) 시인은 바람과 함께 산다
소나무 숲 사이를 스치는 바람이 제일이라 한다
다는 오르지 못하고
빈 방으로 돌아와서 적막을 즐긴다
이 조촐한 일상
바람이 일러준 것이라 한다

*그대는 자신을 바람이라 했지
지난 해 가을, 몇 해 만인가
바람처럼 왔다가
이튿날 아침 바람이 되어 떠나던 그대
그대의 회색빛 승복 등으로
쓸쓸히 흐르는 가을 햇살

바람은 소리는 있어도
그 뒷모습은 보여주지 않는다
조용하게 나직한 바람도
한바탕 흔들어대는 윤무(輪舞)도 그렇다
울컥울컥 토할 것 같은 슬픔은
오랜 세월 동거한
김정수(金丁洙) 시인의 바람이라 한다

*김정수(金丁洙) 시인의 「바람」 중에서.

분(盆) 앞에서

마당에 분을 옮겨 놓았다
얼마나 답답했으랴
햇살이 이쪽으로 와 몰린다
게으른 주인 때문에
감옥에 갇혀 있었구나
이파리를 보아서는
회화나무 같기는 한데
아직 네 이름을 알지 못한다
너도 나를 모를 것이다
한집에 살면서
통성명 없이 살아간다는
이런 인연은 무엇이라 하는가
대답 대신에
연록(軟綠) 고개를 삐죽 내민다
화답인 모양이다

감나무

한집에서
감나무와 함께 산다
무더운 여름에
방에 틀어 박혀서
나는 천둥소리나 듣고
감나무는 마당 구석에서
비나 흠뻑 젖고 싶어한다

맑은 날에
나뭇잎 사이로 햇살이 파고든다
시나브로 만들어내다가
불쑥 내미는 감빛의 완성
한집에서
이 편안한 자세를 배우며 산다

기다리는 시간

버스에서 내리는 사람
버스에 오르는 사람
승강장은 언제나 붐빈다
은행나무 가로수가 줄로 서 있다
노란 옷을 바꿔 입더니
가는 맵시도 품위가 있다
시간은 무엇이든
모이게 하고 헤어지게 하는 힘이 있다
그 시간의 표정을 훔쳐보다가
행선지 버스를 놓쳐 버렸다
이럴 때 오히려 다행스럽다
하마터면 지나칠 뻔했던 이 질서(秩序)
지천으로 드러누운 노란 은행잎
헤쳐 모엿!
이 구령은 누가 할까
누가 흉내라도 낼 수 있을까
이런 저런 생각에 잠기다가
허둥지둥 버스에 올랐다

석류

석류는
가을 아침에
무거운 고개를 쳐든다
자의반 타의반으로 익는다
벌어진 틈새로
치열(齒列)이 곱다
하던 칫솔질을 멈춘다

다시 풀벌레 소리

소피가 보고 싶다거나
잠자리에서 가위에 짓눌리다가
깨어날 때가 있다
째깍째깍
손목시계도 함께 깨어난다
방안 가득한 벌레 소리
그리도 이 밤이 좋은가
혼자인가
번갈아 우는 건가
혼자라면 깊이 미안하고
여럿이라면
그 교대 시간 또한 궁금하다
끊길 듯 끊길 듯 이어가는
가을벌레 소리
어머니의 자장가는
아직 끝나지 않았나

손톱

적막강산에 혼자인 초승달
이제는 아픈 일도
별로 있을 성싶지 않다
손톱이 초승달을 닮았다
때가 끼어 있구나
지상의 것들은 거의 마찬가지이다
나이 들면 매사에 더디다던데
손톱은 깎아도 쉬 자란다
노동에서 손 뗀 지 오래이지만
그래도 까맣게 비집고 들어온다
열대야 무더위 속
으스스 추위를 느낀다
아직 때가 남아 있다는 증거이다

지등(紙燈)

상가에 지등이 대롱거린다
근조(謹弔)는 있어도
울음소리가 없다
가슴속으로 아픔이 숨어서 그럴 것이다
전에는 초상났다 하면
곡성이 새어 나오고
그래서 조금은 쓸쓸하였다
백열전구(白熱電球)가 밤을 밝힌다
이승과 저승
갈림길에서 외면할 수야 없지 않은가
슬픔이 메말라가는 세상
울음도 한날 형식인가
촉촉이 가랑비가 내린다
물방울이 처마로 모여서 조심스럽다
트럭에서 실려 온
조화가 오히려 생기가 있다
꽃은 지천인데
요즘 상가에는 울음이 없다

산바람 소리

한바탕 쏴하고 몰려온다
그리곤 어디론지 가버린다
이런 수없는 반복
부동(不動)의 산에서
잡목림(雜木林)은
자기 또래의 소리만 내려 한다
결국은 하나이지만
괜한 고집을 내세운다
순수한 소리는
나무 사이로 거침없이 빠져나간다
불순한 소리는
산 밑을 맴돌다 그냥 지쳐 쓰러진다
산에 와서 공부할 것은
떠날 준비가 되어 있는
이 덩치 큰 산바람의 자세이다.

늦가을은

늦가을은
애써 서두르지 않아도 좋다
발등의 불이 떨어져도
이대로가 좋다
심연(深淵) 깊숙한 하늘
벌레 소리
선홍빛 단풍
이 기막힌 시간을
무엇과 바꾸랴
접경(接境)에서
무서리가 하얀 날
가느다란
새의 발자국
하나 남겼으면 한다

풍경

쥐뿔도 모르면서 아는 체한다
이렇게라도 하지 않으면
퇴출당하기 십상이다
이율배반과 모순
그 사이 돌아가는
톱니바퀴
완벽한 세상 풍경이다

어차피 인생은 구경꾼이다
희로애락은 살아가는 끈이다
한 군데 조명을 받으면
시선이 한편으로 쏠린다
박수 소리
무대는 그대로 남긴 채
누군가 서서히 막을 내린다

달빛

달빛은
한동안 잊고 있던
어머니의 시간이다

고샅으로 내려와서
황량한
집 마당으로 모이게 하고

벌레 소리도
뚝 멈추게 하고
거푸거푸 조용하라 하신다

밟아도
좀체로 부서지지 않는
달빛

채우라 하신다
반쯤은
네 몫이라 한다

나머지 반쯤은 무엇일까
고독일까
아니면 그 언저리일까

3

눈 오는 날

약속처럼
이 땅에 눈이 내린다
뜨거운 속삭임
나지막한 구릉의 연속
세상이 넓어 보인다
발자국 하나 없는
전대미답(前代未踏)의 깨끗함이여
하루 종일 눈은 쌓여라
아궁이에 불을 지펴라

도깨비바늘

나하고 놀자
가까이에서 산울림이 왔다

가을 잔치는
언제나 푸짐했다

그 잔치가 끝날 무렵
유혹하듯

망개가
빨갛게 손짓을 한다

자꾸만
깊이 들어섰다

그런데 이게 웬일인가
옷에 달라붙은 도깨비바늘

이놈을 떼느라고
연신 허둥댔다

화가 잔뜩 난 얼굴을 하고
나를 향해 쫓아오고 있었다

아련한 추억이지만
그때는 참 무서웠다

산울림은 없고
그날의 도깨비바늘은 가끔 와 꽂힌다

빗소리

일기예보에는
소식이 까마득하던데
캄캄한 밤에
천둥번개도 없이 잘도 오시는구나
가뭄에 축 처진 초목들
얼마나 반가우랴
후닥닥 일어서는 소리가 들리는구나

가끔은 예보도 빗나가서
무소식이다가
이런 기쁨을 주시는구나
별빛은 숨어 있어라
만나면 더 초롱초롱할 것 아닌가
춤이라도 추고 싶은 충동을 억누르고
주룩주룩 빗소리나 뒤따르기로 한다

태풍

태풍에도 이름이 있다
음양오행을 따져서
작명했는지는 모르지만
이름값은 해야 할 게 아닌가
비바람이 경쟁하듯 대들다
돌진하고 싶어한다
모험성이 강하다

태풍은 사납다
삼시간에 폐허화한다
전주를 쓰러뜨리고
수십 년 가로수를 뿌리째 뽑아버린다
건물 지붕도 날려 버린다
줄줄이 포승줄에 묶여서
한 번은 인간들이 무릎 꿇기를 보고 싶어 한다
인간의 탐욕에 비하면
아주 얌전한 욕망이다

태동에서 소멸까지
태풍에도 일생이 있다
너무 세게 때리지 말고
직성이 풀렸다 싶으면
질타나 경고 정도로 끝났으면 한다
인간과 태풍이 만나는
교차점에서 화평하라는 뜻이다

편지

편지보다야
빠른 전화로 끝낸다
전화가 바람이라면
편지는 묻어나는 향기다

세월에 쌓이고
하고 싶은 말이 쌓이면
할 말이 없어진다
사실 그럴까
차가운 하늘 바라보며
꺼질 뻔했던 불을 지핀다

그래그래
가난한 시인으로 남기로 한다
아니 나직한 향기로 있을 거야
그럼 안녕

메아리

산행(山行)을 하다가
정상에 오르면
누구나 소리치고 싶은 충동과 만난다
같은 방향을 향해
크게 소리치면
대개는 신호가 온다
메아리 되어 돌아온다

아무리 소리쳐도
공치는 날이 있다
악을 써도 소용이 없다
적막강산
헛도는 메아리
공전(空轉)하는 인생은 무엇일까
돌아서서 한 번 더 소리쳐 본다

난지도

난지도에는 향기가 없습니다
제 이름값도 못하고
쓰레기의 대명사 노릇이나 합니다
분리수거할 틈도 없이
허겁지겁 모여들었습니다
지방자치단체에도
이런 류(類)의 매립장은 있을 것입니다
쓰레기는
차별이 따로 있을 수 없습니다
난지도 쓰레기라고
쥐뿔이나 격이 높은 건 아닙니다
있다면 모두가 거대(巨大)하다는 것입니다
팽개친 꿈
그것들의 집합체라는 사실입니다

라일락

초록으로 오다가
갖가지 형상으로 있다가
먼 어귀로부터
보이지 않는 라일락 향기
온 누리 가득한 이 은은함
노랑나비 너울너울 춤춘다
먼 훗날 봄은 떠나고
조금은 서운타 해도
라일락은 우리네 약속
언제까지나 보랏빛으로
가슴을 적셔 주리라

오월

달린다
푸른 들판을 달려간다
호루라기 소리에
일제히 뛰어가는 아이들
뒹굴어도
넘어져도
오월은 상처가 없다
맨 앞을 가는 아이
뒤로 처져 있는 아이
오늘은 등급을 매길 수 없구나
인간도
자연도
푸르름 속에서 동격(同格)이다

억새풀

흰머리를 인 억새풀은
물빛에 비추어서 더 하얗다
유유히 흘러가는 강물
그 물빛이나 굽어보면서
억새풀은 제 키만 키울 줄 안다
흘러갈 수는 없을까
이 답답함을 이기지 못해
바람 없이도 스스로 흔들어대는
기막힌 솜씨 이 율동
억새풀 사이로
소복한 여인이 서 있다
가까이에서 강물을 응시하고 싶다
일찍이 나도
이런 분위기에 젖어본 적이 있던가

개똥벌레

마지막 고속버스에
창을 기대면

점점 어둠은 커지고
산은 반추상화가 되었다

마을에는
동화 속 불빛이 희미하게 새어 있었다

어릴 적
지천으로 날던 개똥벌레

입술로 팝팝 파열음(破裂音)을 내면서
쫓던 추억

이리 오너라
이리 오너라

그 많던 개똥벌레는
이미 정지되어 있다

그럴수록 연신
팝팝 하고 소리 내고 있었다

변비

똥 눈다는 행위는
형이하학(形而下學)이다
먹는 것도 중요하지만
항문을 통하는 과정도
또한 예사롭지가 않다
변비에 시달린 경험
누구나 한번쯤은 있을 것이다
그때의 답답함
그날의 고통
바스락 가랑잎 지는 것에도
신경이 쓰인다
저들 떨어지는 소리가
사치로만 들린다
입과 항문 사이는 상당한 거리
인생만큼 험할 때가 있다

시간에게

새는
때로 조롱에 갇혀 살 때가 있고
사람은
때로 감방에 갇혀 살 때가 있고
시간은
갇혀 있으려 해도 갇히지를 않는다
지칠 줄 모르는
시간의 잔해는
아무런 흔적을 남기지 않는다
안간힘으로 매달려 있는 나뭇잎
언젠가는 떨어진다
천상(天上)에도
이런 형벌이 있을까

나의 천하(天下)

시 한 편이 되었다 싶으면
천하를 얻은 날이다

시 한 편이 외면한다 싶으면
천하를 버린 날이다

세상에서 얻기란 어렵고
버리기는 더욱 힘들다

나의 천하는
왜소하다

하늘마냥 높은 것도 아니고
광활하지도 않은 데 있다

회의에 젖어 있다 싶으면
내가 벼랑에 서 있는 날이다

가을 소곡(小曲)

1. 하늘

빗질한다고
이렇게 산뜻할 수 있을까
하늘을 빼면
가을은 낙제(落第)다
높은 게양대
혼자 펄럭이는 태극기
풍상에 찌든
자랑스런 깃발아

2. 단풍 열차

가득가득 채우며 떠난다
기적소리도 들떠 있다
준비물은 빨간 크레파스
아직 채색이 덜된 단풍
오는 길엔 진홍빛일 것이다
이 열차는
가을만큼 짧다
종착역이 따로 없다

3. 방아쇠

두리번거리는
한 마리 참새
사정(射程) 거리 안에 있다
너무나 태연하다
방아쇠
당기기를 그만두었다

4. 말씀

천상에서
사다리를 내려가라 하신다
한 계단
한 계단 내려가라 하신다
지난여름의 폭우
막대한 피해에 대해서
위로하라 하신다
서늘한 음성으로
이 한마디는 꼭 전하라 하신다
이슬 같은
귀뚜라미 소리가 모여든다

5. 점층법

표정을
쉬 바꿀 기미가 보이지 않는다
옳은 결단이다
가을은 점층법(漸層法)
조금씩 타들어 가라
너무 바꾼다는 것은
경박한 일
깊을수록
울림이 크다 하지 않은가

4

칫솔질을 하며

칫솔질을 한다
열심히 이를 닦는다
하루에 한두 번 하던
양치질 횟수가 늘었다
세면대 앞에서
물을 오물오물 몇 번 돌리다가
확하고 뱉어버린다
이와 이 사이에 끼어든 찌꺼기
겁먹은 못난 표정들
왈칵 치미는 분노
입안에 장밋빛은 없다
이빨 사이엔 이미 틈이 생겼다
살짝 건드려 보는 이 허탈감
흔들리는 어금니에 힘을 주었다.

불꽃놀이

앞만을 응시하다가
곁눈질하는 사이에
별들은 숲속으로 숨어버렸다
공허한 밤하늘
큰 별 하나 달랑 남아 있다
너도 고독하구나
별이 동행하자고 한다
질주(疾走)하자 한다
한동안 그렇게 하기로 한다
한데 멀리서
나는 쫓기고 있다
죄과(罪科)가 무언가를 곰곰이 생각해 본다
도시에 가까워지면서
팡팡 쏘아 올리는 화포 소리
불꽃놀이가 한창인 모양이다
불꽃들의 산화(散華)
한동안 그것에 넋을 잃다가
약속처럼
죄도 큰 별도 모두 놓쳐버렸다

전시장에서

살랑살랑
들국화의 흔들림
정물화 속의 바람소리
피는 시간과 지는 시간은 볼 수가 없다
그래서
언제나 만개(滿開)로 있다

멀리 남빛 산이 있고
두 채의 집이 보인다
뼈대가 멀쩡한 집과
쓰러질 듯한 집의 풍경
여백을 많이 남겨 놓았다
그 속뜻을 읽는다

반추상(半抽象) 쪽으로 기울고 있다
완벽보다야 헐렁한
의미 부여가 편안하다
발걸음도
대개 그쪽 그림 앞에 쏠린다

약속

약속을 하고 나서
기다리는 사람이 오지 않을 때
그 자리에 있지 않을 때
실망과 섭섭함이 서서히 겹친다
훨씬 그 초조함에서 벗어나서야
피치 못할 사연도 있을 거라고 자위한다

우리집 철쭉은 대체로 늦다
강한 색깔이 점점 바래져서야
한껏 뽐낸다
늦게 피어서 더 아름다운가
지각할 만한
긴한 약속이라도 따로 있던가

믿음을 지키려고 하는 편이다
어긋났다 해서 밉다는 생각
될 수 있는 대로 비켜서려 한다
이승을 빠져나가야 할
그 약속은 아직 미결이다

대장간

장터 어귀에 좀 떨어진
그 집에 가끔 들렀다
하학길에
두 손으로 턱을 괴고 앉아
대장간 주인의 이마에 맺혀 있는
그 땀방울이
언제 떨어지나를 지키며 있었다

풀무질하며
빨갛게 달군 쇠붙이를
힘자랑이라도 하듯 내리친다
조선낫, 곡괭이, 쇠스랑 등
어지간한 농기구가
그의 손을 거쳐 나왔다

그때의 대장간은 없다
만일 그 주인을 만날 수 있다면
이렇게 외치리라
너무나 굳어 단단한
나의 고정관념
그때처럼 꽝꽝 내리쳐 달라고
어리광하듯 부탁하리라

고독

처음 시를 쓸 무렵
고독이란 단어가 싫었다
의도적으로 피했다
사람 누구나 가지고 있는 속성을
구태여 드러낼 것까지는 없지 않은가

다분히 관념적이던 것이
나이 들면서
구체적으로 다가선다
거부하려 해도 밀물처럼 온다
감당하기 힘들 만큼

외로움
그 실체가 잡히지 않을 때처럼
답답할 때도 드물다
고독은 포장이 안 된다
어슴푸레 만지작거릴 뿐이다

병상에서

병실은 사면이 하얗다
잡념을 버리라는 배려일까
차단된 병상이지만
푸른 하늘이 손바닥만 하게 보인다
창밖으로 흔들리는 것이 보인다
의미 없는 나뭇잎
이마저 정지해 있으면
얼마나 답답하랴
나는 왜 이 방에 와 있는가
중벌이니
이렇게 누워 있으라는 것일까
아픈 기억들이 하나하나 말갛다
사람들아 어리석었노라고 욕하지 말라
빚 갚지 않았다고 책하지 말라
사랑에 인색했다고 혼내지 말라
매사에 적극적이지 못한 것 사실이다
그것이 내 천성이니 어찌하랴
후회는 이미 늦었다
혼자가 되는 예행연습일까
한동안 병상에 누운 적이 있었다

앞으로 10년

욕심일지는 몰라도
넉넉잡아
십년은
나만의 인생이라면 좋겠다

많은 세월이
썰물처럼 가 버렸다
머물다간 자리는
썰렁한 갯벌이었다

무의미한 물새의 울음도
예사롭지 않다
갈대숲을 스쳐가는 바람도
평범하지가 않다

치졸한 관념은 버리기로 한다
지겹던 하루가 있었다
그 하루가 쌓여서는
어느새 잠깐이 되었다

무엇이 되고 싶다가 아니라
어떻게 지켜나갈지가 걱정이다
반은 노욕(老欲)
반은 서성거림일 것이다

만취

꽃샘추위로 얼마간 주춤했다
움츠리고 있을 일만은 아니다
빨리 세상 구경 나왔으면 한다
따스한 한 목숨으로서
자긍심도 갖고 싶다
정말 그럴까
흐드러진 꽃 아래서
한 번은 술에 취하고 싶은 날이 있다
흘낏 곁눈질로는
모르는 일이 너무 많을 것이다
얼룩진 이 세상 구석에서
쉽게 적응도 어려울 것이다
이 명암(明暗) 같은 모순
이 단단한 갈등
그 착한 눈 가지고는 힘들 일이다
지금은 화사한 봄인데
한 모금 한 모금
한 번은 만취하고 싶은 날이 있다

육두문자

강물이 흘러간다
깊숙이 비장했던
나의 육두문자
고개를 반듯 쳐들고
강물에 떠내려간다
목까지 차올라
내뱉고 싶던 욕지거리
낙조(落照)가 예까지 와서
곱게 흘려보낸다
한 번은 내지르고 싶던
격랑과 부딪치고 싶었던
나의 육두문자
어느새 빈 깡통이 되어
잔잔한 강물 위에
떠 있음을 알았다
먼발치에서
항구의 불빛을 만날 수 있었다

외출

알음알음 찾아갔더니
혼자 집이나 지키고 있을
주인은 부재중이었네
문패는 명함이 대신하고 있었네
오늘은 국경일
태극기가 걸린 걸 보아
외출한 것만은 틀림없다
기다리는 시간이 따분함
돌아갈까 했지만
주인이 곧 돌아올 것 같은 예감으로
너를 붙잡아 두었네
무엇이 그렇게 바쁠까
애인이라도 생겼다면
얼마나 좋을까
바늘귀만한
직장을 잡았다면
두둥실 춤이라도 추겠다
어둑어둑 혼자인 태극기
빈집에 넣어두고 그냥 돌아왔네

개운한 탄생

여덟 번째 시집을 내기로 한다
매사에 느리다
시에 대해서
인생에 대해서
무엇 하나 적극적이지 못하다
대개는 외로운 여진(餘震)으로
먼산 바라보며 살아왔다
남들은 수십 권의 시집을 갖고 있다지만
내게는 버거운 작업량이다
되었다 싶은 것으로 골라 보지만
그 일도 쉽지가 않다
버릴까 말까
결단을 내리지 못하고 망설인다
열 손가락 깨물어도
안 아픈 손가락 없다는 속담은
옳은 말씀이다
마지막이 될지도 모르는 시집인데
군더더기 없는
개운한 탄생이었으면 한다

즐거움

즐거움이란 내게는 별로 없다
멋없이 살아가지만
그대가 남기고 간 시집에서
즐거움을 읽는다
벌거벗어도
부끄러워야 할 것도 없는
그대 적나라한 시
생전의 체취를 이제사 맡는구나
쓰는 즐거움보다
읽는 즐거움에 날개를 폈다
편협한 내가 부끄럽다
시집 군데군데
지금에서야 가르침을 주는구나
생전에 별로 말이 없더니
이쪽저쪽 세상을 갈라놓고서
뜨겁게 가슴을 느끼게 한다
아무리 불어와도
바람은 말짱하듯이
그대의 시는 중심이 서 있다
시 읽는 즐거움으로
무더운 세상을 견디며 산다

빈집

1
툇마루에 앉아
움직이는 이파리
나뭇가지 사이로 낮달이 들어온다
적막은
먼 데서 오는 것일까
희미한 저 낮달 같은 것일까

2
이 집에는 문패가 없다
그렇게 필요한 것도 아니다
부글부글 끓어오는 부끄러움을
멀리 내동댕이쳤다
언제 돌아온다는
그 기약까지도

3
나지막하게 내려앉은
양철지붕 위로
아지랑이가 피어오른다
현기증처럼 가물가물하다
텃밭에 아무렇게 자란 잡초
그 잡초는 피곤하지가 않다

4
그물을 쳐놓은 거미의 집
간밤 비 탓일까
방울방울 햇살에 이슬 같아라

주인은 없고
먹이 곤충도 보이질 않는다
이 집에서 가장 값진 예술품이다

5
반쯤 넘어간 담에 기대어
마지못해 피어난 것 같다
힘차게 기어오르지 못하고
잎겨드랑이가 허전하다
기상나팔 소리
차라리 귀머거리가 된 이 아린 나팔꽃

6
나지막한 굴뚝
그을음으로 까맣게 된 뒷벽
섹스는 신성하다
손가락으로 그어댄 낙서
충동질 때문일까
발끈 일어선 것일까

7
옷가지 널어놓을 것도 없어
빨랫줄은 심심하다
참새가 앉아
두리번거리면서
이 고요를 흔들어준다
떠나갈 준비가 안 된 모양이다

8
빈집 마당에도
고추잠자리
가을은 어떻게 알았을까
높다란 하늘
그 사이 사이로
빨간 잠자리가 싱싱 날고 있다

다시 빈집

1
서가에 몇 권 책은 남아 있겠지
편안히 드러눕고
먼지는 쌓이고
바람이 책장을 넘겨줄 거야
첫 장도 손대지 않은 것도 있다
이 허영에 미안하다

2
훌쩍 나 떠나면
또 빈집으로 남아 있겠지
새로 이사할 집 정한 것은 아니지만
평수(坪數)도 넉넉하고
햇볕 잘 들고
닫혔던 말문도 트일 거고
분명 명당일거야

5

축제

시인 공화국 사람들은
한 번은
가을에 축제를 연다
인산인해
버려진 휴지
낙엽보다 더 많이 쌓인다
줄이도록 하자
환경단체의 노고도 생각하라
떨어진 나뭇잎만큼의
짧은 시
그렇게 줄여서 쓰도록 하자

삼류시인

전에는 열차 안에
삼등칸이란 게 있었다

터널을 지나면
시골 역에도 영락없이 서 주었다

우르르 진한 사투리와
뒤엉키는 짐짝

빨간 고추가
지붕 위에서 덜커덩거렸다

우리나라에서
제일 빠른 기차는 새마을호다

어지간한 역은
획획 지나가 버린다

창밖 스치는 풍경이
생소하고 서툴 때가 있다

비집고 서 있던 땀 냄새
그날이 부럽다

아무래도
삼류시인밖에 나는 될 수 없는가

뭐 좋은 일 없습니까

하루는 하늘에게 물었다
뭐 좋은 일 없습니까
하루는 땅에게 물어보았다
뭐 좋은 일 없습니까
역시 묵묵부답이다

심심해서 이번에는
산을 향해 물어보았다
메아리가 돌아오지 않는다
그래도 심심해서
나무에게 물어보았다
살랑살랑 이파리들만
은빛으로 번쩍일 뿐이다
이번에는 우리집에게 속삭이듯 건넨다
절간 같다고 한다

나에게 자문하기로 했다
좋은 일 없는 것만으로
자족(自足)하라 한다
그 말씀 진짜 같다

언어

멍석을 펴고
우리는 언어를 말리는 중이다
농협 추곡수매공판장
일등급을 위해
연신 고무래질을 한다

낱알에 개성이 없다
앞뒤 구분도 그렇다
단단한 알곡을 위해
가을 햇살이
고무래질하는 일을 돕는다

낱말 하나로는 별 뜻이 없지만
몸과 마음이 부딪치는 사이
애정과 만날 수 있다
세상에는 은유라는 고개
그것을 넘을 때 비로소 표정이 생긴다

나의 시(詩)

방바닥에 배를 깔고서
원고지 칸을 메꾸던 시절이 있었다
시가 처음 되었다 싶으면
다음은 기다려야 했다

연필이나 펜으로 쓰던 시와
인쇄 활자로 만났을 때의 시
같은 내용이라 해도
사뭇 다른 감동이었다

이제는 스스럼없이 컴퓨터로 쓴다
흥분을 죽인 지 이미 오래다
A4용지에
툭툭 튀어나오는 활자

과학실
인체 해부 모형과 다를 바 없다
함량 미달의 시
표정 없는 시만 양산하는 셈이다

쉽게 시가 쓰여진 날

왠지 수상쩍다
너무 쉽게 시가 쓰여진 날은
아무래도 불안하다
모두가 어렵다 하는데
나만 편안할 수 있는가
고뇌와의 싸움에서
일찍 항복한 것은 아닐까
죄송하다
애써 위장한 것은 아닌데
쉽게 시가 얻어진 날은
왠지 두렵다
일상의 나사를 조인다
긴장을 힘써 조여본다.

술자리

술잔을 받으면
한 모금이라도 마시고 잔을 내려놓아야 한다
권하는 술잔은
왼손으로 잡아서도 결례다
술자리에도 나름대로의 법이 있다
기본 중의 기본도 외면한 채 산다

술은 익을수록 분위기가 살아난다
숙성할수록 황홀하다
요즘 술자리엔
술은 익었으되
미숙한 경우를 자주 본다

즐기기 위해서
혹은 외로움을 달래기 위해 술을 마신다
발광으로 판을 깨서는 안 된다
남의 욕이나 돌아가며 마시고
마지막엔 제 자랑이다
항용 은유법 쓰기를 멀리 한다

전화번호 수첩

십년 넘어 나와 함께한
이 작은 전화 수첩
등에 실밥이 터져 나왔다
이미 하직한 사람도
이 수첩엔 아직 그대로 남아 있다
썰렁한 갯벌에
그리운 얼굴이 보름달로 떠오른다

지겹던 하루가
오히려 짧은 세월 되어 흐른다
새로 전화번호를 옮기면서
죽은 이의 것을 빼기로 했다
당연한 일인데도 어쩐지 허전하다
이 수첩은 좁은 공간
나의 유일한 통로다

생성(生成)

이미 장미엔 가시가 있어
그 아픔을 모르고 있을지 모르나
피어난다는 것은 아픔의 시작이다
이런 것 없이는
슬픔도 만날 수 없다
피어 있다는 것은
떠난다는 것을 알리는 신호이다
그것뿐이랴
우리 앞에 벌어지고 있는
교미도 황홀한 것만은 아니다
어떤 꽃은
일찍 하르르 떨어지고
이 세상에 매달려
뒤끝이 개운치 못한 것도 있다
생성은 이치이다
너무 큰 가르침이다

구름 잡듯이

좌우로 불알을 흔들면서
벽시계의 추(錘)가
이 집 시간을 통제했다
뒷짐 지고 바라보면서
공간의 넓이도 생각하였다

방에는 여러 개의 시계가 있다
크기도 모양도 제각각이다
그뿐이랴
째깍째깍 소리 내며
죽어가는 시간도 있다

배터리 갈아 끼우면
회생도 간단하다
라디오 시보(時報)로
대충은 알 만하지만
어떤 것이 진짜인지
구름 잡듯 하고 있는 나의 시간아

정말 그럴까

거리에서
사람을 만나도
아무 일 없듯 태연하다
살랑살랑 흔들고 있는 바람
나무에 딸린 권속들도 편안하다
겉으로는 그렇다
오늘은 구름이 동쪽으로 간다
날고 있는 새여
찔끔 소리를 내는 것은
제 흔적을 남기고 싶어서일까
당신의 침묵도 여전하다
외형상
변한 것 별로 없어 보이는데
세상사 정말 그럴까

무표정

이정표 하나 없는데
훌쩍 날아가서는
어김없이 둥지로 돌아오고
발자국 남긴 일 없는데
다시 제자리로 찾아오는
새의 놀라운 기억

감각일지도 모른다
날갯짓하며
기류 따라 향방을 잡고
참 용하구나
감각이 비범하구나
이보다 궁금한 것은 일상의 일이다

하루가 고단했던가
즐거웠던가
큰 놈에 시달린 적은 없던가
돌아와서는
입 꽉 다물고 있는 이 무표정
차라리 내가 두 손 들 수밖에 없다

속물

염천(炎天) 하늘에 무지개는 뜨지 않습니다
마른번개도 까딱하지 않은 걸 보면
당연한 일입니다
어디 누구 배가 더 큰가
개구리가 내기를 합니다
깊게 숨을 들이마시고는 힘껏 내쉽니다
동산만한 배
결국 터지고 말았습니다
어찌 이솝의 우화뿐이겠습니까

꽃은 꽃대로 있고 싶어합니다
나뭇잎은 잎대로 잔잔합니다
발에 채이는 돌멩이도
제 분수는 압니다
속물로 차 있는 이 세상
시공을 가리지 않고
욕망은 상승 곡선을 탑니다
사람은 일등 속물에 속합니다
부끄러워한다는 건 까마득한 얘기입니다

쏘주론(論)

된소리 좋아하는 이 동네 사람들은
소주보다는 쏘주로 통한다
물같이 색깔도 없다
투명하다
맨송맨송한 핏속으로 파고들어와
화끈하게 달군다
구겨진 시름을 달랜다
스트레스를 이완시킨다
외로운 골을 깊게 판다
사랑을 더 가까이한다
소주에는 향기가 없다
대신 사람들이 만들어낸다
이 동네에는 리듬이 있다
제일 사랑받기는 쏘주다
국민의 술이다

*조창환 해설 생략.

9시집

쉽게 詩가 쓰여진 날은 不安하다…2002

◆자서(自序)

아궁이에 불을 다시 지핀다. 한 줌의 재로 남을 일이지만, 활활 타오르는 그 불꽃에 끌려서이다.

밭을 갈아엎는 농부는 일한 만큼의 자리가 환히 드러나지만 시는 그렇지 않다. 시는 침묵과 함께하기를 좋아한다.

나의 시가 어디론가 표류하고 있다. 가끔 매너리즘에 빠져 있는 것은 아닌지 선득할 때가 있다.

아홉 번째 시집이다. 매사에 게으르다고 자처해 왔는데, 이만큼이라도 건져낸 것에 자위한다.

무엇보다도 건강에 감사한다.

2002년 가을

우봉서재(又峰書齋)에서 임강빈(任剛彬)

1

선인장

꽃에도 가시가 숨어 있다는데
차라리 홀가분합니다
전부 벗었습니다
실오라기 하나 걸치지 않은 알몸입니다
단단히 무장을 했습니다
이미 알고 찾아왔으니
몸조심하라는 팻말은
따로 붙이지 않겠습니다
색깔은 나름대로 준비되어 있습니다
좋은 걸로 골라보시오
가시에도 황홀할 때가 있습니다

별

첩첩 산중
침묵의 시골에서 보는
별은 너무나 초롱초롱하다
별과 별 사이 간격이 떨어져 있어
얼마나 외로우냐고들 한다
큰 빗자루 들고
한켠으로 쓸어 모았으면
그 빛은 굉장하리라
어떤 감탄사가 터져 나올까
사람들은
저 높은 별 보고 꿈이라 한다
가냘픈 여치 소리는 들어와도
별자리 운행은 들리지 않는다
새벽까지 반짝반짝 있거라
실망은 주지 말아라

들꽃

바람결에 꽃소식은 와도
듣는 둥 마는 둥 하다가
마침내 피어나는 들꽃
가느다란 대궁
미미한 꽃잎
수줍음을 잘 타서
식물도감에도 낄 성싶지 않다
이 노란 꽃들의 전개
허리 숙여 입맞춤하려다가
더 수줍어 할까봐
딴 곳으로 고개를 돌렸다
이 가냘픈 들꽃에
무슨 이름이 필요하랴
바람 안에
이대로가 좋은 것을

수면(水面)

주름진 얼굴이 나타난다
그 거울 앞에서
주저주저할 때가 있다
추한 것은 싫다
내면을 비추어주지 않는 이유도
그 중 하나이다
얼마나 부도덕하고
살짝살짝 스치는 죄하며
사랑의 깊이도 가늠할 수 없다
벽면 거울에서 무엇을 더 보랴
잔잔한 수면 위로
흩어지는 구름이 한가롭다
억새풀 흔드는 것이 보인다
인가(人家)는 멀리 떨어져 있다
경직된 얼굴보다
잔잔한 수면 위에서
진짜 내가 보고 싶다

옷

옷이 날개라 한다
누덕누덕 기워 입은
성철 스님의
천의무봉(天衣無縫)
박물관에 전시되어 있다

그 누추한 옷차림이라면
금테두리의 경비원에게
저지(沮止)당할 법도 한데
어떻게 무사통과했는지
궁금증만 더해 간다

가을

담 옆 옥수숫대가
어느새 훌쩍 커버렸다
곧은 줄기에
길게 처진 잎 겨드랑이
수염이 난 옥수수를 바짝 끼고 있다
바람 없이도
살짝살짝 건들고 싶은 가을
잎과 잎 사이
공간은 넓다
뙤약볕에 찾아오는
가을을 위해
넉넉히 비워두었다

꿈

등에서 사르르 잠이 들었다
꿈은 몰랐다
나이를 먹으면서
그것이 있다는 걸 알았다
자질구레한 것이 쌓여
가위질하는 날이 많았다
꿈도 나의 일부
남이 대신할 수 없다
유리컵에 괸 앙금을 흔들었다
그 앙금이
너울너울 하얀 나비가 되었다
장다리꽃
나의 꿈은 대개 개꿈이다

술기운이 오르면

벚꽃 아래 술잔을 주고받으며
술기운이 오르면
냅다 나는 '이나까 사무라이'*
왜말로 벼락 소리친다
시골 골목을
활보하던 가락은 남아서
자조(自嘲) 섞인 뱉음인지 모른다

하루만 입어도
와이셔츠를 갈아입어야 한다
이 거추장스러움
지하도에서 거리로 토해내는 인파(人波)
차라리 현기증이다
간판의 홍수 속
시력은 점점 작아진다

나는 영원한 촌닭인가

*시골 무사(武士). 별 볼 일 없는 사람을 빗대는 말.

자유

시인이란 자격증은 따로 없다
그것을 필요로 한다면
나는 벌써 열외로 비껴있어야 한다
자유는 시인을 키운다

손가락 꼽기

오늘보다는
지난 것들이 희미하다
어림짐작이 안 갈 때
언제더라 손가락을 꼽아본다

후닥닥 놀란다
무심했던 세월은 힘이 약하다
대충 살아온 것에 대한
회한(悔恨)

욕심 버리며
폐는 적게 하기로 했는데
그마저 지켜지지 않아
나는 슬픈가

지난날에 대한 자책
크다고 여겨질 때
그 확신은 점점 커지면서
어린애마냥 손가락 꼽기나 한다

그림자

빛은 그늘을 만든다
그림자를 따라다닌다
방울을 달지 않아서
움직여도 소리가 나지 않는다
영욕(榮辱)을 같이하면서
모른 체한다
관심 밖이었구나
들먹일 뿐
그림자는 눈물을 안 보인다
석양으로 가는 긴 그림자
너무 길다

수평선

먼 수평선이고 싶다

수선을 떨며
잠시도 멈추지 않는다
격랑 중이다

왈칵 드러내지 않다
시야에 꽉 들어와
한 획을 긋고 있다

가물가물 유지되었으면 한다

고향 가는 길

고향길엔 추억이 있다
포플라가 있다
높다란 까치집이 있다

그 언저리에 바람이 있다
구름이 있다
하늘이 있다

오랜 가뭄 끝에 퍼붓는 소나기
나무 밑동으로
황톳빛이 아우성이다

떠날까
선뜻 내키지 않지만
이미 한둘 비어있다

때

육이오 때 공주성당에
잠깐 머물다간
서양 신부의 세수법은 별난 데가 있었다
보통 세수는 손으로 한다
그 신부는 대야 물에다
얼굴을 좌우로 몇 번 흔드는 것으로 끝이다
멀리 오느라 먼지도 수월찮을 텐데
아, 성직자는 무엇이 달라도 다르구나

그 신부 나이보다 많아진 나는
여전히 재래식이다
손으로 얼굴을 씻는다
북북 문지른다
턱뼈 부위로 때가 제일 낀다
불쑥불쑥 죄가 살아난다
때와는 어떤 상관관계가 있는가
영 그것이 마음에 걸린다

꽈리

새끼손가락에 꽈리가 생겼다
아프지도 않고 더 크지도 않는다
수술이 간단하다고 한다
간단하다니까 괜히 두렵다
꽈리 속을 빼고
여자아이처럼 불던 꽈리불기
흉내 내봤지만 잘 되지 않았다
빠드득 소리가 나질 않았다
새끼손가락에 생긴 그놈을 보면서
지난날의 아픔이 핑 돈다
우리 집 모퉁이
연등처럼
붉은 꽈리가 매달려 있다

아둔한 사람

상머리에서
젓가락질 못하면
장가 갈 수 없다는 말에
그것이 무엇인지도 모르면서
열심히 젓가락 연습하던
어린 시절

학교에 가서는 좌우 분간을 못했다
왼쪽 손들어 하면
바른손이 나오고
우향 앞으로 갓! 하면
좌로 돌다가 앞사람과 부딪쳤다
한동안 헷갈리었다

심장이 어느 쪽에 있는지도 모르면서 살았다
국기에 대한 경례할 때
오른손을 왼쪽 가슴에 얹는다
그 가슴이 심장이다
콸콸 맥박 소리
충성까지는 몰라도 멈추면 죽는다

나는 이렇게 아둔한 사람이다

2

입춘

황토 바람벽에
한 뼘
햇살이 달라붙는다

처마 고드름
똑똑 낙숫물 소리
뜨락을 올라선다

꽃샘추위가 있다하나
이 궁벽한 마을
그냥 돌아갔으면 한다

산비둘기

모처럼 나들이에 나섰습니다
도시 비둘기는 아파트에 살고 있습니다

작은 눈알을 연신 굴립니다
밭두둑 콩 이삭이나
잡초 씨로 허기를 채운 처지로서는
모든 일이 생소합니다
아이들이 먹다 흘린 과자 부스러기에
뒤룩뒤룩 살이 올랐습니다
도시 비둘기는 사람을 잘 따릅니다
너무 가까이 파고들다가
발에 밟히거나 자전거 바퀴에 치어
발목 장애가 많습니다
그래도 별로 개의치 않습니다
소음에도 익숙합니다
구구 슬피 울던 목청도
꾸륵꾸륵 가래 끓는 소리를 냅니다

잿빛 산비둘기는 떠났습니다
적적한 산그늘로 돌아왔습니다

소나무 송(頌)

남산 위에 저 소나무 철갑을 두른 듯
우리 부르는 애국가 한 구절

품계로는
속리산 정이품송(正二品松)을 첫째로 친다

칠 할이 산의 나라
소나무 없는 산은 없다

초근목피(草根木皮)로
연명하던 가난이나

기계총처럼 번지는
솔잎혹파리로 아플 때도 있지만

잡목림 속의
당당한 낙락장송

바닷바람에
드러낸 각선미(脚線美)가 출중하다

운치까지 가르쳐주는
이 나라를 대표하는 나무다

선(善)

눈으로 겹겹이 둘러싸인
허름한 산사
노스님은 손바닥에 모이를 펴놓고
후르르 부르는 소리
새들이 바람처럼 와서는
모이를 쪼고 있다
경계하는 눈치 아닌 것으로 보아
스스럼없는 사이다
노스님은 물끄러미 보시고
새도 스님을 닮았다
억세게 눈이 쌓여도
눈사태는 일 것 같지 않다

과꽃

과꽃이 피었다
한집에 있으면서
서로 비켜서 살고 있다
통 나들이하는 일 없고
집안에만 틀어박혀 있어
마땅치 않은 눈치다
무심한 내 탓일까
무뚝뚝한 그의 천성인가
반갑다는 표정이 없다
며칠 만에 대문을 들어왔는데도
고개가 더 숙어져 있다
단단히 틀린 기색이다
다음엔
내가 먼저 아는 체해 주어야지
구두끈을 풀면서 한참을 후회했다

귀

귀에는 두 개의 자유가 있다
하나는 들어가는 푯말이고
또 하나는 나가라는 표시이다
시끌시끌한 소음을 피해
구멍이 통하도록 뚫어놓았다
잔소리는 자동 개폐식이다
사각사각
갈대 소리가 들린다
쾌청한 날에는
그대 한숨 소리가 더 크게 들린다

서해대교(西海大橋)

서해에서 만난 이 우연
이 장엄한 낙조
지는 해는 짧다
풍덩 바다로 떨어진다
살다보면 이런 우연도 만날 수 있다는
이 감탄사
아, 아를 연발하며
세계에서 몇째라는
이 높은 교각(橋脚) 위를 달린다

배회(徘徊)

내 하는 일
무엇하는지도 모르면서
한곳을 빙빙 배회만 한다

슬프면 슬픔으로 족하고
아프면 아픔으로 달래면 되지
무슨 토가 필요하랴

외로움이나 슬픔
딱히 모르면서
이 언저리 왔다 갔다 하는

이것은 산책일까
배회일까
무작정일까

가다가 다리가 아프면
그 자리에 주저앉아
행복이란 단어 하나 끼워놓았으면 한다

성업(盛業) 중

내가 태어난 것
지금 이 세상에 아는 사람은 없다

주민등록증 앞부분이
유일한 증거다

하직하는 날도
나는 나를 볼 수가 없다

꽃은 피어서
슬픈가

이에 항변하는 것으로도
행복하다

지금은 봄
한창 성업 중이다

교대 시간

이 세상에는 명암이 있다
양지와 그늘
중복되는 일은 없다
계절에 따라 다르긴 하지만
어둠에서 밝음으로
밝음에서 어둠으로 가는 길목
확실히 교대 시간이 있다

백목련이 핀다
화사하지 않아서 하얗다
달랑 나뭇가지에 얹혀서는
서둘 준비를 한다
사나흘은 머물 것이다
장송곡은 없다
우리 집 교대 시간이 된 모양이다

동면(冬眠)

사람은 동면을 할 수 없습니다
뱀이나 개구리는 겨울잠에 들었습니다
세상이 시끄러워 동면중입니다
가로수는 이파리를 전부 버리고
멀수록 점점 좁아지는
원근법(遠近法)으로 서있습니다
눈보라가 칩니다
참으로 장관입니다
잠시도 있지 않고 움직입니다
눈보라의 배경은 든든한 산입니다
땅속 깊이 파충류는
이 기막힌 경치도 모른 채
잠에 푹 빠져있습니다
한번쯤
사람도 이랬으면 합니다

노래

날개가 있는 새는
하늘을 날고
지치면 나뭇가지에 깃을 접는다
새는 노래한다
날개가 있어 노래가 된다
새 우는 소리를 들은 적 있는가
찔끔 눈물을 본 적 있는가
새가 운다고 하는 것은
인간이 슬픔에 너무 약하기 때문이다
작은 새일수록 짧고 단단하다
유혹이나
짝짓기 할 때를 제외하고는
각기 순수한 음성을 지녔다
새는 이 세상 화려한 노래다

스냅

거실 방바닥에 엷은 햇살이 든다
그것과 몇 마디 건네다가
퇴색한 스냅 사진을 다시 들춘다
거의가 술잔을 높이 들었다
술을 사랑했고
견딜 수 없던 추억이
순간을 스친다
슬픈 과거는 아름답다
멀리 여행한 것 같은데
늘 제자리에서 빙빙 돌고 있을 뿐
인생은 역시 짧구나
정색한 기념사진은 언제나 쑥스럽다
찰칵찰칵
한 컷 내 진솔은 어디 있느냐

우리는 수없이

우리는 수없이 약속을 한다
그리고 허문다
아직은 멀지만
가까운 사정거리에 있다
허공에서 내리는 눈
가벼운 눈
적설(積雪)의 무게로
살아 있는 가지에
툭툭 부러지는 나뭇가지
살아있구나
새잎을 달고
훗날
봄의 소리로 만나자 한다
이 약속은
지켜지지 않는다 해도
흰 눈을 비추는
햇살만큼 아름답다

안면도(安眠島)

다리로 뭍과 연결되어 있어
안면도는 지금은 섬이 아니다
각선미가 날씬한 해송 숲
국제꽃박람회 로고가
팔랑개비 되어 빙빙 돌고 있다
하얗게 부서지는 푸른 바다
편히 잠자라는 안면도
빗소리에 뒤척이다가
아침에 커튼을 젖혀보니
바로 그 파도 소리가 아닌가
흙이 숨쉬고
이곳 사람들은 벌써 설레고 있다
지구촌 꽃이 전부 모인다
사통으로 뚫린 큰길 따라
안면도로 오기로 되어 있다

하늘의 높이

앞산에 오르면
금방 손에 닿을 성싶었다

그런 철부지가 지나서야
하늘의 높이를 어렴풋이 알았다

가끔은
먹구름이 몰아닥치기도 하지만

쾌청한 날
어디 눈꼽 흔적 하나 있던가

가을 석류가 이빨을 드러내고 자랑하지만
가당치 않다

도대체 하늘의
단수(段數)는 얼마일까

하 높아서
하늘엔 단이란 게 없다

3

꽃

사람이 눈떠 있을 때
잠을 잘 때나
길이 나 있는 곳
오지 골짜기에도 꽃은 핀다
봄만이 아니라 추위에도 자란다
식물도감에 갇혀 있기보다는
들판에 피어서 더 아름답다
새처럼 날아갈 수는 없어
별과 깜빡깜빡 교신은 한다
꽃은 언제나 편안한 자세
흔들려서 향기가 된다
눈물 자국은 지우고
빙그레 웃는다
꽃은 배반하지 않는다

조롱(鳥籠)에게

노랑 부리에
빨간 발목을 한 새야

어찌 너뿐이랴
다양한 색깔의 몸집

높은 음으로
스타카토로 찍찍 끊는다

조롱은 움직이고
여기는 제한 구역

슬픈 새는
아예 낄 수가 없다

구슬 굴리듯
예쁜 소리 하는 새야

호수

조용한 호수
먼 데 응시하고 있으면

수면에
파란 종이 한 장 떠 있다

잠자는 듯하면서도
눈은 항상 크게 뜬다

바람 부는 날은
흔들린 채 눕는다

흐트러지지 않는
저 하늘이고 싶다

눈썹만한 초승달이
이리로 와서 혼자 걷는다

분꽃

장독대 앞 분꽃은
뜨물로 다스리신 외할머니 꽃이다
아기 새끼손가락만한
나팔 모양의 분홍꽃
끊겼다 이어졌다 옛일은 그러하지만
왜 하필 저녁에만 피는가
아침이면 외면하는가
그 까닭을 모르면서
내 나이 일흔을 넘겼다
우리 집 분꽃은
외할머니 그림자로 핀다
그 앞에 한동안 서성거리게 한다

배경

이 세상엔
배경 없는 것이란 없다

짹짹 참새들이 서로 엉키더니
어디론지 후르르 떠난다

그 중 한 마리
대열에서 빠져나와

빨랫줄에 앉아
엉덩이 쳐들고 똥을 찍 깔린다

이렇게 편안한 날
별로 없을 성싶다

적막한데
오늘은 빨랫줄이 나의 배경이다

꽃가게에서

가로수에 서서
지나가는 행인을 바라본다
바쁘게 움직이는 사람들
잘도 조잘거리며
봄나들이하듯 들떠 있다
손 내미는 우울은 아무 데도 없다
심심해서 꽃가게에 들른다
화사한 꽃
경염(競艷)에 푹 빠져있다
개성으로 살아 있다
꽃들의 해맑은 표정
그래그래 너희가 정상이다

백합

조용히 흔들어 깨운다
어둡던 긴 땅에서
힘차게 뚫고 올라오는 대궁
앞뒤 눈치 보는 일 없이
백합이 핀다
향기를 세워
몇 개 촛대에다
불을 밝힌다
아, 잠시 잊고 있던
절대의 시간
한낮에 밝힌다

귀뚜라미

귓속으로 파고든다
가을이라
고향 찾아 그리 바쁜가
낮도 밤도
귀뜰귀뜰
이명(耳鳴)이 따라다닌다
언제 들어도
왜 긴 가락이어야 하는가
가을은 깊어서 서러운가
하얀 달빛이
창호지에 업혀 순백하다
천지가
귀뚜라미 소리 일색이다

찔레꽃

찔레꽃은 하얗다
달밤에는 더욱 그렇다
돌담을 꺾어 돌아가는
소복차림의 여인
썩 어울린다는 생각
좀처럼 속내를
들어낼 것 같지는 않다
철망 울타리
넝쿨장미에 밀려서
눈에 확 들어오지 않아도
달빛 같은 꽃
해마다 피고
한번은 또 진다

여행

마지막 차를 놓치면 어떡하나
미리 예매를 해두었습니다
그게 그렇게 든든한 줄 몰랐습니다
좌석이 여기저기 빈 곳을 보고서야
공연히 서둘렀구나 했지요

곧 어둠이 내려오데요
산 능선을 경계로
아래는 칠흑인데
어슴푸레 위는 조금 남아있데요

어둠은 차라리 지루함을 모릅니다
낮에는 실컷 경치만 구경했지요
서럽게 피는 꽃은 없데요
빚쟁이가 되어 왔습니다
갚을 일이 막막합니다

삼동(三冬)에

문짝에 창호지를 바르고
입에 문 물로 훅훅 뿌렸습니다

늦가을 햇살에
금세 팽팽해집니다

불을 켜지 않아도
환한 방에 기러기떼가 지나갑니다

삼동이
어귀까지 다가온 모양입니다

문풍지 떠는 소리에
조금은 무섭습니다

여름에도 추위를 타는 사람
삼동 지내기가 걱정입니다

부추꽃

반 평 남짓한
부추밭은 아내의 몫이다
바른 줄기 맨 위로
함박눈이 내렸다
마당 구석에
염천 뙤약볕에
녹지 않는 부추꽃이 피었다
작은 꽃아
바로 옆에 두고 그랬구나
간밤에도 까딱하지 않고
하얗게 줄서서
아내의 무료를 달래주고 있다
사랑한다는 말 별로 건넨 적 없지만
고맙다는 이 한마디는 전해야겠다

회색일(灰色日)

차려 자세로 서있는
아파트 단지가 절간 같다
움직임이 없다
잔뜩 찌푸린 구름
짙은 회색으로 무겁다

회색은 빛과 어둠의 중간
한쪽으로만 기울지 않는다
마실 왔던 비둘기가 금세 떠난다
그 자리가 적막하다
개성 잃은 사람이 어슬렁거린다

오늘은 회색일이다

우리꽃 시리즈

잠 이루지 못하는 밤
설치다가 텔레비전을 켰다
우리꽃 시리즈
주연은 당연 꽃이다
가끔 벌이나 나비가 조연으로 나온다
심심 유곡에서
해변에서
습지에서 작아서 아름답구나
꽃판도 가지가지
색깔도 여러 가지
이 강산 방방곡곡 꽃 천지다
한들한들 바람에 움직이는
이 생명력
점점 밤이 깊어가는데
향기는 보이지 않아도
예쁜 꽃이 피고 또 핀다

4

학(鶴)

물 한 모금 먹고
하늘 한번 쳐다보고
이 귀여운 병아리야
지금은 계사에 갇혀서
연신 모이를 쪼느라 여념이 없다
습관성이다
긴 다리로 서 있는
학
멀리 하늘을 휘 돌아보다가
수면 위
접은 날개가 하얗다
부리로 먹이 하나 물고
내장은 늘 가난하다
군계(群鷄)는 결코
학이 될 수 없다

새벽

언제 오나 기다렸으나
새벽은 이미 와있었다
처마 밑 창호지로 오더니
지금은 어둠과 환함 사이 유리창으로 온다
모르는 것이
아는 것보다 나을 때가 있다
모르는 사이 그래서 오나
조용히 새벽이 오듯
조용히 어둠도 그러하리라
잠을 다시 청할까 하다가
얼마 남지 않는 시간이
아까워서
아침까지 기다리기로 했다

금싸라기

자투리 같은 시간이
참 소중하다

정색을 하고서
시와 마주친다

사전에 없는
단어를 찾는다

남들이 버리고 간
쓰레기통에서 뒤적인다

분리수거가 안 된
이 시간이

더없이 소중하다
금싸라기다

가랑잎

나지막한 산에서
바람이 휙 지나간다

묵은 가랑잎이
왈칵 내게로 다가온다

산지사방 쏘다니던 바람이
방향을 잡은 모양이다

전신줄이
윙윙 울던 날의 무섭던 생각

귀신은 본 적 없어도
온다면 이런 소리가 아닐까

가랑잎은
중량이 없다

구르며 넘어지며
한바탕 아우성이다

시간

우리는 가끔
돌부리에 채일 때가 있고
도시의 로드 블록이 고르지 못해
가다가 걸릴 때도 있다
시간은 방향이 달라도
서로 충돌하는 일은 없다
시간은 간다
흐를 뿐이다
어떤 색깔이나 주장도 없다
돌부리에 채이거나
턱에 걸리거나는 사람의 실수다
시간은 어머니
싹을 틔게 하고
꽃을 피우고
열매도 거두게 한다
시간은 광활한 어머니의 품이다

모일(某日)

가장 확실한 건
이승을 떠나간 사람하고는
통화가 불가능하다는 일이다
아직 푸른 기가 남아있는
가로수 은행나무
부채꼴 모양의 이파리가 흔들린다
어떻게 알았을까
노란 은행 열매가 미리 와 있다
이 사실도 모르고
황망히 떠났으리라
하늘이 하도 맑아서
혹시나 하고 전화기를 들었다
여보세욧
찍찍 잡음만 되돌아온다
그대로 내버려두는 건데
공연한 짓 했나싶다

허송

등기 소포나
택배(宅配)로 보낼까 했습니다
그것이 잘 안 됩니다
보낼 것이 너무 많아서입니다
세월은 보내는 것이 아니라
만나는 일입니다
슬픔 자체가 세월입니다
외로움도 매한가지입니다
버릴 것은 버리고
취할 것은 취하지만
짐이 점점 커져서
보내기 쉽지 않습니다
너무 섭섭하다거나
야속타 하지 마십시오
뼈아픈 허송세월은
버리기로 했습니다
양해를 구합니다

잡초

아무 생각 없이 태어난 잡초는
뙤약볕에 무성하네
손을 타네
잘 뽑히네

뿌리 없는 잡념은
새벽에 잘 자라네
잡초와 달라서
뽑히지 않아 아프네

햇살

언덕으로 뱀이 기어오르고 있었다
마침 지나가던
수녀가 돌을 찾더니
사탄, 사탄 외쳐댔다
행인 몇이 있었으나
거들떠보지도 않고 지나쳐 버린다
뱀은 죽었다
연약한 그 손으로
어떻게 그런 힘이 났을까
유월의 따가운 햇살이
낭자하게
그 속을 내리찍고 있다

비 오는 날엔

비가 온다
뒷목 부분부터 뻣뻣하다
두통 때문도 아니다
뇌 속 가득히 구름이 끼어 있다
무엇에 쫓기고 있다
누군가 목을 조르려 한다
때로는 분노하고
때로는 저주한다
언제나 당하기만 하는
무지한 나의 이력
빗소리가 점점 커지는 것은
빠른 속도감 때문이다
비 오는 날엔 비만 뿌린다

복숭아

낮은 구릉에
복사꽃이 그림 같다
조치원에는
도원문화제가 열린다
그날의 축제가 엊그제 같은데
다투어 열매가 탐스럽다
여인의 예쁘장한 둔부(臀部)
불그스레 분홍빛으로 익는다
천도(天桃)가 아니라서
한 입 깨물면
진짜 팔월 복숭아 맛이다

발자국

새는 공중을 날다가
잠시 암벽이나
나뭇가지에 앉네
어디론가 훌쩍 떠나네
족적(足跡)을 남기려 하지 않네

가파른 언덕을 향해
터벅터벅 걸어가는
하루의 노동
외로움이 아름답네
허무의 발자국이 가득 넘치네

홍싸리

아침 이슬을 맞으며
오솔길을 갑니다
화투짝에 나오는
칠월 홍싸리가
길에 서 있습니다

맥주 빈 깡통을
발로 공중에 날렸습니다
포물선을 긋더군요
이번엔 백지장이 되도록
구두창으로 밟아댔습니다

설악산
멀리 콘도가 보입니다
내려가야 합니다
다른 길을 택했습니다
홍싸리 흩껍데기가
거기에도 살고 있었습니다

방파제(防波堤)

겨울 지나서
동백꽃은 이미 진 것으로 알고 왔지만

지치도록
버티고 있는 것도 있었습니다

바다 앞에
나는 어린이입니다

멀리 외항(外港)에는
섬 같은 배가 떠 있습니다

방파제로 파도가
몸으로 부서질 줄 알았는데

조용조용히
간질 밥만 칩니다

이게 아닌데
실망을 뒤로하고 왔습니다

여수 앞 바다에는
동백섬이 있습니다

울밑에 선 봉선화야

여름에 피는 꽃은
요염하거나 빛깔도 진하지 않다
오히려 수줍다
봉선화
우리가 울먹이며 부르던 노래
불러서 시원하던 노래
폭양은 깊고 길었다
원산지는 몰라도
이미 우리 곁에서 우리꽃이 되었다
아래로 눈뜨고 피는 꽃
긴긴 여름날
처량하게 부르던 노래
봉선화 긴 가락

동물 이야기

〈사막은 살아있다〉
그때의 감동은 지금도 지워지지 않는다

TV에서 동물 이야기가 다투어 방영된다
보고 또 보아도 재미있다

사육사에 길들여진
동물원 가족은
의미가 없다
야수성을 잃었다

황량한 벌판에서
그들은 인간을 교육한다
용맹성, 인내성, 포악성, 모성애
약육강식의 질서까지
철저한 현장 실습이다

오만과 편견
철책 옆에 살림을 따로 차렸다
되풀이 복습을 인간은 즐긴다

5

향수

고속도로나
무궁화호가 달릴 때
차창 밖으로 낯선 풍경이 보였다
허무가 살아나서
하나 둘 하산하고 있다

증기기관차가
산모퉁이를 돌 때
그 기적 소리는 길었다
진짜 기적 같았다
울먹이고 있었다

듬성듬성 명당을 두고
왜 산자락으로 내려온 것일까
심심해서일까
정지되어서일까
더 속도를 내고 있다

개구리

경칩을 한참 지나서
개구리 소리를 들으려
교외로 나섰다
라디오에서 흐르는 감미로운 리듬
이런 음악도 장하지만
개구리 목소리는 원음 그대로다

누군가의 선창에 따라 합창한다
반 옥타아브 높은 소리
개구리는 고향을 잃어가면서도
아직 순수 그대로다

산그늘이 내려와서야
개굴개굴
한바탕 흐드러진다
저들만의 축제다
그 건강한 개구리를 위해
소주잔을 높이 들었다
땡하고 부딪치는 소리
소쩍새가 멀리만 들린다

깃발

질서는 말하지 않는다
가을 하늘은 더욱 그렇다
너무 투명해서 그럴까
저 건물 옥상에서
펄럭이는 깃발
그냥 넓은 가슴이라면 좋겠다
만나자고 한다
서로가 흔들어대며
어서 오라고 한다
적당한 접경에서
눈물 글썽이며
꼭 만나자고 한다

준비

피부에 닿는 촉감이
조석으로 다르다
하늘이 얼마나 높아졌나는
목측으로도 충분하지만
가을 오는 소리를 위해서는
귀후비개로 청소를 해두어야 하고
가을 냄새를 위해서는
콧속을 비워두어야 한다
중얼중얼
입은 꽉 다무는 편이 좋다
눕다가
앉다가
결국은 일어서서
가을 준비를 서둘러야 한다

해피 엔드

관광버스로 눈 속을 달린다
세설(細雪)이다가
점점 눈발이 커지면서
차창을 후려치며 광란한다
구획 정리가 잘 된
만경평야
가득가득 눈으로 쌓인다
시(詩)는 해피 엔드가 없다
순간 이정표를 흘끗 스친다
이 세상은
대개가 허구(虛構)투성이다
있다면
눈보라 속이 까마득함이다

달동네*

납작납작한 지붕이
서로 맞닿아 있습니다
울음소리가 없는 동네
문단속이랄 것도 없습니다
좁은 길목
가파른 등성이
달빛도 헉헉거립니다
취중에 어지러이 발자국 내지 않도록
한밤중에만 눈이 내립니다
세상이 모두 발아래입니다
솜씨 좋은 작가의 액글이 아닙니다
깜박 졸다가 찍은 신의 작품입니다
손끝이 시립니다
오장이 짜릿합니다
관광차 들르십시오
대한민국 마지막 달동네입니다

*서울 관악구 신림7동 산 101번지 난곡.

낮달

별들이 숨은 자리
혼자가 된다

바쁜 세상
한가롭지 않아

못다 한 이야기
다음으로 미루자

화색이 없는 얼굴
물끄러미 바라보며

실눈 같은 낮달
언제 만삭이 되나

아직 남아있는 여름
달래며 산다

포물선

허허벌판에서
하는 오줌발은 세다
포물선으로 이어가는
이 시원함

수도 없이
허공에 팔매질한다
반환점 돌아오는 일 없는
이 편안함

예초기

이제는 별 할 일도 없는 것 같습니다
잡초가 크게 자라버린 봉분
예초기로
잡초 베는 일만 남았습니다
놀라지 마십시오
청명한 이날 이 불효가
달랑 예초기 하나 들고
아버지 봉분을 예쁘게 깎는 중이니
조금도 놀라지 마십시오
다리 짧은 새가
찍찍 울고 있지만
개의치 마십시오
장엄한 낙조나
바라볼 수 있는 여유를 주십시오

성묘(省墓)

어찌 늦었느냐
그리도 멀더냐

간단없이
별들이 운행하고 있으니

괜찮다
견딜 만하다

소음이
간간이 들려온다

여전히
싸움에 영일이 없더냐

볼 것 많은 건
그래도 너의 동네

초목 하나까지 놓치지 말고
실컷 구경하거라

됐다 싶으면
바람처럼 오너라

손수건

호주머니 속에
두 장의 손수건이 들어있다
분간하기 쉽게 따로 넣고 다닌다
땀이나 콧물 기타 일로 쓰고
하나는 눈물 전용이다
갑자기 눈물이 흔해졌다
작은 일에 더 자주 그렇다
어릴 적에는 손등으로
썩 문질러도 흉이 안 됐지만
이만한 나이에 어디 될 법한 일인가
눈물은 소유가 따로 없다
질이 조금 다를 뿐이다
두 개의 손수건을 준비해 다닌다
그래야 될 것 같다

장례식장에서

향을 피우고
두 번 절하고
상주와 인사하고
모든 것이 끝났다
인생은 간단하다

검은 띠 두르고
편안한 얼굴
왠지 낯설다

피르르 떨고 있는
나비 한 마리
당신은 허공으로 떠나고
가파른 언덕
나 걷는 일만 남았다

하산(下山)

산을 내려온다

골짜기
이내가 엷게 깔았다

새 소리도
생전 처음 만나는 소리 같다

바람이
좀 쉬었다 가라 한다

바위 틈
원추리가 반갑다

산자락이
어둑어둑해 온다

오르기보다는
하산하는 쪽이 더 힘들다

같은 산인데도 그렇다

원시인(原始人)

나는 문명 속의 원시인입니다
그 흔한 신용카드의 홍수에도 혼자입니다
핸드폰도 없습니다
현찰 인출 방식도 모릅니다
주름이 많고 큰 눈을 한 외계인
E.T가 놀러온 모양인데
만나지는 못했습니다
마이카시대에
핸들을 잡은 일도 없습니다
다만
맨발이 아닌 구두는 신고 다닙니다

당신은 떠났습니다

당신은 떠났습니다
분명 먼 곳인 줄 압니다
닐 암스트롱이 가본 달나라는
삭막한 먼지
듬성듬성 암석이 전부였습니다
설마 그런 곳은 아니겠지요?
주소가 변경되면
대개는 알리는 것이 상식입니다
부질없다고 생각하셨습니까
이사 가신 곳 근황이나 알고 싶습니다
저의 주소는 불변입니다
전화번호도 그대로이니
그 번호로 하시면 됩니다
너무나 황망히 가셨습니다
미처 가실 곳 알아두지 못한
저의 불찰도 큽니다

*고명철 해설 생략.

10시집

한 다리로 서 있는 새…2004

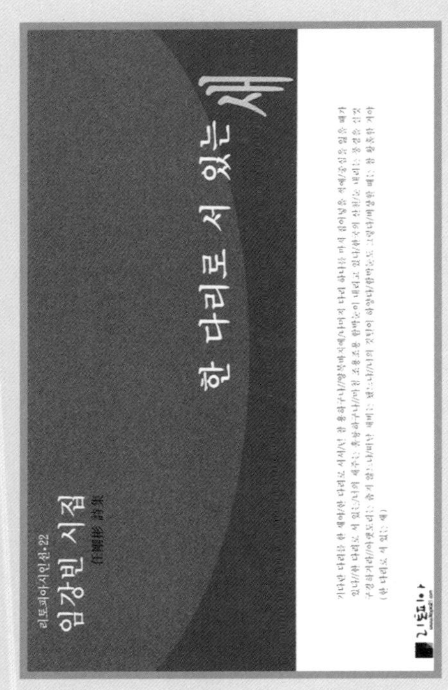

◆자서(自序)

시로 살아온 지 그럭저럭 반백을 바라보게 되었다. 소출이 너무나 미미하다.

13년 만에 첫 시집을 낸 후로 대개 4, 5년 간격으로 출간했다. 이런 속도에 비한다면 이번 시집은 과속한 셈이다. 자전거 페달에 힘을 주어서 그런가.

익기 전의 풋감을 딴 것 같은 불안도 여전하다. 서둘 때가 되었다 생각하니 조금은 서글프다.

이번 시집이 마지막 시집이 아니기를 바란다.

더 건강한 시와 만났으면 좋겠다.

2004년 초여름

우봉서재(又峰書齋)에서 임강빈(任剛彬)

1

가을이 와서야

가을이 와서야
지난여름 내가
무척 수척했다는 생각이 듭니다
손에 잡힌
나의 시
시의 구절도 그랬습니다
땀 흘리느라고
생각이 짧았나봅니다

가을을 사사(師事)하고 있습니다
쓸쓸한 것은
나로 족하다 생각했는데
가을이 먼저 와서
소슬바람이 대신하고 있습니다
비워서 넉넉한
가르침을 주십시오
얌전한 제자로 있고 싶습니다

기러기

한반도의 가을은 깊다
기러기가 날고 있다
앞선 향도 따라
두 줄로 서서
좁혔다 넓혀졌다 하는 간격
끼륵끼륵 울지도 않는구나

울지도 않는 기러기의 침묵
어둑어둑한 밤하늘에
날갯짓만 환상처럼 보인다
볏가리 군데군데 놔두고
이 땅을 지나가려 하는가
옛적 다정다감도 비껴서려 하는가

환청(幻聽)

바람과 바람이 만나서
소리를 내고

나뭇잎끼리 부딪치며
소리가 된다

밤낮 없이
이명(耳鳴)을 달고 다니는 사람

꼭두새벽에
가느다란 소리가 멀다

산에서 야-호 소리거니 했지만
그게 아니었다

어지간히 끝내고
어서 오라는 환청이었다

그 환청과
아주 가까운 사이가 되었다

나리꽃

초록 천국이다
어김없이
나리꽃이 배꼽 닿을 만큼 쑥 자라서
여러 개의 촛대에
불을 밝힌다
바람이 주례를 맡기로 했다

꽃은 향기이다
빛나갈 때가 있고
질 때도
일제히 떠나는 일 없다
나무에 잔뜩 매달려서는
꽃 주름이 흉물스럽다

주례사가 길었던가
어둑어둑 밤이 되어도
신방의 불은 꺼질 줄 모른다

귀뚜라미

일찍 찾아왔구나
가느다란 소리로 왔구나
슬프다는 단어를 피하려 했는데
그게 아니구나
방바닥은 차지 않느냐
달빛이 드느냐
네 섬세함도 때로는 섬뜩하다
울지 않아도 좋은 일이
얼마나 많은데
기필코 앞장서려 하느냐
그래야 성이 차느냐
밤 깊도록
육자배기마냥 길게 뽑아보렴
이 작은 귀뚜라미야

적막(寂寞)

탁탁
도리깨질을 한다
마당 구석에서 손으로 턱을 괴고
그 광경이 재미있었다
콩깍지에서 빠져나오는 소리
여기저기 튕기는 소리
적막을 흔들고 있었다

한잠을 자고 나면
외할머니는
윗목 콩나물시루에 물을 주고 계셨다
쪼르르 내려오는 소리
그 소리에 다시 잠이 들었다
아침이면
노란 대가리가 쑥 올라 있었다

계곡

바짝 엎드려 흐르는
백담사 계곡의 물
아래로 아래로 흘러서 좋아
겹겹이 쌓이는 일 없이
사방을 적셔서 좋아
여름 산그늘 없이도 서늘하고
그 사이 한바탕 흐드러져
더욱 좋아

외갓집

파란 하늘
텅 빈 마당에

모시보다
가벼운 날개를 펴고

쉿쉿
힘찬 고추잠자리

충돌 없이
교묘히 비켜나갔다

어둑어둑 해지면
하나 둘 별이 나왔다

흩어진 별들을
한 줄로 서게 하면

외로움이
조금은 가실 것 같아

그 궁리를
밤 깊도록 해보았다

단풍

청진기 없이도 환부를
알아낼 것 같습니다

당신은
가을 환자입니다

넌지시 와서는
핏빛입니다

당신 몸에는
아직 피가 돌고 있습니다

아픈 곳
쉬 찾아낼 것 같습니다

쇠똥벌레

가을이 높다
나부끼는 만국기 아래
시골 초등학교 운동회
일학년은
몇 갑절 몸집이 큰 공 굴리기
둘이서 갸우뚱갸우뚱 굴린다

쇠똥벌레는 단연 프로급이다
따가운 햇볕
응원도 없이
물구나무서서
묵묵히 쇠똥이나 굴린다
땅거미 질 때까지

반취(半醉)

계곡 아래로 단풍이 왔네
잡다한 것 버리고 혼자 왔네
반나절이 훌쩍 지나고
뭔가 허전한 것 같아
술도 없이
공연히 마시는 시늉만 했네
햇살은 너무 부시고
진홍빛 잎잎이 손을 흔들며
그냥은 견딜 수 없어
미리 취했네
단풍과 반반 취하기로 했네

곡선(曲線)

같은 길이라도
누워 있을 때보다
서 있는 쪽이 더 높아 보인다
헬리콥터를 타본 적은 없지만
한 천 미터 상공에서 조감하면
얼마나 경이(驚異)로울까
숲이며 강이며 평야까지 얼마나 아름다울까
굽이굽이 곡선이라서 그럴 것이다
우리네 고향은 끝없는 평면이다
그곳에서 보고 듣고 말하고 느낀다
포즈까지도 흡사하다
밋밋한 세상
사람의 손으로 직선이 된다
자연은 곡선이다

한 다리로 서 있는 새

기다란 다리를 한 새야
한 다리로 서서
넌 참 용하구나

양복바지에
나머지 다리 하나를 다저 집어넣을 적에
중심을 잃을 때가 있다

한 다리로 서 있는
너의 재주는 훌륭하구나

마침 조용조용 함박눈이 내리고 있다
한국의 산천
눈 내리는 풍경을 실컷 구경하거라

아랫도리는 춥지 않느냐
떠날 채비는 됐느냐

너의 깃털이 하얗다
함박눈도 그렇다
비상할 때는 참 황홀할 거야

문병(問病)

문병한 날
함박눈이 내린다

하얀 병실
창백한 얼굴인데
애써 아닌 척한다

생로병사는 짧다
내리는 눈처럼 가볍다

떠나는 길
조용하고
순백한 곳이라면 좋겠다

한동안
나는 나에게 문병하는 걸
잊고 있었다

스케치

차안에서 누군가 말을 꺼냈다
또 변두리네요
시상식 마치고 가는 길이다

다음엔 서울 입성하세요
음, 그럴까
무심히 한마디 내뱉는다

상을 위해 시 쓰지는 않아
넉넉한 시골 바람은 언제나 맑지
따지고 보면 서울도 변방인걸

창 너머로 휙휙 지나가는
불빛 가속이 붙었다
그 행렬 때문에 넋두리를 멈췄다

참, 잘했다 싶다

가보(家寶)

우리집 가보는 저 감나무라 하니
그대는 피식 웃더라

감꽃이 지천으로 떨어지면서
잎을 키우고

풋감이
제 빛을 내는 동안

감잎은 햇빛으로 채색을 한다
카펫 무늬

떨어져서도 흩어지지 않고
차곡차곡 아래로 쌓인다

늦가을이 펴놓은
보료 같다

우리집 가보는 감나무라 하니
그대는 끄덕이더라

2

솟대

나무가 된 새야
날고 싶은 새야
파닥파닥
나는 연습도 생략한 채
장대 꼭대기에 앉아서
겨울바람이 차구나
철새떼가
파도치듯 까맣구나

저울

한번은 약국에 가서
약 대신
나를 달아보기로 했다

욕심을 달아본다
어지간히 버렸다 했는데
노욕이 남아 있어
저울판이 크게 기운다

양심은 어떨까 하다가
살그머니 그만 내려놓았다
두려움 때문이다

저울판이 요동친다
평형이 잡힐 때까지의
긴 침묵
외로운 시간이다

부끄럽다

씨―발 씨발
단골로 내뱉는 나의 욕지거리
벌써 몇 번을 했는지 모른다
뭔가 성이 안 차서 그랬을까
혼란스러워서 그랬을까
갈피가 잡히지 않는다
부지불식간에 튀어나왔다
소리소리 질러도 하늘은 멀고
풀잎에 업힌
작은 아침이슬만 부끄럽게 됐다

참게

참게는 옆으로만 긴다
비상 상황일 때는
쏜살같이 달아나 몸을 숨긴다

똑바로 앞으로는 갈 수가 없다
정면충돌을 피할 수 있으니
얼마나 다행이랴

편액(扁額) 한 점이 붙어 있다
갈대숲에서 기어 나와
연신 경계를 늦추지 않는다

산울림

기를 쓰고 올랐으나
겨우 중턱을 조금 지났다
정상에 오른 것처럼
야—호—
양손으로 입을 대고 흉내를 낸다
반응이 없다
다시 크게 질러본다
한참 만에 메아리가 돌아온다
힘이 빠진 산울림
내 시도 대충 이렇다
정상을 올려본다
아무래도 힘겹다
그냥 내려가자니 부아가 난다
다스리는 수밖에 없다
산바람이 뺨을 세게 때린다

자연

지나가는 자연을 나는 보고 있지만
자연은 나를 놓치고 지나칠 때가 많다
거리 탓일까
먼 산등성이와
가까운 산은 색깔부터 다르다
있던 것이 안 보이고
없던 것이 불쑥 나타나는
낯선 차창 밖 풍경

날고 있는 작은 새
날갯짓으로 열심히 서둘고 있다
의견 충돌은 없는지 모르겠다
하늘은 편안을 준다
그 대운동장에서는
아주 빠르게
때로는 한가하게
구름이 달리기 경주를 하는 중이다

강물에 밀려서

빗방울이 모여서 강물이 된다
혼자가 아니라 여럿이 흐른다
이미 외로움을 버린 채
휩싸여 함께 흘러간다
어두움은 두려움이다
두려움은 멀고도 길다
멀리 별이 귀 기울인다
찰랑찰랑 강물 소리
혼자 가는 건데
혼자라야 적격인데
한눈파는 사이에
깜빡 놓쳐버렸다
강물에 밀려서
어둠에 밀려서

다시 불러본다

심한 비바람에 쓰러졌다
칠십도 각도로 엎드려 있다
비 개인 후
하늘엔 주름이 펴졌다
아무 일 없다는 듯
꼿꼿이 일어선
울밑 봉선화
다시 뜨거운 햇볕
긴긴 여름을 어떻게 주체하랴
참새는 짹짹 떼지어 논다
상처 있던 자리에
다시 불러본다
긴긴 여름의 노래

이 들판은

들꽃의 고향은 어디일까
들판일까 산자락 어느 모퉁이일까
수시로 피는 이 작은 꽃
가슴이 따스하다

무명으로 오히려 홀가분하다
허허로운 들판을 채워나간다
산다는 것은
이렇게 조금씩 채우는 일이다

바람이 구름을 몰고 온다
우—우 소리내는 흉내도 내보지만
아무래도 수줍다
작아서 외롭다

이 들판은 조용한 것만은 아니다
피 흘리지 않고도
추락하는 새가 있다
들꽃을 향해 조준은 하지 않는다

여권(旅券)

이제야 떠나야겠네
복잡한 수속 거의 끝났네

딱 정한 건 아니지만
어디론가 떠나야 하네

떠난 뒤
다시는 돌아올 수 없을 것 같네

정 줄 곳 여기밖에 없었고
그래도 아름다웠노라 말할 수 있네

환송객 없어도
쓸쓸하지는 않을 것 같네

이 한 장 여권을 위해
이토록 아옹다옹했던가

조금은 슬퍼지네
이건 사실이네

차일(遮日)

구름이 내려와
커다란 차일을 친다

차일이 쳐있으면
무슨 행사가 있는 날이다
잔칫날이나
초상집에는 이것을 쳤다

세상 보기가 부끄러워서
민망하여서
죄인 같아서
삿갓을 눌러쓰고 다니던 사람

요새는 삿갓을 볼 수 없다
민속촌이나
역사극에서
더러 만날 수 있을 뿐이다

차일은 햇볕을 가린다
삿갓은 부끄러움을 가린다

겨울비

한밤중에 겨울비가 내린다
단독주택이라
빗소리가 쉬 잡힌다

지상으로 내려오다가
실종된 비는
그 소리를 낼 줄 모른다

보청기를 끼고
그래서 대충 알아듣는
답답한 친구가 있다

겨울비가 와도
아예 신경 쓸 필요가 없을
그 친구가 부러울 때가 있다

겨울비는 청승맞게
밤에 내리는 눈과 달라서
주루룩 소리를 낸다

냄새

내복을 내주며
노인 냄새를 갈아입으라 한다

나무엔 나무
산에는 산 냄새

흐르는 물
먼 구름은 냄새가 없구나

푸념하는 아내여

비록 그렇다 한들
옷에 향수를 뿌릴 수는 없지 않은가

하이드공원에서
나체로 일광욕하던

그 노인
여전한지 모르겠다

풍상에 찌들어
냄새가 있긴 있는 모양이다

손톱에 대하여

한가롭다
노동에서 손을 떼어서 그런지
손톱이 쉬 자란다
무심하게
모르는 사이에 크게 자랐구나

그 여자의 일과 중 하나는
손톱 매만지는 일이라 한다
일부러 길게 기르는
날이 선 무기로 보이는데
짐짓 아름다운 방어라 한다

대낮에 상현달은
수줍음을 타지 않는다
창백한 손톱을 내민다
손톱깎이로 깎는 소리가
크고 청명하게 들린다

황금빛

화장실이니
W.C.니
그럴듯하게 붙여보지만
알다시피 똥 싸는 곳이다
변비 때문에
꽤나 고생한 사람도 있다

변기에 걸터앉아
힘주어 끙끙거리지만
감감 무소식이다
신문도 펴들고
흘러간 노래로 내심 달래보지만
번번 허탕이다

그러던 어느 날
가래떡처럼 빠져나올 때가 있다
하 신기해서 한참을 들여다보았다
황금빛이다
매화 향기가 난다
이렇게 똥이 예쁠 줄이야

3

가을 포옹

여름은 큰 몸짓이었다
무성해서 엄두를 낼 수 없었다
오솔길 같은 가을
체중이 많이 빠졌다
눈에 띄게 야위었다
떠나려는 이 가을
악수만으로는 안 될 것 같다
은밀하지 않은 곳에서
꼭 한 번은 포옹하고 싶다

꽃 한 송이

지천으로 널린 것이
꽃이라지만
아직 만나지 못했다

아무데서나 피는 것이 아니라
아무데서나 필 수 없는
꽃 한 송이

치장하지 않아서
아름답고
수더분해서
향기가 짙다

멀어서 가까운가
가까워서 먼가
애써 내색하지 않는
꽃 한 송이

말이 없어라
흔들리면서 자란다

태극기

내 손으로 태극기를 답니다
꼭 그렇다는 것은 아니지만
그래야 될 것 같습니다
단독주택 골목이 잠에서 깨어날 때
고층 아파트는 아무런 기미도 없습니다
다 그만한 이유가 있겠지요
강요한다고 될 일도 아닙니다
국경일에는
바람이 세게 불었으면 합니다
깃발이
힘차게 펄럭이도록 말입니다

가난

가난은 죄가 아니라고 하지만
어찌 넉넉함에 비하랴
어지러운 세상을 살아간다
시린 나무 등에 업히는 찬바람

가난은 춥다
불을 지펴도
여전 썰렁하다

이 가난에서 벗는 날은
파릇파릇 새싹이
시가 되는 날이다
시가 부자 되는 날이다

줄다리기

줄다리기한다
힘껏 당긴다
영차
이영차
지는 편에
트로피 주기로 룰을 바꿨다
그래도 이를 악문다
영차 이영차
힘껏 당겨라
막상막하
이 줄다리기 승부는
쉬 끝내기는 어려울 것 같다

죄송합니다

집이 누추합니다
미처 의자도 준비 못 했습니다
꽃밭이라고 만들었지만
말이 그렇지 엉성합니다
향기 없는 꽃도 더러 있습니다

주식 한 주도 없습니다
주가가 오르거나 내리거나
상관없는 일입니다
그래도 팍팍 오를 적에는
공연히 흥분이 됩니다

중고품이 다 되었습니다
음악이 라디오에서 흐르다가
중요한 뉴스 땐
끊겼다 이어졌다 찍찍 소리가 납니다
이러하니 신경질이 안 나겠습니까
멀쩡한 하늘에다
삿대질을 합니다

누추하게 살아 죄송합니다

꿈

나는 잠이 없는 편이지만
꿈은 길다
꿈의 시간을 모두 합친다면
족히 몇 년은 될 것이다
그 몇 해까지를 합쳐야
진짜 가난한 내 생애가 된다

꿈에는 그림자가 없다
희로애락은 살아 있다
기분 좋은 씬은 단막이지만
신발을 잃고 허둥대거나
가위에 눌리던 날은
속편까지 갈 때도 있다

대개는 개꿈이지만
꿈은 컬러판이 아니다
그림자가 없다

만년(晩年)

장은 묵을수록 맛이 난다
만년의 시에서 흔히 그런 걸 본다
착해지면 다 그런가
첩첩산중
구름이 개었다
산뜻한 하늘이다

경이로운 시와 대할 때
그런 경지가 부럽다
주저주저하다가 남는 진부
이 진부가 붙어 있는 것을 보면
나의 만년은
아직 남아 있는 모양이다

사랑

흰 이빨 사이에
고춧가루 하나 끼었다는
그 하나로 해서
사랑이 식어갔다 한다

그 홍일점(紅一點)이
빌미가 되어서
뜨겁던 사랑이
싸늘해졌다고 한다

오랜 사랑은
빙점(氷點) 언저리에서 머물다가
손을 잡아주는 일이다
따스하게 감싸주는 일이다

방귀

미안해 할까봐
아가씨 리드미컬한 방귀를
짐짓 모른 체했지만
내 경험으로 보아
이쪽저쪽
항문에 힘주면 막을 수 있는 일이다
방귀도 생리 현상이라 하면
탓할 것은 못 되지마는
방귀도 버릇이다
하품이 나올 때
얼른 입에 손이 가지 않는 사람이
대개 이런 유에 속한다
시원하다
좌우 볼 것 없이 뀌어라
몸에 꽉 끼는 옷보다
헐렁헐렁한 것을 선호하면서부터
이런 여유도 생겼다

해우(解憂)

오줌이 마려우면
아무 데서나 갈기면 되지만
큰놈은 그렇지가 않았다
뒷간으로 달려야 했다
잿더미에선 가느다란 연기가 피어올랐다

절간 측간은 교실 크기만 했다
끙끙 힘주다가
아래를 보면 몇 길은 되는 성싶었다
두렵다는 생각
밖으로 고개를 돌렸다
나뭇잎이 살랑살랑 달래고 있었다
근심을 풀어라
그게 쉬 될 것 같지 않았다

초승달

서늘한 하늘
대낮에 발가벗은 채 누워
초승달 수줍구나

노를 젓자
가득 달이 찰 때까지
부지런히 노를 젓자

둥근 보름밤
하얀 달빛이면
수줍음이 오히려 쑥스럽다

분(盆)

난 키우기가 어렵다고 들어왔지만
그래서 그런가 매번 실패했다
조용한 살생이다
연(緣)이 닿지 않아 그만두었다

분에는 자유의 공간이 좁다
비틀고 잘리고
잔혹할수록
왜소해야 값을 받는다

그 분 하나를 선물받았다
쪽 빠진 각선미
비스듬히 포개 앉은 품이 비범하다
정성을 기울였다

얼어 죽은 줄 알고 구석에 버렸는데
파란 잎이 살아나기 시작한다
그 끈질긴 생명력
나도 차츰 회복 중이라 각별하다

외할머니

차례 때나
제삿날 어머니하고는 가끔 만나지만

외할머니하고는 뜸해
말을 건네도 묵묵부답이시다

딸 하나 두고
그리고 앞세우고

평양 조씨 외할머니의
단출한 생애

천방지축 외손자가
칠십을 넘겼다

한 번은 꼭 뵈어야겠는데
주소가 불명이라

저녁에 피는 분꽃
그 사립문을 열면 될까

횡단도로에서

담장 밑을 걷다가
횡단도로 앞에서 멈춘다

칙칙한 벚나무 이파리가
한 움큼 우수수 떨어진다

벚꽃이 한창일 때도
하르르 그랬다

떨어진다는 것은
오가는 협력이다

그리 바쁜 일도 없는데
파란 신호들이 등을 민다

저쪽 포도 위에
노란 은행잎이 미리 와 있다

산

1
나지막한 산은 산
그 자락에 복숭아꽃이 흐드러지고
조무래기들은 전쟁놀이에 빠졌다
산 위로 올라온 보름달
그 자리에 늘 그렇게 있는 줄만 알았다

2
악산을 만났다
나무보다 돌, 돌보다 바위가 많은
골이 깊은 산
듬성듬성 펼치는 잡목림
짐승 울음이 아닌
쏴—쏴
바람소리
등에 식은땀이 흘렀다
빠져나가야 한다
무성한 칡넝쿨이 앞을 막는다

3
산도 조금씩 자라고 있었다
짙은 안개
희미한 윤곽
안개 걷히면 길이 보일 것이다
아직은 느긋하다

4

으름덩굴

산에 있어야 할
으름덩굴이
도시로 나들이 왔다

몇 해 전 대문 옆에
으름덩굴을 옮겨 심었다
처음엔 시름시름하더니
그 덩굴이 기세 좋게 감고 올라가
얼마나 뻗었나
그걸 바라보는 일이 나의 낙이 되었다

나뭇잎 사이로 비집고 나와
다닥다닥 땅을 향해
등처럼 드리운 자줏빛
꽃
바람 없는 날이면
그 짙은 향기가 가관이다

산에 있어야 할 그 향기가
지금은 넘쳐서
이웃에게 무료 서비스하는 중이다

쥐똥나무

그 흔한 이름 놔두고
하필이면 쥐똥나무라 싶다

검은 나뭇가지에
세필로 파란 물감을 꾹꾹 찍어
생울타리가 된다
한동안 그 모양으로 있다가
잎보다 더 적은 꽃을 피운다
하얀 꽃이다

답답한 담장을 헐고
파릇한 생기가 있게
은은한 향기가 있게
싹둑싹둑 전지한다
또 한참을 지나서
쥐똥 모양의 열매가 된다

그 흔한 예쁜 이름 놔두고
하필이면 쥐똥나무라 싶다

요설(饒舌)

앵두나무 가지 사이를
오르내리며
그 짧은 혀로
수다를 떨고 있는 참새들

그 수다를 훤히 보면서
짐짓 모른 체하다가도
너무 경박하다
버럭 지르는 소리가 있다

지껄이기를 좋아하는
낯설지 않은
사람의 소리다

품위

봉급 한 항목
품위유지비란 게 있었다

이름이 좋아 그렇지
속 빈 강정이었다

애당초

품위는
홍정거리가 될 수 없었다

달팽이

달팽이는 나면서부터 집이 있다
단독주택이다
녹색 생울타리에서 산다
뼈 없이 좋은 주인이다
이사 갈 때도
집을 등에 업고 간다
느릿느릿
빛을 찾아 기어간다
산다는 것 쉬운 일만은 아니다
먹고 먹히는 세상
살짝 비껴 사는 요령이 필요하다
아주 느리게

놓쳐버렸다

먼산 바라보다가
딴생각하다가
가까운 길 찾다가
억센 비바람 피하느라
그만 놓쳐버렸다

아깝다
가난했던 나의 전성시대

서리가 일찍 하얗게 내렸다

첫눈이 내려도 이제 설렘도 없다

해후(邂逅)

산다는 것은 만나는 일이다
사람과 사람이 만나는 일이다
삼라만상을 만나는 일이다

통 소식 없이 지내다가
우연히 그와 만났을 때
반가움이 이보다 더 있으랴

때 묻지 않고
이해득실을 따지지 않아
그래서 어수룩하게 보았던 사람

숱하게 스쳐간 가운데
짧은 인생을
더 짧게 해주는
이런 사람과의 해후
비 끝의 한 줄기 무지개가 아닌가

준비물

나는 준비가 허술하다
잊어먹거나
돈이 없어 그랬거나
교실에서 손들고 벌설 때가 많았다

큰일하려면 준비가 필요한데
빤히 알면서
늑장이 취미가 되어버렸다
발등에 불이 떨어져서야
겨우 서둔다
왜 그렇게 아둔할까

빠뜨린 것이 없나 챙긴다
빈손이라 오히려 여유롭다
허전한 느낌이다
어떤 형벌이 또 기다리고 있을까

시만 쓰면

젊었을 때는
시만 쓰면
세상이 다 되는 줄로 알았다

시는
수줍음을 잘 타는
알몸이라는 것도 알았다

옷을 입힌다
한복이나
무릎 위 한 뼘 올라간 미니스커트
긴 드레스도 입힌다

처음 양복을 입었을 때의
어색함
그 부자연스러움

하나하나 벗기기로 한다
역시 알몸이어야
시는 살아난다
황홀하다는 것을 다시 알았다

괜히 바쁘다

땅만 보다가
구름이 떠 있는지
벌이 살아 있는지
하늘 쳐다본 지 오래다

땅에는 수많은 길이 있다
하늘에도 그럴 것이다
구름이 꽉 차 있어
찾아갈 방향을 망설일 뿐이다

하늘에는 발자국이 없다
멀리 올라가면 무엇이 있을까
지평선일까
또 하늘일까

풀어진 나사를 챙겨야 하고
시든 꽃은 휴지통에 버려야 하고
모처럼 하늘을 대하다 보니
괜히 일만 바빠졌다

악수

만남의 장소를 알리는
방향표가 보인다

육십 년 전
처음 만나 잡았을
동창생의 손

얼마 전
수인사한 손과는
어떻게 다를까

따뜻한 기운이 남아
세파에 시달린 손과
손이 악수한다

— 위하여 소리친다
— 위하여 높이 쳐든다
— 위하여 술잔이 부딪친다

겨울잠

지금은 잠자는 시간이다
남극 백곰은 이미 굴속에 들어갔고
개구리, 뱀도 들어간 지 오래다
이 삼동(三冬)을 어떻게 지낼까 막막하다
지난 일에는 연연하지 않고
미래나 만지작거려 볼까
간밤에는
소리 없이 눈이 와서
세상을 확 바꾸어 놓았다

이파리 하나가 시들었다
보내준 난을 기어이 상하게 했다
난 정수리에 점 하나
정성을 쏟았다
뾰쪽한 새싹을 내민다
시선이 자연 그쪽으로 간다
자라는 속도가 너무 느리다
느려서 겨울을 겨울답게 하는가
삼동을 지내면서 겨우 난초 잎 하나 얻었다

느린 대로 봄은 온다
대엽난 분(盆)을
남쪽으로 옮기기로 했다

햇볕

감나무에는 감이 익는다
거기 기대며
노인은 늙는 중이다

익는 일이나
늙는 일이나
그리 내키는 것은 아니다

감나무의 감은
내년에 다시 볼 수 있지만
인생은 그럴 수 없지 않은가

같은 모양의 햇볕인데
익고 늙는 것이
이토록 판이하다

잎이 떨어지며 다른 잎을 툭 치지만
그런 긴장감도 없다
조용히 늙어가면 된다

별

앞만 보고 살았지
우러러보는 일은 드물다
밤하늘은 더 그렇다
별이 없어졌다

실종 신고라도 낸다면
금세 쏟아질 것 같았던
어린 꿈이 돌아올까
별도 인색해졌구나

밤하늘에 펑펑 쏘아 올리는 불꽃놀이
무슨 행사가 있는 모양이다
갖가지 꽃무늬로 있다가
곧 사라져서 아름답다

사람이 별에게 멀리하는 건지
별이 사람을 홀대하는 건지
별나라에선 아직
운행 사고 소식을 듣지 못했다

눈물 송(頌)

어릴 적 눈물은 비눗방울이었다

점점 자라면서 흘린 눈물은
젊음과 아픔의 범벅이었다

눈치 때문에
몰래 훔치기 시작했다

늙어가는 이 마당에
이 일로 신경 쓸 것도 아니다

눈물샘도 고갈됐을 법한데
여전 눈물이다

큰 것보다
더 미세한 것일수록 마음이 쓰인다

이 자국을 최대한으로 확대해서
그 안에 나를 앉힌다

이렇게
마음 편안한 일 또 있을까

5

우체통

사람들 눈에 잘 뜨이는 곳에
우체통이 서 있다

세월 따라
그 모양은 바뀌었지만

옷은
항상 빨강 그대로이다

편지를 넣으면 소리가 난다
잘 듣고 오라는 심부름

무슨 소리가 날까
바짝 귀를 세웠다

텅 빈 소리 같기도 하고
가랑잎 떨어지는 소리 같기도 하던

아슴푸레한 추억
빨간 우체통이 오늘도 서 있다

해바라기

영양실조 때
해바라기는 멍청히 키만 키웠다

긴긴 여름 무게를 이기지 못해
고개를 숙였다

요즘 공터에는
난쟁이 해바라기 꽃밭

커봤자 별것 아닌데
발돋움한다

머리엔 노오란 띠
총총히 박힌 까만 씨

키를 돌려달라 아우성이다
일종의 시위다

이제 그만
하늘이나 더 높았으면 좋겠다

TV동화

조용한 수면에
돌을 던진다
풍덩 하는 소리가 크다
파문이 인다
돌 하나로 시작되는
TV동화 〈행복한 세상〉
짤막한 이야기
밖으로 밖으로 원을 그린다
이 잔잔한 울림

닛뽄바래

일제 때
식량 증산이라면서
멀쩡한 학교 운동장을 개간
보리며 고구마를 심은 적이 있었다

잠시 허리를 펴고 누군가 하늘을 향해
닛뽄바래라고 외쳤다
비가 많은 나라
구름 낀 날이 많은 일본 사람들은
맑은 조선 하늘에 반해 있었다

갑자기 그 하늘에
흰 허리띠 모양의 비행운이 불쑥 나타났다
숨죽이며 서서히 움직이는 쪽을 응시했다
B29 폭격기닷!
무서운 동화 속의 요정 같았다

고이즈미 수상(首相)이
독도는 우리땅이라고 망언을 했다
조선 하늘을

닛뽄바래*라고 우겨대던 그들이라
뭐 응수할 일도 못 된다

교활한 늑대의 꼬리가 길게 보인다

*닛뽄바래(日本晴れ) : 맑게 갠 우리나라 가을 하늘을 그들은 이렇게 불렀다.

길은 질퍽질퍽하였다

교실 맨 뒤에 손들고
벌 받던 기억이
슬금슬금 기어다닌다
잘 익은 감 두 개
그 사이로 갉아먹던 감나무 잎사귀
학습판에 나의 그림이 붙어 있었다

용수를 깊숙이 쓰고
포승줄에 묶여서
일본인 간수가 호송 중이었다

잡범일까
흉악범일까
아니면 사상범일까

우르르 앞질러 웅크리고 앉았다
오금이 저려온다
끝내 볼 수는 없었다

비 끝이라
벚꽃은 반점처럼 바닥에 눕고
길은 질퍽질퍽했었다

겨울 방

적막밖에는 없는 겨울 방
칠흑인데
모기 한 마리가 윙윙거린다
철로 보아
일본뇌염모기는 아닌 것 같다
내 얼굴 주변을 떠날 줄 모른다
옥쇄하러 출격한
가미가제는 더욱 아니다
볼때기만 탁탁 치지만
번번 허탕이다
왜 하필
일본뇌염모기와 가미가제를 생각했을까
묘한 연상이다
탁 손바닥 치는 소리와
비웃듯 윙윙거리는 모기 소리뿐이다
긴 겨울 방

실루엣

허공에 손이 쑥 올라온다
손짓이다가
일제히 팔뚝이 된다
움직인다
불끈 쥔 주먹
절규하는 주먹
분노하는 주먹
더러는 떨리다가
한바탕 군무(群舞)가 된다
배음은 도도한 탁류
절규하는 소리
허공에
새 한 마리가
날아간다
목청껏 울어대는 소리
너무 가냘파 보인다

이삭줍기

이삭줍기는 밀레의 그림

초등학교 때
숙제로 내주었던 이삭줍기

논바닥에 박힌
고무신 자국

요즘은 콤바인으로 농사를 한다
이삭 줍는 일도 없다

논 한쪽에
베지 않은 벼가 서 있다

비료 주듯
나락 뿌리는 사람도 있다

잠시 쉬어가라는
따스한 배려

철새가 까맣게
파도처럼 내려앉는다

어둑어둑해진 먼 지평선

동백정(冬柏亭)

주꾸미와 동백꽃 축제를 알리는
플래카드가
서천군 서면 마량리에 있다

빈 소라껍데기 속의 주꾸미는
제집인 줄 알고 들어갔다가
줄줄이 끌려와 바다를 버렸다

동백정에 오르니
멀리 무인도가 가뭇가뭇
갈매기가 발밑에서 목욕을 한다

강한 바람 탓에 작달막하게 옆으로 퍼졌다
동쪽으로 쏠리면서 군락을 이룬다
수령도 환갑을 넘었다

빨간 동백꽃도 동백이지만
나뭇잎이 땅에 닿아서
얌전한 그 주검이 또한 아름답다

조류독감

손님이 와서 닭 잡는 날이면
제일 싫은 일이 번번 내 차지가 됐다
길고 가느다란 도가지
대개는 뒤껼에서 했다
아직 남은 온기가 팔딱였다

이름만 조류지
시원스레 한 번도 날지 못한 새
개에 쫓기면
담장 위로 도망치는 것이 고작이었다
먹이만 열심히 쪼아 먹던
짤막한 생존
지금 조류독감이라고 세상이 떠들썩하다

포크레인으로 깊게 구덩이를 파고
트럭에 실려서
대량 생매장하는 뉴스가 연일 나온다
닭 모가지를 비틀던 소년시절의 아픔은
만분의 일도 안 된다는 것을 이제 알았다

씁쓸한 기억

영등포역 근처
판잣집에서 꼭두새벽에 일어나
미군 인력시장에 줄섰다
번번 퇴짜를 맞았다

돈벌이 간다고 나섰다
열다섯 소년의 가출이었다

저수지에서 낚시를 했다
남들은 잘도 건져 올리는데
나는 허탕만 쳤다

한 마리 달라고 사정을 했다
하숙집 주인에게
잘 보이려고 이 사정을 거절했단다
그 일이 여태껏 마음에 걸렸는데
비로소 털어놓는다며 미안해했다

이 중대한 사건을
나는 까맣게 잊고 있던 것일까

망각의 숲에
영영 묻힐 뻔했다

육십년 전의 씁쓸한 기억
한바탕 필름을 돌리고 있다

일곱 빛깔의 무지개로 떴다

통화(通話)

오늘따라 적막하다
전화 소리도 오지 않고
우편함을 열어보아도 텅 비어 있다
이런 일상이 잦아졌다

이왕이면 적막을 즐기려 하는데
전화벨이 울린다
— 아빠 저예요
— 육필로 읽는 대표시 잘 봤어요
— 근데 글씨가 왜 그래요?
— 전에는 또박또박했는데

— 그게 세월이란 거다
— 세월은 변화를 좋아하거든
— 시는 술기운이 거나해야 신바람이 나고
— 글씨는 미꾸라지처럼 삐뚤거려야 격이
산다

아버지라 하지 않고
지금껏 아빠라고 부른다
1956년 동갑

나는 그 해 시를 통해 등단했고
같은 해 딸아이를 낳았다
통화가 끝났다
다시 적막강산이다

삼월 폭설

이천사년 삼월 오일
여행하듯 표표히 날던 함박눈이
폭설로 변했다

백 년 만의 봄눈이라 한다
더는 볼 수 없을 것 같아 만져보았다
단단하고 차갑다

비닐하우스에 쌓인 눈은
방울토마토를 시들게 하고
빨간 딸기는 눈 속에서 오들오들
춥게 만들고
축사 지붕도 내려앉아
우공들 눈알이
잔뜩 겁먹은 표정을 하고 있다
정이품송(正二品松) 가지도 우지직 찢기고
공장 지붕도 폭삭했다
세상은 한순간 정지시켜 놓았다

가벼운 것들의 침묵
이렇게 무서운 줄은 처음 알았다

1달러

호텔방을 나올 때
침대 머리에 1달러를 놓아두란다
가이드의 말이다

까맣게 잊고 있던 일 달러
그 위력은 대단하다
그 돈으로 온 식구가 하루를 살아간다

분명 지구상에는 명암이 있다
그늘은 눈에 잘 띄지 않는 법
절대 빈곤층은 더 캄캄하다

하루 종일 벽돌을 깨고 부수고
모래알이 돼야
손에 1달러가 쥐어진다

붕어빵 여섯 마리
희망 없어도 집으로 달려가야 한다
생긋 웃는 아이들 이빨이 하얗다

겨울 그리고 봄

떨고 있으면서도
부동자세로 서 있는 겨울나무
추위 속 봄을 잉태하고 있으리

대청댐엔
물 가득히 푸르고
시간은 보이지 않다가

때로는 빠르게
더러는 느릿느릿
움직이는 것이 물살로 보인다

가뭄이 와서
수문을 열면
그 낙차 소리 굉장하리

한번은 금강으로 흘러서
논과 밭 흥건히 적시고
주렁주렁 과실은 살찌리

겨울은
겨울답게 꽁꽁 춥다가
어느새 봄이 와서 꽃을 피운다

누드

지중해 어느 해변에는
해마다
나체주의자로 인산인해를 이루고

뉴질랜드에서는
사내아이들
누드 럭비대회가 열렸고

칠레 어느 카페 앞
비키니 차림의 종업원들이
줄서 있는 사진이 찍혔다

왜 벗기를 좋아하는가
홀랑 벗기를 좋아하는가

굵직한 톱뉴스로 보도되지 않아
얼마나 섭섭할까

*백인덕 해설 생략.

11 시집

집 한 채…2007

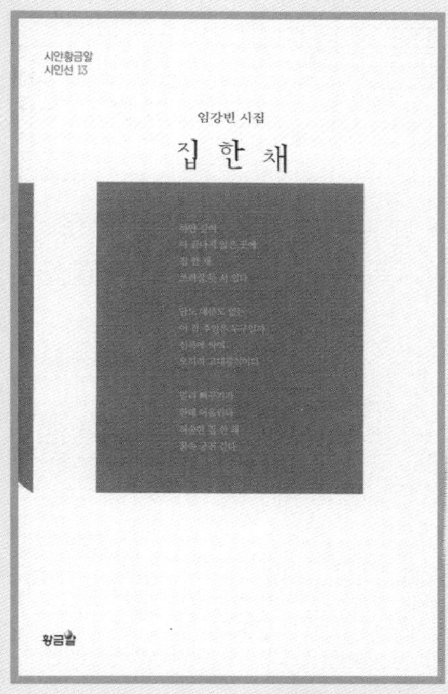

◆시인의 말

한국 남자 평균 수명을 가뜬히 넘어섰습니다
이 초라한 시집도 그 덕인 셈입니다

파고는 높았지만 평범하게 살고 싶었습니다
지금도 평범을 사랑합니다

갚을 빚은 그대로입니다
너무 서두는 게 아닌가 자성도 합니다

2007년 초여름
구봉산 아래에서 임강빈

1

이사

마당이 없는 집으로 이사했다

처음엔 잔칫날 같아 들뜨기도 했지만
사글세 전세로 자주 전전하면서
내가 가난하다는 것을 알았다

삼십 년 넘게 쌓인
먼지를 털었다

마당에 서있는 감나무
그 나뭇잎이 간댕거린다
섭섭하다는 표정

마지막이지 싶다
다음은
이삿짐 챙길 일도 없을 것이다

쓰러질 듯

쓰러질 듯 쓰러질 듯하다가도
아직 한 번도 그런 일 없는
나의 지병(持病)

가을 지나고
된서리가 내려도
용케 쓰러지질 않았다

들판에는
하얀 수염을 한
억새가 흔들리고

수로변에는
갈대가 사각사각
흔들리고 있었다

불규칙하지만
바람에 흔들린다는 것은
기막힌 아름다움 아닌가

시간

남자 평균 수명을
거뜬히 넘어섰습니다
일찍 간 친구들에게 미안합니다
너무 지루하게 기다리게 했습니다
길게 살았으면서도
살았다는 실감이 나지 않습니다
허둥거린 시간이 많아서 그럴 겁니다
짓눌린 시간 때문에
나도 모르게 등창이 났습니다
그래도 행복했습니다

거두어들일 시간이
얼마 남지 않았습니다
부리나케 쏘다니겠습니다
산천경개를 두루 다니며
예쁜 것 아름다운 것에 취하겠습니다
미구에 신고하는 날
그래도 아름다웠노라
땅땅거릴 작정입니다

녹취(錄取)

언젯적 임강빈인데
지금도 시 쓰나?

그의 배경엔
자주 비가 내렸지

이슬비 같은
갑자기 퍼붓는 장대비 같은

눈물 그렁그렁

왜 그토록 사랑했을까

글쎄?

민들레

마당에
노란 민들레가 피었다

전쟁도 아닌데
간밤에 낙하산 부대가 내려왔다

사뿐히
은밀히 숨으라는 명령에 따랐다

총성은 없었다
더는 머물 이유가 없어 복귀하기로 했다

가볍게 가볍게
짐을 꾸려라

낙오되면 어떡하느냐고
한 병사가 애걸복걸한다

갓털의 준비는 끝났다
출발이다

표표히 공중으로 올라갔다
가벼워서 좋았다

귀

언짢은 말이나
가시 섞인 언사면
귀담아 듣지 말고
한귀로 흘려버리라고 하지만
그 조절이 안 된다
이순도 훨씬 넘은 나이에

지난 홍수 때
수위가 몹시 위태로워
댐의 수문을 열어놓았다
거대한 물줄기와
굉음의 낙하
모처럼 귀가 환히 뚫렸다

연신 귀를 후빈다
가을이다
맑은 가을이다
그냥 버리기 아까운 것들
한쪽으로 치우고
하늘까지 귀를 비워놓기로 한다

누수(漏水)

며칠을 두고
굵은 빗소리가 요란하다

벽이 눅눅하다
틈새로 비가 새는 모양이다

방수제로 손본 지
얼마 안 되었는데

집도 주인도
함께 늙어간다

친구 이름도 성도
약속 시간도 까먹는다

이런 일이 되풀이된다
나의 누수 현상이다

편하지 못한 세상이 훌쩍 지났다
앙금이 엷게 가라앉는다

소나기

갑자기 소나기가
아스팔트를 세차게 때린다
탁탁 튀는 빗방울
낮은 곳으로 낮은 곳으로 가는 건데
허둥대다가
맨홀로 모여들었다

맨홀로 황급히 쏠렸다
시내를 거쳐
강물에 이르기까지
지금은 태연하지만
짐짓 여유까지 부리지만
힘든 시작이었다

처음 만난 그날의
아우성을 기억하는가
아직 끝난 것은 아니지만
한 칠십 년 넘게 살다보면
그런 기미가 내게로 올까
넉넉함이 생길까

앵두꽃

앵두꽃이 바글바글하다
비가 오셔서
오래는 견디지 못하고
하얀 꽃들이 땅에 눕는다

술래잡기하느라
요란 떨던 굴뚝새 말고는
외갓집 뒤곁의 앵두나무
그것을 꼭 닮았다

땅에 묻혀서
편안하신 줄 알고
안부도 뜸한 채 살아왔는데
파묘하여 화장했다는 소식

빨갛게 익어버린 앵두
가지가 휘도록 총총한데
외할머니 아린 소식
그 후로는 뚝 끊겼다

자연 구경

집사람은
툭 하면 자연 구경 간다고 한다
춘삼월
방안에만 있으니 얼마나 답답하랴

그 자연 구경이란 게 별거 아니다
교외로 휙 한바탕 바람 쐬는 일
이 단조로운 코스지만
어제 다르고 오늘 다르다는 것
자연의 소리가 귀에 들어온단다

자연 구경은
당신이 한수 위라고 퉁명스레 건넨다
대꾸가 없다
감동에서 아직 깨어나지 않은 모양

봉사를 핑계로
자연 구경 나도 슬슬 나서볼까 한다

그림자

모두 서쪽으로 향했다
사람들의 그림자는
유독 살이 빠져서 길다

얼마나 긴 시간을
터벅터벅
여기까지 걸어왔을까

그림자가 긴 것은
죄도 그만큼 길어졌다는 것
그걸 지우느라 애먹었다

접경에 왔다
점점 어둑어둑해진다
그림자가 아직은 희미하다

그놈

나는 당뇨병으로
살얼음 밟듯 조심스레 살아가는데
눈에 기어이 이상이 왔다 한다
실명할 수도 있다고 야코 죽인다
순간 그놈 얼굴이 떠오른다
장님이 된다?
그것은 나락이다

봄나들이 가다가
오줌이 마렵다는 바람에
차에서 내렸다
바지를 벗기가 무섭게
길게 포물선으로 갈긴다
제법 오줌발이 세다
음, 물건이 될까 내심 바랐다

할아버지가 컴맹인 줄 알면서도
심심하면 보챈다
컴퓨터 배워요
내가 가르쳐줄게
아주 간단해
편지를 주고받고 얼마나 좋아

그놈은
내가 대단한 시인쯤으로 알고 있다
훗날 검색하다가
시시한 할아버지라는 것을 알게 되면
얼마나 실망이 클까
괜한 걱정거리가 하나 생겼다

촌극(寸劇)

외가가 계룡산 아래였는데
서울 돈암동으로 이사했다

한 집에 두 분 외종조모가 계셨다

"건강에 해롭다. 술을 많이 마신다며?"
"오죽하면 그러겠수. 속은 타고."

지당한 말씀을 건성 들으며
헐레벌떡 허기 채우기에 나는 바빴다

초라한 젊은 날의 초상

두 분 할머니!
이 외종손 나이 일흔다섯을 넘겼습니다

그날 촌극이 밀물처럼 밀려온다

우리집 마당

우리집 마당은 비어 있다
비어 있어 편안하다
햇살은 달랑 누워서 좋고
바람은 와도
싫증나지 않는 바람이라 좋다

결명자는
겨드랑에 노란 꽃을 달고
낮 경비에 임한다
잎들은 하루의 무사함을 위로하고
그리고 포옹한다

해질 무렵 분꽃은 일어나서
칠흑 같은 밤 경비를 선다
이 집 주인은
가을 풀벌레 소리라면 예민하다
끊기는 일 없도록 각별히 신경을 쓴다

아침이 되면
뜨겁던 포옹을 풀고
분꽃과 다시 교대를 한다

교대하는 의식은 따로 없지만
철저히 지킨다

간단명료

시인 한 분이
처음으로 우리집을 찾아와
한번 휘둘러보더니
참, 간단명료하다고 했다

거실 소파도 버린 뒤였고
변변한 가구도 없고
액자 하나 붙어 있지 않아
썰렁하니
정곡을 찌른 셈이다

흔히들 나의 시를 보고
간단명료하다고들 한다
칭찬인지 폄하인지는 몰라도
별 거부감을 느끼지 않는다
무엇을 따진다거나
복잡한 것은 질색이다

간단명료
나에게 썩 어울린다
그러고 보니
집과 그 주인은
찰떡궁합 아닌가

피하주사(皮下注射)

아침마다 피하주사를 꽂다

처음엔
사과에다 주사 찌르는 연습부터 한다
주사바늘이 바르르 떤다
아는 것보다
모르고 사는 쪽이 한결 편하다
하루는 혈관을 잘못 건드리다가
그 주위에 멍이 번진다
오동나무 꽃빛깔이다
이 일을 끝내고 나서야 하루가 시작된다
우울한 날 아니어도 멍은 남는다
가을 빗소리
오동나무 꽃은
질 때도 향기를 낸다

아침마다 인슐린 주사를 꽂다

귀신

신기한 것이 자꾸 생겨서
깜짝깜짝
놀라게 하는 세상이지만
이것만은 진짜 모르겠더라

귀신이 있어
손바닥 환히 들여다보듯
전후좌우로 길을 향도한다
방향을 획 돌려도
연신 따라다니더라

햇빛 좋은 날
보조석에 앉아
초여름 산천을 즐기고 있는데
멀리 산빛이 꿈같다

귀신은 숨어서
형체를 드러내기 꺼린다지만
명명백백
고속도로를 지금 질주 중이다
지방도로 구석구석
누비는 중이다

애지중지

돈이 될 수 없는
명예일 수도 없는
시가 태어났을 때

기뻐서 소리 지를 뻔했다
애지중지 안주머니에 넣고 다니며
폈다 접다 해서
그 자리가 헐었지만
몇 억 보증수표보다 뿌듯하더라

배가 좀 고프면 어떠랴
이 세상 태어나서
백일이나 돌잔치 해준 일 없지만
쑥 자라주었다
아픔 반 눈물 반
혼자 만들어낸 나의 흔적
깊은 철야 속
반짝이는 별처럼
시는 살아 있더라

소

활모양의 긴 뿔을 한
동남아 지방에서 써레질하는 소나
포악하게 길들여진 스페인의 투우나
소는 소지만 왠지 낯설다

일본사람은
순종을 강요하기 위해
조선어독본 첫 장에
〈소〉를 가르쳤다

들판에서 풀을 뜯다가
산 그림자 밟는 걸음
위태위태하면서도
뚜벅뚜벅 한결같았다

외양간에서 별 보며
반추하는 조선의 소야
글썽대는 눈가에는
조선의 정이 스친다

가로수

담양(潭陽) 들어가는 길목에
시원시원한 길이 펼쳐진다
양편으로 곧게 뻗은 가로수
신나게 달리다가
명패가 눈에 띄었다
그 이름 메타세콰이아

죽부인(竹夫人)을 처음 만난 것도
이 길을 통해서였다
긴 여름을 함께 끼고 놀았다
그와 멀어지는 사이
가을이 이미 와 있었다

바늘잎도 적갈색으로 물들었다
발밑으로 낙엽을 조용히 쓸어내고
원추형 알몸으로 서 있었다
가로수 위로 올라갈수록
점점 커지는 공간
역시 정상은 외롭구나

2

간단하다

검은 리본 속 사진
입 언저리 파르르 떨며
무언가 말을 할 듯 말 듯하다

땅을 파고
하관하고
마지막을 햇살이 덮어버린다

누군가 나직이 말한다
착한 일 많이 했으니
좋은 곳으로 갔을 거야

간단하다
일생이
너무나 간단하다

동그라미

기하 선생이 흑판에다
동그라미를 커다랗게 그렸다

마치 컴퍼스를 댄 것 같아
우리 눈은 휘둥그레졌다

공부는 멀리하고
동그라미만 그려댔다

시작과 끝이 맞물려서
원이 되지만

번번 어설펐다
나자빠진 그날의 흔적이 선하다

시작과 끝이 맞물려서
언제 하나의 동그라미가 굴러갈까

연꽃

시간에 갇혀 연못으로
구름이 지나간다
빈 하늘이
성큼성큼 흰 구름이 모인다
돌을 던진다
가늘게 퍼지는 파문
수면 아래는
탁한 냄새
꽃 한 송이 쑥 올라와서
가부좌(跏趺坐)한다
아, 연꽃

슬픈 격상(格上)

아저씨 혹은 할아버지
호칭이 들쑥날쑥하다가
요즘은
할아버지로 통일되었다

할아버지로 격상이 됐다
손자놈 눈에 옛날이야기 잘 해주는
묻는 말에 척척 응하는 할아버지로
비치게 될까

병원이나 약 먹는 횟수가 늘었다
당의정 입혔거나
알몸 알약
한 움큼 입에 털어 넣는다

그 종류가 많은 약
제자리 찾아가 무사히 갔을까
더러는 의심을 한다
이런 의심이 슬프게 한다

가난

가난은 추위를 따라다닙니다

평생을 공무원으로 살아온
아버지는 늘 빠듯했습니다

빠듯하다 못해
항상 썰렁했습니다

물이 너무 맑으면
고기가 모여들지 않아

그런 수군거림을
여러 번 듣고 살았습니다

아버지의 가난과 나의 가난은
동의어(同義語)가 될 수 없습니다

아버지의 가난은
더 맵고 추운 바람입니다

적막감(寂寞感)

큰 강당 구석에
피아노가 있었다

메트로놈 바늘이
찰칵찰칵 움직이고 있었다

규칙적으로 소리 내고 있었다
왈칵 무섭다는 생각

그런 적막감마저
지금은 없다

먼산

작가 이문구가 내 취미를
먼산 바라보기로 치부했다
정곡을 찔렀다

교실에서 먼산 바라보는 선생의 모습이
멋졌노라고 먼 제자들은 회상한다

창밖을 응시하다가
불현듯이 "종이" 했다
A4용지 한 장과 연필까지 대령하면서
"할아버지 시상이 생겼죠? 맞죠?" 한다

참 빠르구나
돋보기 너머로 손녀딸이 보였다

노을

아까운 시간이 흐릅니다
서쪽 해는 짧습니다
저녁노을이 곱습니다
양탄자처럼 구름이 아름답습니다
이 많던 시간을 놔두고
왜 조바심인지 모르겠습니다

연말이 되면
우체국 직원들이 바빠집니다
산처럼 쌓인 우편물 앞에
한장 한장 소인을 찍어갑니다
그 빠른 손놀림에 휘둥그레집니다

하루는 잠깐입니다
그 하루가 쌓여서
어정쩡한 생애가 됩니다

허공

오솔길을 가다가
아침이슬을 등에 업고 핀
예쁜 꽃에
말을 건네 봤지만 답을 주지 않더라

길을 오르내리며
때로는 울부짖기도 하고
소곤소곤 달래도 보았지만
아무 반응이 없더라

해거름
둥지로 바삐 가는 새
찍찍 몇 마디 하긴 하던데
통 알아들을 수가 없더라

그래도 기댈 것은
무궁무진한 이 거대한 허공
비어서 언젠가는
한 말씀 들려줄 것으로 믿는다

근황(近況)

가끔은 시를 버릴까 하다가도
진짜 그렇게 되면 어떡하나
망설이다가 잠이 들었습니다
결말도 없이 말입니다

시름시름 병으로 눕고 말았습니다
꿈을 꿉니다
이왕 꿈이라면
행동반경을 넓혀도 될 일이지만
이마저 궁색합니다
가난은 깨어날 줄 모릅니다

가끔은 가위에 눌리다가
기어이 앗 소리를 지릅니다
식은땀이 흐릅니다
아, 살아있구나
발가락을 만지작거려 봅니다

시집(詩集)

좋은 시집을 받아보는 일은
지기를 만난 만큼이나 반갑다

한 편 한 편
여백을 많이 둔 시다

빗소리가 들린다
기다리던 비다

비는 사선으로 흔들기도 하고
직선으로 꽂히기도 한다

빗줄기가 끊기면 어떡하나
가늘어진 것 같아 조마조마했다

모처럼 흡족히 내렸다
다시 읽기 시작한다

요즘 시는
가뭄 타는 데 익숙하다

오늘 시집은
주룩주룩 빗소리로 흥건하다

씨부렁거린다

햇살이 방안을 기웃거린다
절간 같던 방안이 떠들썩하다
살아있는 사람들의 웅성거림

차례를 올린다

세배를 받으며
미안하다
미안하다
미안타…

미안하다는 대상은 누굴까
딱히 누구라 가리키는 이 없이
나는 자꾸만 씨부렁거린다

아침 깃발이 펄럭인다
한해가 시작된다

흔적

짙은 안개 방황 끝에
미치도록 뛰고 싶은 날이 있다

돈이 될 수 없는
명예라고 내세울 수도 없는
시가 태어났을 때
안주머니에 넣고 다닐 때
폈다 접다 해서 헐었지만
몇 억(億) 보증수표보다 더 뿌듯했다

공수표면 어떠랴
배가 고프면 어떠랴
이 세상 태어나서
아픔이다가
눈물이다가
내가 혼자 만들어낸 이 흔적

깊은 칠야 속
별보다 반짝이고 싶은 날이 있다

달랑달랑하다

늘 부족했지만
그것이 오히려 정상 같았다

호주머니 속
동전은 비어 있는 날이 많았다

지갑은
그때나 이제나 썰렁하다

소슬한 가을밤이면
보름달이 기다려졌다

나름대로의 꿈은 있었다
조그마한 꿈이지만

다 버리고 싶다
버릴 것도 없지만 버리고 싶다

목숨이 경각(頃刻)에 있다 해도
슬픔을 구경하듯 하고 싶지는 않아

무언가 모자라는 것 같고
언제나 달랑달랑하다

제한

하늘하늘
코스모스가 바로 눈앞인데
얼굴로 만나고 싶은데
제한구역
더는 들어가지 말라는 팻말이
나를 가로막는다

그런 팻말
도처에서 만날 수 있다
생명보험도
나이 제한 때문에 퇴짜라 한다
입산금지를 알리는 표지가
팔랑팔랑 나부끼고 있다

제한구역이나 금지구역을 잘 지켜주는
일등시민만 사는 세상은 아니다
천국 들어가는 길목도
이런 팻말이 서 있을 때
우리는 얼마나 당황해야 하는가

앵앵거리다

전깃불을 끄면 우리 방은 칠흑이다 더는 어두울 수 없는 절벽이다
철 지난 모기 한 마리가 어둠 속을 앵앵거린다

그 소리는 가냘픈 가락으로 들리다가 공격 신호로 일변한다 얼굴 부위를 노리고 있다 반사적으로 탁 쳤다 멀리 도망친다 조준이 빗나간 모양, 번번이 실패한다 손바닥 치는 소리가 컴컴한 방안을 흔든다 부아가 난다 모기 한 마리와 대결에서 질 수는 없지 살충액을 뿌려서 그놈을 죽여버릴까

모기 보고 칼 빼기라 하던가 간헐적으로 잉잉거린다 그래도 참자, 체신머리가 없어서야 쓰겠는가

고맙습니다

고맙습니다
인사말이 내게는 서툴다

몸에 배지 않아 그런지
입이 잘 떨어지지 않는다

오히려 쑥스럽다
어색하기도 하다

언제부터인가
이런 말이 봇물 터지듯 하였다

손해 보는 일도 아니면서
왜 그토록 인색했을까

그 많은 신세를 지고 살아왔는데
세상의 빚은 어떻게 갚나

따르릉 전화가 왔다
네네, 고맙습니다

갈대밭

넓은 갈대밭이 순천(順天)에는 있다
비집고 들어설 틈을 주지 않고
물기가 빠져나와
더 가벼운 갈대가
몸 전체로 흔들리는 장관이 있었다

다시 그곳을 찾았을 때는
묵은 갈대가
푸른 잎으로 갈아입는 중이었다
무슨 잔칫날처럼
개개비는 보이지 않고
온통 소리만 요란을 떨고 있었다

이왕 갈대라면
이 순천 갈대밭으로 와
살갗을 비비대며
짠 바닷바람 맞으면서
외로움 털어낼 줄 아는
그런 나이만큼 자랐으면 한다

3

집 한 채

하얀 길이
다 끝나지 않은 곳에
집 한 채
쓰러질 듯 서 있다

담도 대문도 없는
이 집 주인은 누구일까
신록에 싸여
오히려 고대광실이다

멀리 뻐꾸기가
한데 어울린다
허술한 집 한 채
꿈속 궁전 같다

무주구천동

한여름의 물 기세는 꺾였지만
이름값은 그대로구나
무주구천동은
높이로 올라가는 것이 아니라
길이로 가야 한다
계곡 이십오 리 길
하늘이 빠끔히 내려다본다
잎새 깨끗이 털어버린 자작나무
알몸으로도 춥지 않다
계곡 물소리가 발을 씻는다
아래는 초봄 같은 날씨인데
백련사 기와 고랑에
살짝 눈이 쌓였다
하늘만 빠끔한
무주구천동
그 계곡 물소리
갈지자로 걸어서 아주 멀다

참새

너희 부지런은 당할 수가 없다
우리가 부스스 눈을 뜰 때
이미 너는 산뜻하게 깨어 있었다
처마 밑으로 혹은 나뭇가지를
쫑쫑 오르내리며 아침을 노래했다

우리 주변을 맴돌고 있는 새
흔히 볼 수 있는
아주 평범한 새
흔해서 사랑을 덜 받는 새
작은 새

참새가 짹짹 운다 해서
짹짹은 너희 무리
통틀어 붙인 대표음
운다는 것도 독선적인 표현
너무 상심 말라

한 번도 멀리 떠난 적 없는 새
우리는 친할 수밖에 없는 사이
깜빡했구나
무관심으로 살아 왔다
참새여, 미안하구나

낮달

어머니가 쓰신
얼레빗 하나

이쪽을 빤히
바라보고 있다

고래

동해로 고래가 왔다
거센 파도를 앞세우며 진객이 왔다

수면 위로 솟구쳤다가
이내 잠수하는 고래떼

큰 덩치에 날렵한 묘기
그것에 넋을 잃다가 줄행랑쳤다

친구들의 비명소리
어렴풋이 들린다

푸른 바다
약한 것은 언제나 먹히는구나

거센 파도를 앞세우며 진객이 왔다
동해로 고래가 왔다

승부

떠난다는 약속 한 번도 한 적 없지만
서둘러 떠나고 있으니
나도 그래야 될 것 같습니다

그 많은 시간 혼자 남아서
심심함을 달래는 고역보다는
수월할 것 같아서입니다

아직 어디라고
딱 정한 바는 없습니다

아무리 먼 곳이라도
춥고 척박한 땅이라도
스포츠 생중계 방영하는 곳이라면
상관치 않습니다

생중계는 미치게 좋아합니다
승부가 깨끗합니다

줄다리기

줄다리기한다
힘껏 당긴다
영차 이영차

금년부터는
지는 편에
트로피를 주기로 했다

규칙이 바뀐 것도 모르고
이를 악문다
영차 이영차
힘껏 당겨라

땅거미가 내려앉는다
막상막하
이번 승부도
쉬 끝나기는 어려울 것 같다

취미

취미가 뭐냐고 간혹 물어올 때
선뜻 내세울 만한 것이 없다
그 흔한 고스톱도 칠 줄 모른다
무취미 인생이라고나 할까

하나 있다
스포츠 중계 보는 것
아첨하고 조작하는 일 없는
깨끗한 승부의 세계

허약한 체질이라
운동하고는 거리가 멀지만
스포츠 생중계만큼은
가히 광적이다

두 시간 넘게 텔레비전 앞에서
마라톤 생중계도 놓치지 않을 만큼
우직하다
어쨌든 취미는 즐기는 것이다

숲

몇 번을 서성거리다가
기어코 잠입했다

놀랍구나
회색으로 가득 찬 숲

거침없구나
건물은 거의 직선이구나

새장에 갇혀서
표정이 바랜 사람

맑던 음성은 변하고
끝내 벙어리가 된 새

여기는 아니다
날자날자

푸른 숲
귀환을 서두는 새

긴장감

높아서
올라갈 사다리가 없다
광대무변해서
하늘은 울타리가 없다
버리는 일 없으니
환경감시원의 수고도 없다
활짝 비어 있는데도
도둑의 발자국이 없다
저 너머
구름이 왔다가 곧 사라졌을 뿐
아무것도 없다
보이는 것은 파란 색소의
깊은 침묵이다
팽팽한 긴장감
이것이 하늘의 전부다

식구들

남으로 가는 기러기
선도에 따라
일렬종대다
단출한 식구라서
명령이 따로 없다
달빛에 썩 어울리는 나들이다

파도친다
까만 철새들이 요동친다
대단한 식구를 거느렸다
일사불란
충돌사고도 없다
철새떼의 질서는 부럽다

나비

나비 한 마리

숲을 지나 강을 지나
공한지를 돌아
여기까지 왔구나

노란 나리꽃
촛대에 불을 켜고
신부를 기다리는 중이다

비틀거린다고 나무라지 말라
낯선 여행길에
발도 아프고 심통이 나
소주 한 잔 걸쳤다

딱, 그뿐
아무 일 없었다
너무 탓하지 말라

촛불 꺼질라

그리움

어둠 속에 비가 살아 있네요
산에 들에 퍼붓는 빗줄기
흠뻑 젖고 싶네요

칠흑 같은 밤
천둥 번개가 잠잠한 걸 보면
그리움이 남아 있는 모양이네요

실컷 퍼부어욧
이만한 무게로
천지가 개벽하는 건 아니잖아요

까마득한 밤에
힘차게 쏟아지던 빗소리
그날의 짐승 울부짖음

그리웁네요

가을

가을을 쪼개고 또 쪼갠다
그대로 보내기는 너무 섭섭하다
사람의 목소리가 모처럼 탁 트이고
이 세상 서 있는 온갖 소리가 투명하다
물소리는 더욱 맑다
가을의 명창(名唱)이 전부 모인 것 같다

여행을 떠나자
짧은 여행은 어떠리
시내버스를 타고
다시 시발점으로 돌아오면 된다
같은 산도 다시 새롭다
논의 벼 물결이 날로 황금빛이다

산자락에서 억새가 흔들고 있다
바람은 보이지 않고
연신 흔들고 있다
화투 스무 끗 둥근달이
억새들 사이사이 달빛으로 놔두고
풀벌레 장송곡이 조금은 서럽다

노여움

멀쩡한 하늘에
먹구름이 모여들어서
우르릉 천둥소리
벼락 번쩍이는 것을 보면
쉬 풀릴 것 같지가 않다

하늘의 노여움
땅의 노여움
가득가득 차 있어라

먹구름이 끝난 것을
어떻게 미리 알고
풀벌레 소리
저토록 곡진한 것을 보면
아직 멀었다는 생각이다

거짓말

이발소에서 막 나오는
그를 만났습니다

한 번도 거짓말한 적 없다
차라리 지옥에 갈망정 그런 일 절대 없다

성인군자 같은 그 뒤통수에
욕을 퍼부었습니다

거짓말인 줄 알면서도
기를 쓰고 했습니다

골목에 땅거미 지는 줄도 모르고 다투었습니다
언쟁 소리가 큰 길까지 들렸다고 합니다

왜 그랬는지 모르지만
지금도 후련합니다

풍경

된서리가 내렸다
눈처럼 세게 내렸다
햇살에 아지랑이 같다
까마귀가 날아간다
어디로 가는 것일까
발자국 찍어놓았으면 좋았을 텐데

멀리 산등성은
잎 떨쳐버린 나무가
창 들고 서 있는 졸병 같고
다른 산등성은
적진을 무찌르고 난 함성소리
높이 팔을 쳐들고 있다

차창 밖 새 풍경이
휙휙 지나간다
우리는 약속이나 하듯
입을 다문 채였다
자꾸만 뒤로하고
떠나는 나그네라서 그럴까

생애

손바닥보다 작은 명함에
약력이 빽빽합니다
뒷면까지 이어집니다
힘들겠다 생각했습니다

이름 석 자 사랑하던 사람
이름 석 자 넉넉하던 사람
이름 석 자 따뜻하던 사람

명함 한 장 없이
가볍게 살다 갔습니다
욕심을 부리다가
숙맥처럼 떠났습니다
황급히 갔습니다

풀잎에 머물다
또르르 이슬로 사라졌습니다

버릇

똥 싸는 일을 점잖게
뒤를 본다고도 한다

재래식 변소에 쪼그리거나
좌변기에 걸터앉거나
아무리 귀한 몸이라도
어쩔 수 없는 일상이다

창자를 통해 나오는 찌꺼기
빛깔은 어떤가
말랑말랑한가
떡가래처럼 빠졌는가

살 날 아직 남았는데
앞은 보이지 않고
겨우 뒤나 챙기는
이상한 버릇이 생겼다

뒷간 이야기

뒷간은 멀리할수록 좋다고 한다 먹는 일 다음으로 중요한 것이 오줌똥 싸는 일인데 옛 사람들은 왜 그것을 홀대했을까

외갓집도 예외는 아니었다 한참 마당을 지나 후미진 곳에 있었고 낮에도 어두컴컴했으며 그 뒤로 쌓아둔 잿더미에서는 가느다란 연기가 피어오르곤 했다

몽달귀신 이야기라도 나오는 밤이면 한 발짝도 나갈 수 없었다 참을 수 없어 마당가에 엉덩이를 까고 앉았다 수숫잎은 바람에 스스스 흔들리고 별들은 유난히 눈을 끔뻑거렸다 도깨비불도 저렇게 생겼을까

무서운 속도로 아파트가 용립하고 있다 뒷간이란 이름도 사라졌으며 몽달귀신 얘기도 없다 안방 곁에 화장실을 모시고 산다 향수를 뿌리며 나긋나긋 오줌똥 싸며 살고 있다

4

시인의 얼굴

2006.10.30. 박용래시비 앞에서/황희순©

시인의 육필

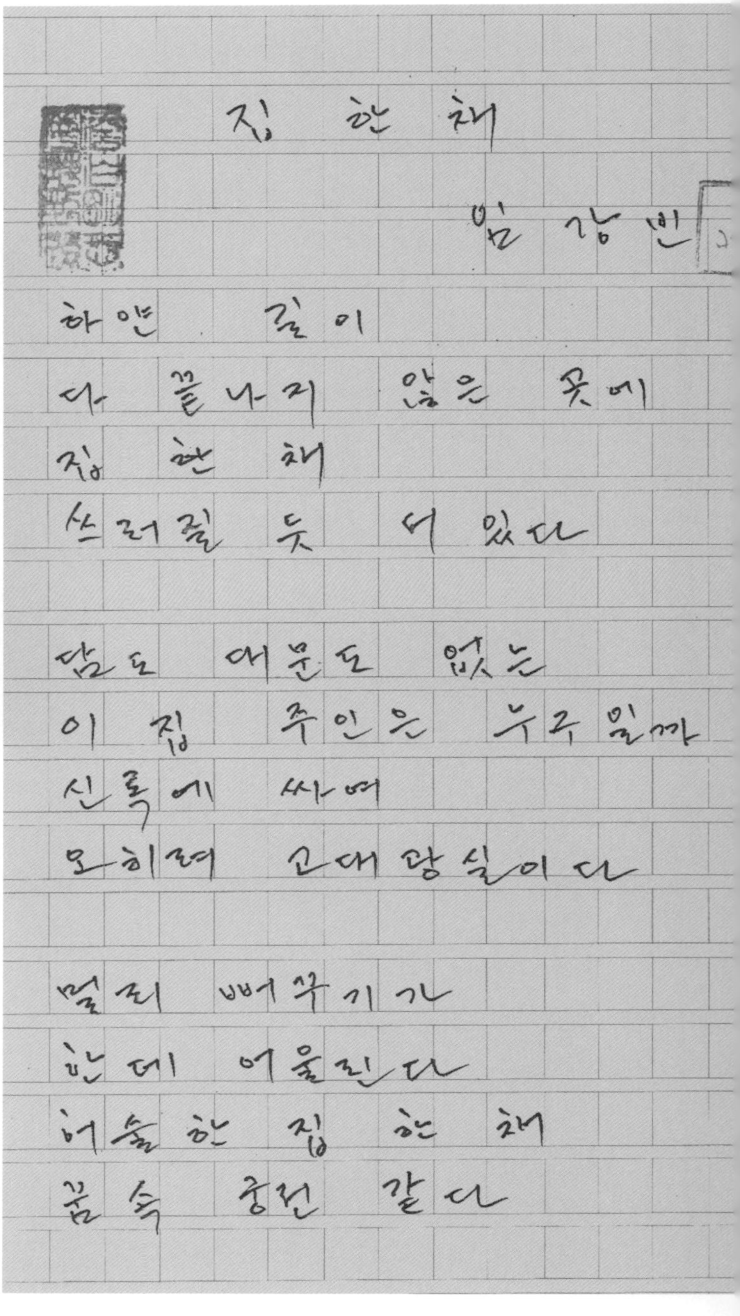

집 한 채

임 강 빈

하얀 길이
다 끝나지 않은 곳에
집 한 채
쓰러질 듯 서 있다

담도 대문도 없는
이 집 주인은 누구일까
신록에 싸여
오히려 고대광실이다

멀리 뻐꾸기가
한데 어울린다
허술한 집 한 채
꿈속 궁전 같다

5

깃발

게양대 높은 꼭대기에
나부끼는 태극기

하늘이
쪽빛보다 더 푸르다

깃발이 크게 흔들린다
바람 탓일까

차렷 자세로
콸콸 박동하는 붉은 피

그 심장에
조용히 바른손을 얹어본다

여전 파동 친다
아픔 같은 것이 엄습한다

투망

겨울에
투망질한다

그물을 던진다
공중에서 멀리 퍼진다

파도치듯
철새가 까맣다

천수만으로 내려앉는
가창오리떼

혼자 보기엔 너무 미안한
이 장관

하늘을 향해
힘껏 투망질한다

스윙

높은 하늘 파란 잔디를 보면
불현듯 골프 생각이 난다
골프채를 잡은 적 없으면서
왜 갈기고 싶은 걸까
가을이 깊어도
쓸쓸한 느낌이 안 날 때
신물 나도록 싸움으로 지쳐 있을 때
부글부글 안에서 끓어오를 때
그래서 지구가
골프공처럼 작아 보일 때
스윙하고 싶어라
힘껏 던지고 싶어라

가을빛

가을이 깊어갑니다

쪽빛 물감으로 가득 칠하고

중간쯤에서

한 획을 긋습니다

가느다란 수평선이 가물거립니다

단조롭지만

그 위로는 하늘

그 아래로는 전부 바다입니다

한거(閑居)

누더기가 된 의자에 앉아
하늘을 본다
바람소리를 본다
삼라만상을 본다

멀리 도시에서 온
덤프트럭 가득
쓰레기 부리는 소리
썩지 않는 것이 섞인다

이름 모를 새 한 마리
찍 똥을 갈기고 간다
작은 부리로 열심히 쪼아 먹던
그 기억을 공중에 버린다

아, 시원하다

저 푸르름

사람을 만나서
높게 올라간 아파트를 만나서
질주하는 소음을 만나서
피곤 때문일까
눈에 핏대가 서다

안약
몇 방울 떨어뜨린다

교외로 나갔더니
진격하듯 쏴— 밀려오는
저 푸르름
아무리 보아도 싫증은 없고
눈에 충혈이 서서히 가시다

초침소리

계곡물이 흘러간다
단풍잎이 뒤따라간다

진홍빛 단풍은 보이지 않고
강물은 강물과 어울린다

거슬러 올라오는 시간이 있다
찰칵찰칵 숨 가쁜 초침소리

언젠가는
이 초침과 만날 것이다

두려우냐
아니라고 고개를 가로 흔든다

천연스럽게
거짓말을 또 했구나

진짜 같은 거짓말에서
홀가분했으면 한다

황홀

숲을 빠져나와
길로 들어섰다

은행나무가
곧게 뻗어 있었다

황금으로 물든 가로수가
길을 내주고 있었다

덜컹거리며
마차가 석양을 향해 달리고 있었다

황홀하다는 것이
바로 이런 것이었구나

황금마차가 꺾일 때까지
동화 속 내가 서 있었다

돌

쨍그랑
유리창 깨지는 소리

아니다
아니다

나를 향해
돌을 던져라

기념비적인
돌이 되거라

배경

여섯 살 때
새 양복에 개똥모자까지 썼는데
눈을 크게 뜨라고 해서
있는 힘을 다 했고
마그네슘 터지는 바람에
휘둥그레진 눈만 놀랐다

배경이 없는 사진
기댈 것이 별로라 그랬을까
멋진 배경 앞에 서 보아도
길게 한숨만 늘고
한숨은 사진에 찍히질 않았다
겸연쩍은 표정만 수두룩할 뿐

인연

새가 날다가
얼마나 급했으면
항문을 쳐들고
찔끔 했을까

무심히 갈긴 배설물이
옷소매로 떨어졌다
묽고 하얀 똥이다

인연치고 가벼운 인연이 아니다
고압전선 너머로
이름 없는 새의 날개가 가볍다
얼마나 시원할까

소인(消印)

연말연시가 되면
누구나 바쁘기 마련

우체국 직원들의
소인 찍는 빠른 손놀림

산처럼 쌓인 세월을
조용히 허문다

날마다 나는
하루치의 소인만 찍는다

하루치의 소인을 찍는데도
지겹다

기대라 한다

나무 한 그루
너무 어려서
거들떠보지 않았지
어느새 훌쩍 자라 기골이 되었다

이것저것 걱정이 많아
주저주저하느라
더는 크지 못한
나의 허송세월

안아준 일도 없는데
풍상을 견디느라
얼마나 애썼느냐
한마디 말도 한 적 없는데

나무 한 그루
사그라질 듯한
힘없는 작은 어깨
허전함을 여기에 기대라 한다

좋은 시 쓰세요

좋은 시 쓰세요
후줄근한 이 세상
그늘에서 죽어가는 사람 많아요
건강한 시 남기세요

별 관심 없어 보이던 사람이
내게 던진 말이다

어떤 시가 좋은 건지
아직도 모르고 있지만
부지런히 써야겠다
쓰다보면 새벽이 오겠지

먼산 보며
화답하듯 씨부렁거렸다

재주

자작시를 술술 암송하는 시인을 보면
두 번 쳐다보게 된다
나에게는 없는 그 재주 때문

마음만 먹는다면 못할 것도 아니지만
그렇게까지 기 쓸 필요가 있을까

어느 젊은 시인은 자기가 암송 못하는 시는
가짜라면서 시집에 끼워 넣지 않는다고
기염이 대단하다

도전 1000곡이라는 음악 프로가 있다
가수들이니 박자는 그렇다 치고
남의 노래 중 가사가 두 번 틀리면 실격

그런 고비를 척척 해내지 않는가
나로서는 여간 쇼크가 아니다
부럽고 슬그머니 부아가 난다

재주는 진짜 천래적인 것일까

도깨비바늘

가을과 어울리기로 했다
나의 심란을 얼마나 달래줄까

산에 오른다
폐활량을 가늠하며
길게 심호흡한다
고소한 냄새가 난다
착 가라앉은 산의 냄새다
산새들의 목청이 맑다
바람과 수시로 통한 탓이리라
메아리 다음의 긴 침묵
감당 못 할 만큼의 깊이다

하산하며
바짓가랑이에 붙은 도깨비바늘
그 바늘 떼느라 애먹었다

소망

지하도 계단 입구에서
구걸하고 있는 장님을 만났습니다
몇 번 망설이다가
백 원짜리 주화 몇 개 던졌습니다
떨어지는 그 음향이 좋아서입니다

딸랑딸랑
구세군 종소리가 다가옵니다
그쪽으로 가다가
얼른 몸을 피했습니다
골목길로 종소리가 지금도 따라옵니다

따르릉 천 원입니다
〈사랑의 리퀘스트〉를 즐겨 시청하면서
짐짓 무관심했습니다
성금이 얼마 모아지지 않을 때
안절부절 못하면서도 태연했습니다

새해 아침
함박눈이 내립니다
바람보다 가벼운 눈이 쌓입니다
꾸미거나 착한 체 않기로 했습니다
하얀 눈으로 있고 싶습니다

한중망(閑中忙)

유년시절
성냥갑에 가득 파리 잡아오면
돈 몇 푼 준다는 꼬임에
여기저기 손바닥 탁탁 치던 소리

그놈이 무서워서가 아니라
더럽거나 귀찮아서 쫓아버린다
똥 위에 앉다가
서슴없이 음식물에 끼어든다

힘껏 내리쳐서 창자가 터졌다
살충약을 확 품는다
방바닥에 떨어지는 까만 주검
이런 헤픈 죽음이 또 있을까

책상머리 난초 잎에
손발로 싹싹 비는 파리 한 마리
어떻게 할까 하는 사이 휭 날아간다
그래그래 썩 잘했다
멀리 도망치거라

토론

햇볕 좋은 날 꽃들이 모여서
난상 토론을 벌였다

행복과 평화에 대하여
자기도취에 대하여
남의 폄훼(貶毁)에 대하여
성형수술에 대하여

공고한 적도 없는데
벌과 나비가 날아와서는
열심히 경청한다

갑론을박 끝에
이런 결론을 내고 산해했다

자만을 배격한다
자기 의사를 강요하지 않는다
풍염(豊艶)대회를 열지 않는다
고독을 합리화하지 않는다

나의 문학 주변, 기타

나는 일제 때 공주중학교(6년제)에 입학했다. 전시(戰時)라 공부는 뒷전에 밀리고 각종 봉사활동에 동원되었다. 2학년 때 해방을 맞이하였다. 그리고 혼란의 와중에 빠지게 됐다. 그때 담배에 손을 댔고 술도 배웠다. 결석도 다반사였다. 말하자면 불량학생이 되었던 것이다. 방학 때는 친구와 함께 영등포 판잣집에 머물면서 돈벌이를 한다고 꼭두새벽에 미군 인력시장, 그 장사진 속에 줄을 서 보기도 했지만 몇 번을 바로 앞에서 끊기곤 했다. 세상이란 그리 쉬운 것이 아니라는 것을 체험했다.

1950년 4월, 그럭저럭 졸업을 했다. 그야말로 그럭저럭이었다. 그런 가운데도 1949년 서울에서 발행한 ≪중학생(中學生)≫지에 시를 투고도 했고, 그간 습작한 시를 모아 단권 시집도 냈다. 주황색 종이를 구해 한편씩 또박또박 글씨를 썼고, 장정은 미술반 학생에게 부탁했다. 『해바라기』란 시집이었다. 그 무렵 〈대전일보〉 창간 5주년(?) 기념으로 공모한 문예콩쿠르에 「산딸기」가 당선되기도 했다. 인각유일능(人各有一能)이라 했는데 내겐 다른 재주는 없고 문재(文才)는 조금 있었던 것 같다.

졸업 후 공주사범대학에 입학했다. 6월 1일 입학하고 강의실 몇 번 가보지도 못하고 6·25가 터졌다. 자연 휴교할 수밖에 없었다. 처음엔 피난민 속에 끼지도 못하고 1·4후퇴 때는 안 되겠다 싶어 공주에서 대구까지 순전히 발로 걸어서 피난을 갔다. 그 다음해 5월 20일 복교, 생사를 몰랐던 학우들이 꾸역꾸역 모여들었다. 살아있다는 사실 외엔 별로 달라진 것이 없는 얼굴들이었다.

정부수립과 함께 공주사범대학이 재탄생되었다. 역사가 일본 천하고 전시 중이라 모든 것이 제자리를 잡지 못하는 혼란 속이었다. 물론 학내 서클 같은 것도 없었다. 〈시회(詩會)〉가 유일한 오아시스였다. 이원구, 이재복 두 분을 지도교수로 모셨다. 모임은 국문과 학생이 주류였고, 20~30명 회원들이 토요일 강의실에 모여 자기 작품을 복사해서 배부하고 자작시 낭독, 그리고 합평회 순서로 진행되었다. 의외로 반응이 좋았다.

처음엔 서툴렀다. 회를 거듭하면서 한번도 거르는 일 없이 그 열의가 대단했다. 강의실 강의보다 이 모임에 더 열성을 보였다.

문학은 고독한 작업이라 한다. 그 고독이 뼈저리게 괴롭혔다. 나의 문청시절 문학을 얘기할

선후배도 없었고 상의할 스승도 없었다. 문학하면 배고픈 직업이라는데 누가 감히 시 운운하겠는가.

사위(四圍)를 돌아보아도 이끌어줄 손은 없었다. 거친 황무지뿐이었다. 이런 황무지에서 문학의 싹을 틔운다는 것은 여간 힘든 일이 아니었다.

대학 다닐 때도 6 · 25 전후 혼란기라 제대로 강의나 체계적인 문학 수업이 없었다.

1955년 가을, 동료 교사 몇이서 시장 구경을 하고 있었다. 충남의 알프스라 불리는 청양땅은 산세가 좋고 물은 맑았지만 문명과는 거리가 멀었다. '꽃필서점'이라는 서점이 있었는데 대개가 중고생 대상이었다. 변변한 교양서적 하나 없는 시골이었다.

내 발을 멈추게 한 것은 눈에 들어온 ≪현대문학≫이었다. ≪현대문학≫ 10월호를 집어 들고 목차부터 살피는데 이게 웬일인가. 내 시가 추천되어 있었다. 순간 전류가 흘렀다. 분명 내 시 「항아리」가 박두진 선생 추천으로 되어있었다. 하숙집에 와서 읽고 또 읽었다. 어떻게 된 영문인지 실마리가 풀리지 않았다. 한동안 안개 속을 헤매다가 겨우 찾아냈다. 연전에 김구용 선생이 시가 있으면 보여 달라고 한 기억이 살아났다. 추천이란 말은 한마디도 없었다. 김구용 선생의 일을 까맣게 잊고 있었던 것이다.

나의 문학과 시장과는 깊은 인연이 있는 것 같다. 해방되어 공주 노점에서 ≪문장(文章)≫지를 처음 만났고, 청양 장터에서 내 시가 추천된 ≪현대문학≫을 만났으니 말이다.

1956년 1월호에 「코스모스」가 2회 추천을 받았다. ≪현대문학≫지는 국내 유일의 순수문예지였다. ≪문예≫가 폐간된 후 문학 지망생들의 선망의 대상이었다. 말하자면 등용문이었다. 언감생심 추천을 어찌 바랄 수 있었겠는가. 도저히 믿기지 않았다. 1956년 나의 모교인 공주중학교로 자리를 옮겼다. 그해 8월호에 「새」가 추천되어 3회 추천을 마쳤다.

개명 공주에서 첫 시인 탄생이라고 환호했다. 스승, 선후배, 그리고 친지들이 고궁다방에 모여 축하회를 열어주었다. 내 생애 처음으로 꽃다발을 받았다.

이 땅엔 시가 많고 따라서 유무명의 시인이 많다. 시인이 많다고 손해 볼 것은 없다. 툭하면 살인하고 사기나 치고 인면수심이 들끓는 세상에, 미를 추구하겠다는 시인이 만이면 어떻고 십만이면 어떠랴. 밥 먹고 바로 드러누우면 소가 된다고 할머니는 말씀하셨다. 이런 거짓말은 이 사회에 얼마든지 있어도 좋다는 생각이다. 시인은 아름다운 존재이다. 위안을 준다. 다만 이름만 시인이고 작품이 없는 유명무실한 시인은 도태되어도 좋으리라는 생각이다.

동양시의 원류는 서정성에 있다. 시행이 짧다. 우리나라의 시조, 한시의 오언절구나 율시, 그리고 일본의 하이쿠 등이 그렇다. 동양의 시는 여백을 중히 여긴다. 그래서 여백의 미학이라고도 한다. 간결과 함축성으로 여유를 찾는다.

왜 요즘 시는 길어졌는가. 산문의 영향이 아닐까. 확실히 우리는 산문의 시대에 살고 있다. 그래서 시도 산문화되었다. 행과 연의 구분이 무너졌고 리듬도 사라진 지 오래다. 과연 이래도 되는 것일까. 시와 산문(소설)의 싸움은 이미 끝났다. 그러나 시는 시의 기능이 있고, 산문은 산문의 기능이 있을 것이다. 시가 산문을 닮으려 한다. 시 속에 산문성이 이미 많이 들어 있다. 산문은 많은 것을 포용하자니 길어질 수밖에 없다. 그릇이 커진 것이다. 그러나 길게 썼다고 전부 산문시가 되는 것은 아니다. 길어질 수밖에 없는 개연성이 있어야 한다.

시는 짧을수록 좋은데 시가 길어지고 있다. 난해시 탓인가. 이념을 앞세우려 해서 그런가. 아니면 민중시의 출현으로 그리되었는가. 그렇게 길어진 시는 시적 효과를 얻을 수 없다. 함축미도 긴장감도 느슨하다.

시인은 숙련공이 되기를 거부한다. 자동차 공장에는 라인에 따라 파트별로 자기 맡은 일에만 열중한다. 나사 죄는 사람은 계속 나사만 죈다. 시인은 창조하는 사람이다. 창조하는 기쁨으로 살아가는 사람이다. 독창성이 뛰어난 시인은 독자에게 감동을 준다. 감동의 폭이 클 때 우리는 좋은 시인과 만났다고 환호한다.

한편의 아름다운 시에서 감동과 만난다는 것은 행복이다. 좋은 시를 읽으면 하루 종일 즐겁다. 훌륭한 시집을 만났을 때는 십년지기를 만난 듯 반갑다. 감동은 남에게 강요할 수 없고 힘으로 되는 것도 아니다. 잔잔한 감동일수록 그 파장이 널리 퍼진다. 감동이 없는 시는 무미건조하다. 마치 마른 나뭇가지 씹는 것과 다를 바 없다. 감동적인 시는 생의 깊숙한 곳에서 길어 올린다. 두레박 가득 샘물이 찰찰 넘칠 때의 신선함 같은 것이다. 그 감동은 어디서 오는가. 그것은 상상력이다. 상상력의 훈련이 다져진 시일수록 감동의 폭은 크다.

우리는 가끔 시적이란 말을 쓴다. 시와 시적은 구분되어야 한다. 천하 명산 금강산 길이 뚫렸다. 많은 관광객이 다녀왔다. 기암 승경의 그 아름다움에 감탄했을 것이다. 아, 아, 하는 감탄사가 절로 터졌을 것이다. 이런 상태를 때로 시적이라 부른다. 그것이 시가 되려면 표현이 따라야 한다. 시는 표현이라는 과정을 밟아야 한다. 누가 이런 달을 했다. 〈나이 어려서 시를 쓴다는 것처럼 무의미한 것도 없다. 시는 언제까지나 기다리지 않으면 안 된다. 그리하여 겨우 몇 줄의 시가 써질 것이다.〉 그렇다. 시는 침묵의 미학이다. 침묵도 위대한 언어라는 역설도 있지만 시는 침묵과 동행하는 예술이다.

시는 요설보다는 간결미, 논리적이라기보다는 상상력의 문학이다. 시는 감정을 바탕으로 깔고 거기에 얼마간의 지성과 결합할 때 아름다운 시가 된다. 개성이 없는 시는 죽은 시, 스스로를 포기한 행위이다. 그리고 서정시는 경제적이어야 한다. 적은 언어로 많은 의미의 울림을 줄줄 알아야 한다.

우선 정해진 시의 틀에 몰입한다. 그러다보면 답답하다고 느껴질 때가 있다. 부수고 싶은 충동이 생길 것이다. 그 충동이 자기류(自己流)의 시를 갖고 싶어한다. 이런 경지에 도달할 때 참 만족을 느끼는 것이다.

나는 습작기 어느 시류나 아류에 편승하기를 거부했다. 남의 시를 읽다 보면 자연히 그 시의 영향을 받게 마련이다. 그 영향에서 벗어나기 위해 직전에 읽은 시를 덮어버리고 그 영향으로부터 최소화하려고 했다.

시는 자기 목소리가 있어야 하고 개성이 뚜렷할 때 살아남는다. 모호한 시보다는 명징한 시, 긴 시보다는 짧은 시, 어려운 시보다는 쉬운 시가 나의 체질에 맞는 것 같다.

시는 강요가 있을 수 없다. 차라리 고집이라면 어떨까. 눈치나 살피고 어느 시의 아류가 되는 것을 타기하자. 닫힌 시보다는 열린 시에 눈을 돌리자.

2007. 초여름

우봉서재(又峰書齋)에서 임강빈

12시집

이삭줍기…2010

◆시인의 말

요새는 이삭 줍는 사람이 없습니다. 이삭을 줍는다는 말 자체가 진부합니다.

철새떼가 천수만에 까맣게 내려옵니다. 열심히 쪼아 먹는 광경이 평화롭습니다.

내가 주운 이삭은 얼마 되지 않습니다.
부끄럽습니다.

2010년 2월
임강빈

1

풍문

바람결에 들리는 소문
아픈 이야기는
그저 떠도는 소리이기를 바란다
근거 없는 맹랑한 것으로
끝났으면 한다

나의 귀에
찾아온 슬픈 풍문은
멀리멀리 떠돌았으면 한다
바람이 절름발이 되어
제발 더디 왔으면 한다

평화

바둑판처럼 반듯합니다
마을마다
나락이 익고 있습니다
초록이다가 노란빛으로 바뀌고 있습니다
한 폭 그림입니다
기적도 숨죽이고
미끄러지듯 기차는 달립니다
허수아비도 만날 수 없는 이 적막에
느릿느릿한 것 같지만
열차는 직선으로 달리고 있습니다
질주하고 있습니다
이 넓은 평야에 마침내 황금빛 일색입니다
참, 조용한 평화입니다

벼

서둘지 마라
황금빛으로 익는다
그리고 숙인다

승천

—민들레에게

그 넓은 땅 제쳐 두고
하필이면
궁핍하게 태어났다
돌 틈 사이에서 아슬아슬했다

여전 궁핍은 따라다녔지만
청춘은 길었다
밤낮 걱정으로
호호백발이 되었다

이제는 승천할 차례다
우리가 만난
헛된 시름 털어 버려라
가벼이 승천할 차례다

만개(滿開)

겨울 뒤에 숨어 있다가
작심한 듯
마침내 뇌관을 터뜨린다

일제히 터뜨린다
펑펑
가지마다 꽃이 만개한다

꽃은 몸 전체로 핀다
조용하지만 치열하다

순수하지 않은 꽃이 어디 있으랴
꽃은 허구(虛構)가 없다

숙제

숙제를 안 해 와서
복도로 쫓겨나
손들고 벌서던 때가 있었습니다

학교 밖에는
과중한 숙제가
더 있다는 것을 알았습니다
나만 이렇게 짊어져야 하는지
한숨지을 때가 잖았습니다

경중에 따라 다르겠지만
사람마다 숙제는 있습니다
인생이 호락호락하지는 않습니다

아직 나에게 주실 숙제가 있다면
가급적 쉬운 것으로
조금만 주십시오
시간이 얼마 남아 있지 않습니다

약속

따뜻한 어느 봄날
구용(丘庸) 선생과
나는 이런저런 이야기를 하고 있었다

시를 쓰기란 어렵죠
필생의 업으로
중도에 포기하기엔 너무 아깝고

그 무렵 내가 할 수 있는 것은
시밖에는 없을 것 같아서
엉겁결에 약속을 했다

사람은 쉽게 약속을 하고
스스로 그것을 허문다

철석 같은 약속은 아니었지만
구용 선생과의 약속은 지켜진 셈이다
이렇게 쉽게 되는 일도 있구나

코스모스

바람은
짐짓 초대하지는 않았다

소슬한 바람을 만나
몸 전체로 흔들리고 싶다

소리 없는 난타(亂打)여

곁에 있으면
함께 흔들리고 싶어진다

청순한 코스모스

외롭다 말라
이 가을을 대표하는 꽃이 아닌가

잡초

잡초를 뽑는다
땡볕 아래 땀을 흘린다

잡초는 애당초 이름이 없다
알려고 하지 않는다

혼란스런 세상에는
풀은 모두 잡초가 된다

제초제를 확 뿌린다
그 자리엔
벌겋게 흉물스럽다

혹시 내가 끼어 있는 게 아닌가
조심조심하면서도
뽑힌들 어떠랴 싶다

잡초는 쉬 무성하지만
자학하지는 않는다

귓속

늙으면서 여러 가지 변화가 왔다
귀에도 이상이 생겼다

하루에도 몇 차례
귓속이 간질간질하다

성냥개비만한 손가락으로
조심스레 후빈다
일과처럼 되었다

숨었던 귀지가
이렇게 많을 줄이야

귀 기울이기가 아직도 부족해서 그런가
경청을 소홀히 한 탓인가

가을이 온다
귓속을 말끔히 청소해야지
하늘과도 가까이 통해야지

소통

나이 팔십 들어 동창들이 모였다
동심이 다시 피었다

오랜만의 만남이라
홍이 날 법한데
분위기가 그전만 못하다

귀가 먹어서
알아듣지 못하고
언성이 점점 높아지고
자연 시끄러울 수밖에 없다
소통이 안 되어
조금은 짜증스럽다

요즘 소통이라는 말이
왜 회자되는지 알 것 같다

팔십 되어 만난 동창 모임
그래도 반가웠다

도둑

도둑을 만났습니다
대낮에 말입니다

우선 털린 물건을
달아 보았습니다

바늘이 요동칩니다
중심 잡기가 쉽지 않은지
바늘이 한동안 바르르 떨고 있었습니다

무려 9킬로그램이나 축이 났습니다
중병도 아닌데
이렇게 수척하다니 놀랄 일입니다

야금야금 훔쳐낸 것이 확실합니다
보충하기는 어려울 것 같습니다

도둑을 막아야 하는데
누구 파수를 볼 사람 없소?

반응이 없습니다
힘없이 내 손을 들었습니다

담쟁이덩굴

하얀 바위로 올라가다가
담쟁이덩굴이 올라가다가
등반을 딱 멈춰 버렸다
멈춰버린 채 빨간 단풍이 곱다
키가 얼마나 자랐나
우리 집 바람벽에는
까만 연필 자국이 남아 있다

담쟁이덩굴은 오르고 싶다
정상에는 아직 멀지만
때가 되면 계속할 아픔까지도
깊숙이 눈으로 표시해 두었다
담쟁이덩굴은 느리고 더디다
폭풍우에도 여기까지 견뎌 낸
그 힘이 대견스럽다

이사

마당이 없는 집으로 이사했다

처음에 잔칫날 같아 들뜨기도 했지만
사글세 전세로 자주 전전하면서
내가 가난하다는 것을 알았다

삼십 년 넘게 쌓인
먼지를 털었다

마당에 서 있는 감나무
그 나뭇잎이 간댕거린다
섭섭하다는 표정

마지막이지 싶다
다음은
이삿짐 챙길 일도 없을 것이다

핸드폰 · 1

초등학교 입학하기 전에
거의 휴대폰을 갖고 있다 한다

그 흔한 휴대폰이 중학생 손녀딸에겐 없다
엄마에게 졸라대는 모양이다
안쓰러워 이 할아비가 선물할까 했는데
며느리 말이 생각났다
평균 몇 점 이상 오르면 사주기로
약속이 되었다 한다

그렇게 좋을까
깡충깡충 뛴다
자랑 전화에 하루해가 짧다

추억

젊은 시절 룸펜일 때
공주 산성공원에 올라가서
금강 철교를 내려다보았다
철교를 빠져 나가고
들어오는 자동차 숫자나 세면서
저녁노을이 벌게질 때가 되어서
하산했던 추억이 남아있다

대전에서 공주까지 승용차로 사십 분 거리
아주 가까워졌지만
거리에는 알아보는 얼굴이 없이 낯설다
시가지 중심으로 제민천 냇물은 여전하지만
자꾸만 소외감을 갖는 것은 왜일까
추억이 많이 남아 있지 않아 그럴까
불알친구 정세기가 있다
유붕이 자원방래면 불역낙호야*
껄껄 맞아 주는 친구가 아직 있다

*有朋 自遠方來 不亦樂乎.

매력(魅力)

당신의 시에는 매력이 없습니다
마음을 사로잡는 힘이 부족합니다
감동이 없습니다

길게 늘인다고 능사는 아닙니다
헉헉 숨 막히게 하지 말아요
짧게 줄이세요
여백을 많이 두세요

서두르지 말아요
오두방정 떨지 말아요
그 알량한 매력이나마 죽이게 합니다

시는 감동입니다
감동을 흘리게 하는 매력입니다

그게 아니더라

시인은 시만 쓰면 되는 줄 알았는데
그게 아니더라

깊숙이 안주머니에 넣고 다니다가
달라치면
덥석 시를 주곤 했는데
그게 아니더라

글자 한 자
시구(詩句) 하나에 매달리다가
고심하다가
마침내 찾아냈을 때의 기쁨
그 희열로 살았는데
그게 아니더라

전부라 여겼는데
그게 아니더라

구(舊) 터미널

몇 안 되는 친구와
구 터미널에서 만나기로 했다

바위를 타고 공산성에 기어오르면
운동장이 나왔고 지금은 손바닥만 한데
엄복동 경기 보려고 인산인해를 이루었다

이맘때가 되면
왕실에 진상되었다는 공주 미나리
전국으로 수송하는
트럭이 끝없이 줄 서 있었다

그 미나리꽝엔 이제 건물이 들어서고
도시가 비대하면서 터미널도
금강 너머로 옮겨졌다

오륙십 대로 보이는 아낙들의 옷차림으로
보아
모처럼의 나들이인 모양이다
"아따 저 코 큰 양반들 잘도 생겼슈."
"우리하고 같이 갈래유?"
"그래유, 조츄."
까르르 웃어댔다
비좁은 대합실의 정적을 깼다

백사장을 걷다가

백사장을 걷다가
한 발자국
한 발자국 떼어 놓는다

한참을 걸어가는데
구두 밑으로 신음소리가 들린다

이 좁은 공간에
어깨끼리 부딪히는 소리다

철썩철썩
파도소리는 시원한데

지척에 두고
백사장은 향수뿐이다
거대한 신음뿐이다

2

새벽에

새벽에 시를 씁니다
시가 쉽게 되었는데
요새 와서는 그렇지가 않습니다
점점 어렵습니다
세상에 남길 것도 아닌데
왜 이리 집착하는지
공연한 짓 같습니다
낙서 쓰는 게 아닌가
고급 낙서질하는 게 아닌가
이것도 세상 살아가는 즐거움이라면
감수할 일입니다
집중이 안 됩니다
새벽이
너무 빠르게 빠져 나갑니다

비밀

두 손을 모아 귀에다 대고
이것은 절대 비밀입니다

잠깐!
아직 입을 열지 않았으니
안 들은 것으로 합시다

그 비밀을 지킬
자신이 나에겐 없습니다

언젠가는
새어나기 마련입니다

정중히 거절합니다
당신은 지킬 수 있을 것입니다

나는 그 무거운 짐을
짊어질 자신이 없습니다

난(蘭)

이사 기념으로
딸 내외가 분 하나 가져왔다
무지한 내 눈에도
우선 격이 있어 보였다

선물로 더러 받아 보았지만
난 기르기가 쉽지 않다
번번이 죽이고 만다
나의 재주가 이것뿐인가 싶다

통풍 잘 되는 곳으로 옮겼다
거실 안은 적막한데
움직이는 것은 춤사위뿐이다
너울너울 춤추는 품이 그윽하다

이파리 하나하나
휴지로 먼지를 닦아 낸다
궁상맞다 싶지만
이 시간이 내게는 천국이다

균형

바다 먼 수평선은
아물아물 균형이 잡혀 있다

바다 변두리에는
철썩철썩
거센 파도 소리

나의 생애와
살다가 만난 고독
그 무게는 얼마나 될까

중심이 요동친다
쉽사리 중심이 잡힌다면
인생은 또 얼마나 심심할까

잡힐 듯하다가도 멀어지는
나의 균형은
언제 잔잔해질까

술에 대하여

1
손님이 오시면
술심부름은 나의 전담이었다
양조장을 나와
골목에서 찔끔 훔쳐 마신 막걸리 맛
괜찮구나!
술과 친하게 되었다

2
술 앞에서는 착해진다
갈지자걸음으로 집에 와서는 아차 했다
아이들을 위한
과자 봉지가 없어진 것 아닌가
문 앞에 있는 돌다리를 더듬었다
실족하는 바람에
바지 주머니에서 빠져 나간 것이다
전리품처럼 높이 들며
아직 난 취하지 않았다!

3
술은 충동이 아니라 즐기는 것
어울려라
독불장군이 되어서도 민망스럽다
거나하다고 남을 욕하지 마라
두들기지 마라
자기 자랑은 천덕스럽다
술이 술을 먹어서는 안된다
등선(登仙) 하는 기분
술은 즐겨라

분재(盆栽)

당신의 품위를 위해서라면
작품이 된다면
이 여린 몸
비틀려도
짤려도
참을 수 있습니다
꾹꾹 참겠습니다
주리를 틀어도
앗! 소리 내지 않겠습니다
이까짓 아픔은 견딜 만합니다

선반

안방에 선반 하나
자꾸 그것으로 눈이 쏠린다
누룽지가 먹고 싶다
손이 까치발에 닿지 않아
아버지에게 구원을 청했다
병석에 누워 있던 어머니는
버르장이 나빠진다며 극구 말리셨다

머릿속에 있는 그 선반에는
내가 살아온 잡동사니들로 가득하다
이제는 하나 둘 내려놓을 차례
유독 가방에 눈이 끌린다
무엇이 들어 있기에 육중할까
그 안에는 허무가 가득가득 차 있다
내려놓다가 자칫 실수라도 하여
그 무게로 압살당하는 것 아닌가
공연히 밤을 지새울 때가 있다

말을 건네고 싶다

정류장 긴 나무의자에 앉아 있는
사람을 보면
노형! 하고 말을 건네고 싶다

아이를 업고 있는
젊은 여인하고도
말을 건네고 싶어진다

모였다 헤어졌다 하는
낯설지 않은 사람들의 풍경
버스가 도착하면
우르르 행선지 찾기에 바쁘다

잠깐의 만남
그리고 헤어짐

전에는 말을 걸어오면
모르는 척하기 일쑤였는데
오히려 내 쪽에서
자꾸 말을 건네고 싶어진다

무장해제

무장해제를 당하다
마지막 소총까지 빼앗기다
뒤통수에 손을 올린 채
터벅터벅 고지를 내려오다
빼앗고 빼앗기고
하나의 고지를 향한 치열한 전투
이제 모든 것이 끝나다
퍼붓던 총성은 멈추고
서름서름 풀벌레 소리
초연 속에 간헐적으로 슬피 들린다
나는 알몸이다
완전 무장해제다
낮달은 떠서
밤 오기를 기다린다

독작(獨酌)

주량이 얼마냐고 물으면
좀 한다고 겸손을 떨었다

세상 한구석에서
대개는 외로워서 마셨다

몇 안 되는 친구가 떠났다
그 자리가 허전하다

거나하게
정색을 하며 마신다

독작 맛이 제일이라 한다
외롭지 않기 위해 혼자 마신다

한 컷의 절경

슬로 비디오처럼
함박눈이 내리고
산과 나무
지붕도 하얗고
대청호에 내리는 눈은
수면 가까이에서 함몰되고
호숫가 작은 배가 흔들리고
높다란 교각 위로
아슬아슬 차는 질주하고
눈송이는 점점 커지고
함박눈 사이사이
바쁘면서도
짐짓 느릿느릿한 체하는
이 한 컷 풍경이야말로
나는 더할 나위 없는 절경이라 한다

바보

어릴 적부터
총명하다는 소리 한 번도 듣지 못했습니다

천자문도 중간에 팽개칠 만큼
우둔했습니다

내 귓불을 만지작거리면서
좁쌀만한 것을 만지시며
아버지는 흐뭇해하셨습니다

그 좁쌀만한 것이
무슨 관계가 있는지 모릅니다

나는 원래 바보였는데
위장했을 뿐입니다

나는 차차 늙으면서
슬픈 바보가 되었습니다

촌닭

시골에서 망태기에 실려 온 토종닭이
부엌 기둥에 끈으로 묶여서는
두리번거립니다

낯이 섭니다
모이를 주어도
슬슬 꽁무니를 뺍니다
주저앉은 채
슬금슬금 뒷걸음칩니다

모처럼 상경할라치면
서울이 퍽 낯섭니다

두리번
두리번거립니다
나는 시골에서 올라온 촌닭입니다

대청호

대청호에 둘러싸인 산
그 산형에 따라 물이 가득 차 있다

산과 물 사이에는
황갈색 띠를 두르고

그 폭이 좁아지기도 하고
넓어질 때도 있다

가물 때는 확연히 알 수 있다
허리띠가 넓어졌다

물이 확 줄었다는 증거
그래도 대청호는 여전히 푸르다

반환점

흔히 인생을
마라톤에 비유하지만
인생은 반환점이 없다
줄곧 달려야 한다

그날의 가로수
그날의 강물
연도에 서 있던 사람들
박수소리가 점점 아슴푸레하다

인생은 굴곡이 있어도
반환점이 없다
조금은 쓸쓸하지만
이를 악물어야 한다

흐느적거리는 다리의 힘
종점을 알리는 표지판은
아직 시야에 들어오지 않고
멀리 노을이 곱게 퍼진다

약에 대하여

처음으로 약을 알게 된 것은
외할머니 성화에 못 이겨
익모초 즙을 마셨던 일이다

원래 약골이었지만
약을 가까이 한 기억은 별로다

그러던 것이 어느 날부터
조석으로 한 주먹씩 털어 넣게 되었다
식도를 통해 무사히 도착했을까
미아가 된 것은 아닐까

약 없이는 불안하다
점점 의존하게 되었다
나의 가까운 종교가 되었다

먼 길

가까운 길을 두고
멀리 돌아왔다

돌아오면서
이것저것 생각을 했다

좋았던 일
기뻤던 일
감격한 일

답답했던 일
아팠던 일
슬펐던 일

가까운 길로 왔으면
이런저런 생각
반의 반이나 했을까

돌아오기를
참 잘했다
스스로 자위해 주었다

센티멘털리스트

쫓기듯 사느라 많은 것을 버렸다
그 버린 것을 위해
누구나
한 번은 센티멘털리스트가 되자

작고 그늘진 곳에 눈을 돌리자
뭉클해지자
한숨이 되자
눈물이 되자

짓눌려 사느라 많은 것을 잃었다
그 잃은 것을 위해
누구나 한 번은 센티멘털리스트가 되자

어디쯤 가고 있습니까

당신은 어디쯤 가고 있습니까
외로울 때
슬펐던 일 참 많아서
비바람 속에
진눈깨비 속에
흔들리는 갈대였습니다
휙휙 지나가는 세월 속에
이정표는 제자리를 지키고 있습니다
청명한 날에만
꽃이 피는 것은 아니었습니다

궂은 날씨보다
말짱한 날이 많았습니다
그것만은 확신합니다
이 세상 등지고 떠나간 망령들
시대의 거친 조류에
갈팡질팡했습니다
수많은 별 가운데
너만한 별은 없을 것입니다
지금 당신은 어디쯤 가고 있습니까

지팡이

지팡이를 짚을 나이가 되었나 싶어
서글퍼진다

청려장을 선물로 받는다지만
나는 그런 위인도 못 된다

김정수 시인 집에 들렀을 때
여럿 가운데 고르라 한다

가난하게 살았으니
이왕이면 금빛 나는 지팡이를!

그것에
노후를 의지하고 싶다

출타했다가
깜박 지팡이를 잊고 나설 때가 있다

아직
손에 익지 않아 그럴 것이다

3

변두리에서

변두리에서
바람과 갈대가 만났습니다
나도 함께 동행했습니다
바람 부는 방향으로
한쪽으로 쏠리다가
다시 일어나다가
여러 번 반복을 합니다
석양이 곱게 물들었습니다
흔드는 바람
흔들리는 갈대가 경쟁하듯 합니다
아름다운 은빛 풍경입니다
어둑어둑해지면서
문득 외롭다는 생각입니다
살그머니 나는 떠나기로 했습니다

서둘 것 없다

온 천지가 아파트인데
주상복합 아파트가 쑥쑥 올라가는데
그 많은 곳에 한번 살지 못하고
그대로 하직하면 어떡하나 싶었다
그 걱정이 풀렸다
대전 가수원 은아아파트로 이사를 했다
8층 거실에서
호남선 오가는 기차를 바라보는 재미가 쏠쏠하다
상하선 모두가 막힘이 없다
물 흐르듯 질주한다
먼발치에 벼논이 보인다
녹색이다가 초록이다가 황금색으로 바뀐다
느긋한 이 풍경을 바라보면서
서둘 것 없다는 생각을 하게 되었다

산책길에서

누가 쓸었을까
골목길
싸리비 자국이 선명하다

산책길에서 만나는
빈집 한 채
적막한데
돌담 위로
라일락이 고개를 쳐들었다

비어 있어
가득 채우려 함인가
그 향기가 부럽구나

가까운 산 빛이
초록으로 갈아입는 중이다

하늘

머리 위로
하늘이 있다는 것을
까맣게 잊고 살 때가 있었다

단지 바쁘다는 핑계로
몇 각도 숙인 채
아래만 보며 살았다

오랜만에 하늘과 만났다
팽팽하다

텅 비어 있었다
무엇을 채우고 싶다는 충동

하늘은 왜 멀리 있는 것일까
손짓만 하고 있을까
심오해서 그럴까

낭만에 대하여

길바닥 위로
흩어지는 가랑잎 위로 걷거나

바바리코트 깃을 세우며
눈길을 밟거나

그래서 센티했는데
쉽게 방황도 했는데

요즘 젊은이는
그런 낭만이 있는지 몰라

있긴 있을 거야
낭만은 꿈이니까

화끈하니까
어딘가 분명 있긴 있을 거야

공일

공일은 비어 있는 날이다
손을 털고 쉬는 날이다
전화벨도
핸드폰도 울리지 않는다

공간이 텅 비어 있다
심심하지 않느냐고
슬슬 유혹할 때가 있다
무엇으로 채울까

허무라면 어떨까
더 큰 공간이었으면 한다
손 하나 까딱 않고
오늘은 비운 채로 있고 싶다

핸드폰 · 2

나의 핸드폰이 구식이라서 바꾸기로 했다
전화를 받고 거는 일이 전부인데 과중하다 싶다
한번은 손녀딸을 정중히 초빙하여
강습을 받기로 했다
핸드폰의 기능이 그렇게 많을 줄이야
실습까지 받았지만 갈수록 어안이 벙벙하다
전광석화랄까
손녀딸의 손가락 빠름에 놀랐다
눈의 높이를 맞추지 못한 것이 흠이라면 흠이다
핸드폰이 갑자기 두려워졌다

길

팔베개하고 바라봅니다

걸어왔던 길을 따라갑니다

가야 할 길을 더듬어 봅니다

길이 엉킵니다

길게 심호흡합니다

복잡한 길이 깨끗이 지워집니다

옹(翁)에 대하여

우리가 어렸을 때는
오십 조금 지난 나이가 되면
옹이란 높임말을 붙여 불렀다

인품이 좋고 아는 것이 많고
둥글둥글 호감이 갔다
마을의 어른으로 모셨다

노인 사회가 빨리 와서 그런가
옹이란 호칭을 별로 안 쓴다
따스한 향수 같은 말이었는데

옹이 살그머니 사라졌다
젊은 노인은 많아지고
노련미는 보이지 않는다
한 구석이 무너졌다

시가 안 된다

넉넉히 시간을 주었는데
시나 쓰라고 맡겼는데

시가 통 안 된다
교감(交感)이 끊긴 모양이다
진짜 어렵다

한 편의 시
뭔가 물건이 될 성싶은데
아직도 안개 속이다

안개가 서서히 걷히면서
나무가 보이고
가옥이 보이고
산의 윤곽이 드러나지만

넉넉한 시간을 달라던
시인은 동동거리고
물기 빠진 가슴에
팍팍 불을 지핀다

원고청탁

봉투를 뜯었다
원고청탁이 있었다
어두컴컴한 방이 환해졌다
시인이라는 이 뿌듯함

마감 시간에 늦지 않도록
정중히 송고했다
중간에 사고라도 나면
어떡하나 조마조마했다

그런 시를 잠시 잊고 살았다
버릴까도 했다
가느다란 끈을 이어 준 것은
이 덕분이 아닌가

지금은 그런 설렘도 쇠했지만
원고청탁이 나를 키웠다
허약한 시인이나마 만들어 주었다

명령

오라고 명령만 내리신다면

거침없이 달려가겠습니다

아름다운 경치가 남아 있고

아직 가보지 못한 곳이 있긴 합니다

그렇다 하더라도

명령만 주신다면

주저 없이 달려가겠습니다

선(善)은 빠를수록 좋다고 합니다

물난리

홍수가 났다
물난리가 났다
꾸역꾸역 구경꾼들이 모여들었다

금강 철교 밑
도도히 흘러가는 흙탕물
그 탁류 속
가옥이 통째로 떠내려가고

뿌리째 뽑힌 나무들이 줄을 잇고
황소가 허우적거리고
초가지붕 위로 돼지가 아슬아슬했다

발을 동동 굴렀다
여기저기에서 탄식은 터졌지만
뒷짐 지고 바라볼 수밖에 없었다
속수무책이었다

물난리 구경을 제일로 친다고 한다
그 현장에 내가 있었다
무서웠다
무력한 나를 보았다

까마귀

된서리가 내린 날은
유성 온천 변두리
빈 논밭엔
까마귀가 까맣게 모여들었다

열심히 먹이를 쫓고 있었다
어지럽힌 발자국
햇살이 와서
아지랑이처럼 피어올랐다

한적했던 허허벌판에
길이 생기고
지금은 도시로 변하고 있다

삼강이 아니라도
까맣게 오너라

검다는 이유만으로 멀리했다
미안하다

까악깍
그 울음소리가 불현듯 그립구나

세설(細雪)

이미 봄인데 눈이 내립니다
혹독했던 겨울
이 겨울의 마지막 회유(懷柔)입니다

바짝 귀 기울여야
눈 오는 소리가 들립니다

이렇게 고요한데
왜 우리는 아귀다툼했는가
백번 두고두고 후회합니다

세설이 계속됩니다
내릴수록 넓어 보입니다
이처럼 조용한 세상이라면
좋겠습니다

사발농사

초근목피란 말 들은 적 있냐?
예, 알아요, 풀뿌리와 나무껍질, 쌀이 없어서 그것으로 살았다면서요
제법이구나, 그럼 사발농사는?
옛!
할아버지가 살던 때는 모두가 가난했다
이집 저집 다니면서 한 끼를 빌어먹던 때가 많았지
뱃속은 쪼르르 소리만 나고, 멀건 죽이나 꽁보리도
감지덕지했을 때다
한 끼를 빌어먹는 것을 사발농사 짓는다고 했다

그런데 말이다 듣자니 농협 창고에는 남아도는 쌀이
남아서 그것을 어떻게 처리해야 할 줄 몰라 고민한다고 들었다
세상 많이 변했다
할아버지 때는 언감생심 꿈도 꾸지 못했다
뭐 요즘 웰빙인가 뭔가 하는 잘 먹고 잘 사는 운동을 벌인다면서?

참 변해도 너무 변했다.
너희는 풍요로운 세상에 태어났다는 것 알아야 해.
풍요롭다고 꼭 행복한 것은 아니다
알겠냐!

당신은

아무래도 당신은
현재를 살아가는 사람답지가 않습니다

농경기에
갓 살다 온 사람 같습니다

계산이나
정보에는 담을 쌓고 있습니다

당신은 눈치에 빠릅니다
외로움이나 가난에는 익숙합니다

한 마디로 말해
이 세상에는 부적격한 사람입니다

병원에서

사이렌이 요란하다
환자용 침대에 급히 실린다
경각을 다투는 일
일사불란하게 움직인다
드라마 속 연기가 긴박해서 그런가
신나 보였다
저런 상황 속에
나도 한번은 주인공이 되었으면 하는
공상에 빠진 적이 있었다

실제 상황으로
MRI 사진을 찍게 되었다

호두알을 깬 기억이 순간 스친다
쭈글쭈글
뇌 모양을 한 것이 꽉 차 있었다
의사 선생은 사진을 가리키며
별 이상은 발견되지 않고
과거에 살짝 풍이 지난 적이 있다 한다

그랬구나
이 세상 무사통과는 어렵겠구나
살짝 비껴 갈 수는 있구나
순간 기도했다

미안합니다

많이 다투었습니다
별 것 아닌 것 갖고
여러 번 우려먹었습니다
이골이 나서 그런 건가요
못나서 그런 건가요
한참 뜸들이다가
후회합니다

그 깊은 뜻이 숨어 있다는 것을
헤아리지 못해 죄송합니다
미안하다고 생각하니
공연히 슬퍼집니다

슬퍼지다가
다시 일상으로 돌아갑니다
그 일상이 두렵습니다
감당 못할 아픔입니다

가을 풍경

가을은 그림입니다
아무도 손 댈 수 없는
한 폭의 걸작입니다

누가 더 아름다운가
더 고뇌하는가
지금 경쟁 중입니다

가을은 풍경입니다
떨어지는 미학(美學)
휘휘 지나가는 풍경입니다

4

소리

살얼음
조심조심 밟다

어디선가
얼음 갈라지는 소리

버들강아지
물에 발을 담그다

고요히
얼음 녹는 소리

졸졸거리며
봄이 오는 소리

신작로

좁은 길이
시원한 신작로로 바뀌었다

연도엔
포플러가 줄서고

하루에 한두 번
정기 버스가 다녔다

풀풀 먼지를 날리고 나면
다시 적막으로 돌아선 신작로

여름 방학이 되어
외갓집 가는 길

버스 기다리기가 지루해서
그냥 걷기로 했다

툭툭 튀는 송장메뚜기
그 소리가 적막을 깼다

꿈

나는 꿈이 많은 사람이다
그 소재가 대개는 시시한 것들
내 주변 행동반경을 벗어나지 못하고 있다
재미가 없다

이왕 꿈이라면
스케일이 크거나
신출귀몰하는 신이나 그런 것이어야지
실망스럽다

가끔 가위 눌리는 꿈이 있긴 있다
신발을 잃어버려 헤매거나
성적표 계산이 틀려서 애먹거나
가난에 쪼들려 도망치거나

오늘밤은 꿈이 안 왔으면 하지만
이왕이면 잡다한 것 말고
파란만장한
통이 큰 대작이면 좋겠다

찰칵찰칵

내가 처음으로
사진이 찍힌 것은 여섯 살 때

눈을 크게 뜨라는 소리에
있는 힘을 다해 크게 떴다
그 순간 마그네슘이 터지는 바람에
크게 놀랐다

그 후로 수없이 피사체가 되었다
사진 속 나는 우울하였다
미소 짓거나
환한 웃음은 별로 없다

스냅도 매한가지
시무룩한 표정 아니면
폼도 엉거주춤이다
왜 자연스럽지 못했을까

찰칵찰칵
내 진실은 어떤 것일까
감히 포착될 수 있을까
슬픈 기억만 남는 것은 아닐까

인생팔십

드디어
팔십 반열에 끼게 되었다
하루가 길 때도
훌쩍 지나갈 때도 있었다
비바람 치던 날보다
날씨 좋은 날이 더 많았다
그 하루하루가 쌓여
인생 팔십이 되었다
기억하고 싶지 않은 날
중간 중간 버리고 싶은 날
아팠던 시간을 전부 빼 버리면
팔십 고개
긴 것만도 아니다
용케 살아왔다

매미 소리

한여름
무량사 매미와 만났다
오랜 세월 땅속에 있다가
겨우 삼 일 남짓 생을 마치는
매미 소리는 언제 들어도 애처롭다

졸졸 흐르는 계곡 물소리 따라
한결 시원하고
악쓰는 도시의 매미와는 차원이 다르다

서둘러라
넉넉한 건 아니다
무량한 시간 같지만 일순간이다
그 애절한 호소

산을 다녀온 며칠 후
우리 집 아파트 방충망에
매미 한 마리 달라붙어서
무량사 매미 소리를 반복하고 있었다
순식간의 일이다

법주사(法主寺) 석연지(石蓮池)

사람의 손은 거의 직선을 만든다
자연의 손은 곡선이다
곡선은 부드럽고 따뜻하다
이 곡선을 따라 법주사를 찾는다
보은(報恩)에서 안내판을 만난다
천왕문에 들어서니
금동미륵대불이 대자대비하시다

석연지는 돌로 피어난 연꽃이다
돌이파리가 파르르 떨고 있다
팔각의 받침돌 위에 버섯 모양의 구름무늬
반쯤 피어난 연꽃이 반긴다
윗부분에는 큼직한 연꽃잎을 두 겹으로 둘러놓았다
절제된 화려함 속에 우아함을 더했다
돌로 거대한 연꽃을 만들었고
그 속에 생명의 꽃을 띄워 놓았다

팔세기경 통일신라시대에 제작되었다 한다
우선 규모부터 놀랍다
둘레는 장정 세 아름만큼 크기의 대작이다
단단한 몸 돌을 끌과 정으로 내부를 깎아 내었다

그 노고가 얼마일까
석공의 곡진한 정성이 놀랍다
석연지는 중생의 소망으로 피어났다
속리산 신록의 푸르름이 일제히 하강하고
석연지 주변을 옹위하고 있다
연꽃은 더러운 흙탕물에서 자란다
극락세계로 흐르게 한다

노여움

늙으면 어린애로 돌아간단다
유치해진다 한다
그래서 그런가
사소한 일에 화를 낸다
얇은 귀가 곧잘 노여움을 탄다
작은 노여움이
살랑살랑 나뭇잎처럼 흔들린다
산 너머 마른번개가
그까짓 노여움은 풀라 한다

시간이 얼마 남지 않았어요
이승에서 생긴 노여움은 이승에서 풀어요

암, 그래야지
그 여운이 길게 뻗는다

그림자

가장 가까이에서
그림자가 나를 따라다닌다
일거수일투족
하루 일과를 빤히 알면서도
짐짓 모른 체할 때가 있다
아플 때 먼저 아파할 줄 안다
따라다니기 지겹지도 않느냐고
내가 호통을 친다

어둑어둑하다
그림자가 가장 길 때다
집으로 돌아가야지
내가 울먹일 때
왈칵 울음을 터뜨린다
그만큼 착하다
그림자는 하루의 피곤은 잊고
내 옆 잠자리에 드러눕는다

개업

점포 앞에 화환이 몇 개
신장개업을 알리는 안내문이 붙어 있다

불경기 탓인가
손님들이 기웃거릴 뿐
냉큼 안으로 들어서지 않는다
나의 개업도 오십여 년 참 길다
자리가 잡힐 법한데
아직도 바닥이다

신장개업하면 어떨까
확 직종을 바꾼다면 어떨까
그러나 그러나
이제는 돈도 필요하지 않은
나이도 서산에 기울고 있는
지금 와서 결단을 내린다는 것
괜한 도박이 아닌가

문득 고개를 쳐든다
가을하늘이 팽팽하다

눈초리

캔디를 입에 넣고
무심코 껍질을 화단에 버렸다
걸어오던 소년과 마주쳤다
따가운 눈초리
소년은 뒤돌아보면서
한심하다 뇌까리고 있었다

한 소년이 울고 있었다
바람에 모자가 잔디밭에 떨어졌다
〈이 잔디밭에 들어가지 마시오〉 팻말이
붙어 있었다
이 광경을 보고 지나가던 노신사가 스틱으로
모자를 꺼내주었다

나와 마주친 소년의 눈초리와
잔디밭에서 울고 있던 소년의 눈물이
오버랩되었다
따스한 햇살이 구겨지고 있었다

그냥 가거라

쓸쓸하다는 감이 잡힐 법한데
참 이상하다

한쪽으로 낙엽 구르는 소리
왠지 가볍다

이 가을
슬픔도 느끼지 못하고 떠나려 하는가

수척한 나뭇가지 사이로
하늘이 차갑다

슬금슬금 눈치 볼 것 없다
그냥 가거라

후회

초등학교 손자 놈이
뻔히 내가 컴맹인 줄 알면서
컴퓨터 이야기를 또 늘어놓는다
할아버지도 배우세요
이메일로
편지 주고받으면 얼마나 좋겠어요
내가 가르쳐 드릴게요

그놈 말대로 배울 걸 후회가 된다
그때는 얼마나 살랴 싶었다
십 년 허송한 셈이다

늘 이렇듯 후회를 달고 산다
미적미적하다가
놓칠 때가 많았다
주저주저하다가
빵꾸 낸 적도 적지 않았다
후회는 늘 뒤늦게 온다

여름을 탄다

시가 여름을 탄다
뜨거운 햇볕에 그늘만 찾다가
쿨쿨 잠이 들었다

긴긴 여름에는 시가 되지 않아
안주머니에 넣고 다니던
시고(詩稿)가 텅 비었다

시가 유일한 자랑이었는데
깊이 시수(詩瘦)에 빠졌다
회복할 기미가 안 보인다

아주 더위를 먹으면 어떡하나
잠결에도 벌벌 떨고 있다
시가 여름을 탔다

날개

동학사 입구
계룡산자연사박물관에는 공룡 화석이 전시되어 있다
한 코너에
크고 작은 새들이 모여 있다
모두가 박제되어 있었다

금방이라도 날아갈 기세지만
날지 못하는 슬픔을 보았다
하늘이 얼마나 그리울까
날개는 아픔이다
이 아픔을 강요하지는 말라

계룡산 짙푸른 중턱을
한 쌍의 새가 날고 있었다
흰 날개가 유유히 노 젓고 있었다

덫

희망을 모두 죽였나요?
그래야
들어가기 수월하다고 합니다

이제는 외면하거나
돌아설 수도 없습니다
좁은 외길입니다

생전에 죄가 많았습니다
도처에 덫은 널려 있고
그 덫에 쉽게 넘어갔습니다

당신은 아직도 떨고 있습니다
사시나무 떨 듯 하고 있습니다

참회할 시간이 없다는 것
그건 핑계였습니다
천 길 낭떠러지
육중한 철문 앞에 우리는 서 있습니다

서운하다

한 편의 시가 되었을 때
우선은 반갑습니다
오랜 고뇌 끝에 만난
나의 시 한 편
흉허물 없다고
단 몇 초 안에 읽어 버리는
그 눈빛이 서운합니다

그 무량한 시간에
몇 번의 만남은 순간입니다
헤어질 때는 서운한 줄 몰랐는데
커다란 구멍으로 남아 있습니다
늦게사 느껴옵니다
사랑은 잠깐
그 잠깐의 시간이라 더 서운합니다

순간

버스에서 내렸다
빗줄기는 점점 세차다

처마 밑으로 비를 피했다
그때였다
안에서 내 목소리가 들렸다

얼마 전
방송국에서 녹음했던 일이 생각났다

생전 처음
전파를 통해 나오는
나의 목소리는 어떤 것일까

잔뜩 긴장하고 있었다
아뿔사
별 재미가 없던지 라디오를 꺼 버렸다

앗! 이럴 수가
순간 실망이 컸다
장대비는 계속 내리고 있었다

오십 년 전의 일이다

중계방송

"오늘 중계방송 있습니다."
다방 입구마다 커다랗게 써 붙였다
TV가 별로 보급되지 않던 때라
이런 진풍경도 흔히 눈에 띄었다

다방 안은 이미 만원이었고
보충 의자까지 동원되었다
시간이 되었는데 선전 광고만 나온다
예감이 심상치 않다
아니나 다를까
현지 사정으로 중개할 수 없다고 한다
이런 허탈이 또 있을까

운동 신경에는 둔하면서
중계방송이라면
새벽이나 밤 할 것 없다
그토록 열광하는 까닭은 무엇일까
각본 없는 드라마가 있기 때문이다
스포츠 중계방송 있는 날이 기다려진다
신바람 때문이다
나를 미치게 한다

불청객

밤에는
별이 총총 제자리로 돌아간다

어릴 적
국자 모양의
북두칠성 찾느라 애먹었다

나이 들면서
밤하늘 쳐다보기 뜸하다
그 많던 별들은 어디 갔을까

아주 은밀히
얼굴에 저승꽃이 피었다

먼 길인데
축지법으로
불청객이 왔다

*나태주 해설 생략.

13시집

바람, 만지작거리다…2016

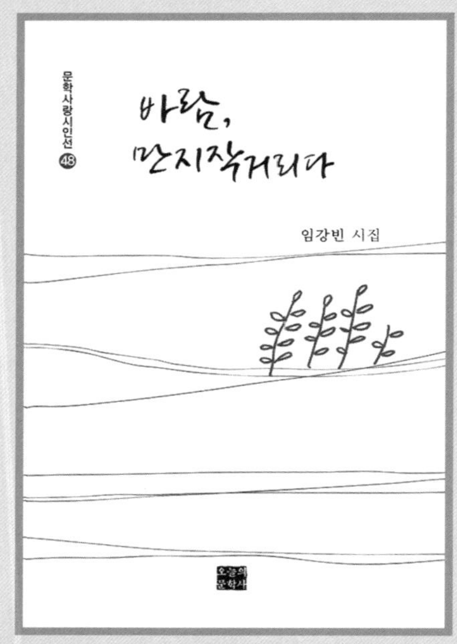

◆시인의 말

앞으로 시가 몇 편 나올지 모르지만, 그러나 시집은 이번이 마지막일 것이다.

문단에 몸을 담근 지 회갑의 나이가 되었지만 널리 회자되는 시, 번번한 애송시 하나 없다. 허무하다는 말은 바로 이런 때 쓰는 것이리라.

누구를 탓하랴,
자업자득이다.

2016. 5.
대전 구봉산 아래, 우봉(又峰) 임강빈

1

햇살

추위를 타는 편이다
염천(炎天)에도 그늘에 오래 있으면
으스스 한기를 느낀다
햇살이 그립다

한동안 병원에 있다가
집에 돌아왔다
왠지 서먹서먹하다

우리 집 베란다에
아침 햇살이 가득 넘친다
서둘러야지
나무의자에 앉아
일광욕(日光浴) 한다

쏴— 쏴—
앙금을 털어낸다
아픔을 씻어낸다

아, 눈부신 햇살

소동

그만 했으면 하지만
늘어나는 것이 병원 약이다

오래 전부터 친한 친구가 되었다
한 움큼 털어 넣다가
심술이 나서 도망칠 때가 있다

대굴대굴 어디로 굴러갔나

소파 밑인가
숨을 만한 구석을 뒤진다

꼭꼭 숨어라
머리카락 보인다

가끔 벌어지는
우리 집 소동이다

빠져 나간다

단추가 빠져 나간다
나사가 빠져 나간다
머리카락이 빠져 나간다
이빨이 빠져 나간다
사람이 빠져 나간다
이 모든 것이 눈 깜짝할 사이 생긴 일
빠져 나간 자리는 크다
공허할 것 같은데
그렇지가 않다
익숙한 일상 탓이리라

엉덩방아

한밤중에 소피를 보려고 일어서다가
엉덩방아를 찧었다
척추에 이상이 생겼다 한다
시술을 받았다

재활 중이다
허리가 중심이라는 것도 모르고 살았다
일어선다는 것
한 발자국 떼어 놓을 때까지의
그 두려움

수없이 엉덩방아를 찧고
넘어지고 하다가
혼자 설 수 있을 때의
박수소리

졸업한 지 까마득한데
늘그막에 재수(再修)한다
둔하고 게을러 진도가 더디다
입을 악물다
참고 견딘다

사람 구실 할 수 있을까?
글쎄!

풍경

핸드폰이 울린다
— 나, 윤이야. 미안해 문병도 못 가서
— 목소리가 왜 그래, 아주 딴판이군
— 감기 때문에 그럴 거야
음성이 변해도 그럴 순 없다 싶다
며칠 후 그 윤이 세상을 떴다는 전언
아뿔싸
자신도 경각(頃刻)에 있으면서
남을 걱정하다니!

열흘 뒤 또 동창의 부음이 왔다

여덟 달 넘게
의식불명인 채 병상에 누워 있는 친구도 있다

무엇이 그리 바쁜지
바쁘게 돌아간다
초겨울인데 창밖엔 함박눈이 쏟아지고 있다
사정없이 내린다
어수선한 풍경이다

눈빛

간밤은 칠흑이었다
우리가 잠자고 있을 때
눈이 내린 모양이다
하얗게 변했다
세상이 교교(皎皎)하다

창문을 열었다
새벽 공기가 차갑지 않다
베란다 아래
연두, 빨강, 갈색, 파랑 슬래브집 지붕이
일색이다

지붕마다 정지된 채로 조용하다
갑자기 적막감이 몰려온다
아, 나 떠나는 날
이처럼
하얀 눈빛이면 한다

만일에

만일에
말인데 말이야
저승에 가서 이쪽 소식을 물으면
무엇이라 답할까

건물이 높아졌다는 것
도시는 마천루(摩天樓)가 즐비하고
10층, 20층 아파트가 농촌에도 서고
초가지붕만 쳐다보던 망령들
십중팔구 고개가 아프고
어질어질 현기를 호소할 것이다

자동차가 많기로 미국을 부러워했지만
그 나라에 비견할 만큼
우리도 자동차 강국이다
수출국이 되었다
설이나 추석 귀향길
자동차 홍수가 장관을 이룬다

핸드폰이 나오고
곧이어 스마트폰이 출시되면서
걸어가는 백과사전이란 별명이 붙었고
속도도 상상을 초월할 만큼 빨라졌다

안방에서
전국은 물론 외국 누구와도 화상 통화를 할 수 있다
놀랍도록 변했다
그야말로
상전벽해(桑田碧海)지
정신 바짝 차려야한다

스마트폰

모르는 것 없다는데
스마트폰은 만능이라는데
할아버지 어렸을 때
두 일화도 찍힐까

젓가락질 못하면 장가 못 간다
장가가 무엇 하는 건지 몰라도
못 간다는 바람에
어두운 골방에서
젓가락 연습하느라 애먹었다

외출했다 돌아온 삼촌들
대화 속에
구두(口頭) 시험이 더 어려웠단다
나는 얼른 밖으로 나와
뜰에 놓인 신발을 가지런히 했다
췟, 하나도 어렵지 않다고 중얼거렸다

할아버지 바보
스마트폰 바보

근황(近況) · 1

눈 뜨기가 무섭게 약부터 챙긴다
세상 돌아가는 이야기가 궁금해
TV를 틀고 빅뉴스를 대충 살핀다
조간신문에 나온 프로그램을 통해
대충 일과표를 짠다
스포츠 중계가 있는 날은 ✔표로 체크하고
한 · 일전은
새벽 · 심야를 가리지 않는다
TV가 없던 사람들은
무료를 어떻게 달랬을까
시간에 쫓길 걱정도 없다
거의 두문불출이다
친구들도 많이 빠져나갔다
전화도 없는 날은
그야말로 산속의 절간이다

날짜

마을에서 지근한 거리
누울 자리 하나 장만했습니다

살아서 그래도 행복했고
저승에서도 그럴 것입니다

지상이나
땅 속이나 시간은 같습니다

흔적도 없이 없어질 일이지만
몇 점 남겨두었습니다

앞사람들과 잘 어울릴지 몰라
걱정은 됩니다

간다는 것은 확실합니다
아직 날짜가 잡히지 않았을 뿐입니다

문패

'문패도 번지수도 없는 주막에'를
신나게 불러댔다

젊어서 이사를 자주했다
주인집 문패 옆에
미안하다는 생각도 없이
내 것도 버젓이 걸었다

아버지는 집 대신
달랑 문패 하나 주셨다
친필로 쓰신 이름 석 자
자수성가하라는 바램이 있었다

모처럼 아파트로 입주
아라비아 숫자가 문패를 대신했다

이제는 필요 없게 된 문패
책장 깊숙이 꽂아두었다가
그립다 하면
그것을 꺼내 안았다

이층 다방

시장 변두리 이층 다방은
노인들의 단골
소외된 사람들의 집합소이다
커피 천원이면 오케이

거의 허드레이고
잡담이 대부분이지만
묵은 이야기로 풍성하다
우국충정을 걱정하며
핏대를 올리는 논객도 있다
구석 한편에는
바둑 삼매경에 빠져 있기도 하다

북적거리다가
호수처럼 조용할 때가 있다
그 틈을 타 나를 되돌아본다
시를 버릴까 했는데
아직 절필하지 않고 있다
참, 잘 했다 싶다

커피 한 잔
일금 천원 내고
하루 노추(老醜)를 달랬다

은수저

아내가 시집 올 때
가져 온 은수저로
밥을 먹습니다

아내의 수저는 꽃무늬가 박혀 있어
구별하기 쉽습니다

이것저것
음식을 나르느라
노고가 얼마입니까

지난 세월
무심했습니다

까딱하면 인사를
놓칠 뻔 했습니다

아내도
수긍하는 눈치입니다

고맙다
은수저야

이 순간

누가
누가 먼저 입을 다물까

누가
누가 먼저 눈을 감을까

이 순간
심장은 얼마나 뛸까

냄새

은행 창구 앞엔
유니폼을 입은 여직원이
지폐를 세고 있습니다
그 속도가 놀랍습니다

지폐 냄새가 역겨워
도망치듯 은행을 나왔다는
박용래(朴龍來)
아직도 맑은 시를 쓰고 있습니다

돈은 돌고 돈다고 합니다
돈의 흐름을 잘 아실
퇴계, 율곡, 세종대왕, 신사임당
나라경제가 어떻습니까
팍팍합니까

답답한 날 지폐 세는 것으로
망중한(忙中閑)을 달랩니다
여러 번 이 짓을 반복합니다
지폐 냄새가 납니다
복잡한 사람 냄새가 납니다

풍랑

비가 잦은 나라
일본인이
이 땅에 이주하면서
청명한 하늘을 보고
'닛뽕바래'*라고 감탄했다

홀연히 서쪽으로부터
날고 있는 물체가 있었다
귀로만 알고 있던
B29 폭격기
멀리 비행운이 그림 같았다

패망 후 잠잠했던 일본
동해를 일본해라 우겨대더니
기어코
독도마저
자기네 땅이라 풍랑질하고 있다

*닛뽕바래 : 日本晴(バし). 쾌청한 우리 하늘을 이렇게 불렀다.

자투리

가위질한다
자투리로 남은 시간
버릴까 말까
도로 주워 담았다

철철 넘쳤다
흘려버렸다
많은 것 허송하고
자투리에 매달린다

점점 멀어진다
점점 가까워진다
무엇이 되어
우리는 어디서 만날까

모일(某日)

하늘에 떠 있던 해가
서쪽으로 기울다가
어느 시간에 와서는
꼼짝 않을 때가 있다
큰 바위처럼 부동이다

밀어도 밀어도 움직이지 않는다
소진해서일까
더 머물고 싶어서일까
푸른 하늘에
흰 구름은 떠 있고
이렇게 멍이 든 날이 있다

지겨운 하루가 있었다

마지막

살아가는 동안에
우리는 마지막이란 말을 즐겨 쓴다

마지막은 끝이다
소중하다

그 소중한 것을
너무 헤프게 쓰고 있다

마지막 기회
마지막 약속
마지막 이별

이 소중한 마지막이
난무하고 있다

바람 되어 사라지는 날
나의 마지막은 언제일까

작별

떠나야지
혼자 떠나야지

산천초목
그대로 두고 떠나야지

봄, 여름, 가을
꽃은 아름다웠다

겨울의 적막도 눈꽃도
매혹적이었다

질풍 같은 시간
이제야 실감난다

사는 동안
고마웠노라 인사를 하자

떠나야지
가볍게 떠나야지

그래도 눈물이 난다
눈물 난다

일의대수(一衣帶水)

우리나라와 일본은
일의대수(一衣帶水)의 거리
두 나라는
가까우면서도 먼 나라

독도의 풍랑이 거세다
아베 총리는
자기네 땅이라고 서슴지 않고
입을 나불거리고 있다

그들의 간교가 눈에 선하다
가증스럽다

스크랩

책이 귀하던 시절
신문에 연재된 소설을 오려
스크랩해서
서로 다투어 읽던 때가 있었다

필요하다 싶어서
후에 도움에 될까 해서
이곳저곳 가위질을 했다
놀랍게도 그것이 전부였다

서랍엔 신문 조각이 산재해 있다
아직도 잠자고 있다
무엇을 위한
정성이었나 싶을 정도다

내가 밉다

2

그냥

모처럼
전화가 왔다

어떻게 지내느냐고
안부 전화다

반갑다
응, 그냥 잘 지낸다

며칠 후 이쪽에서 걸었다
건강은 어떠냐

뭐, 그냥 그래
왠지 퉁명스럽다

꿈이 없는 사람
무료한 사람

노인들은
그냥으로 통한다

바람 송(頌)

바람은 자리가 따로 없습니다
궁둥이 붙일 틈을 주지 않습니다

꽃 이파리가 흔들릴 때
나뭇가지가 움직일 때
깃발이 펄럭일 때
바람을 만날 수 있습니다

바람은 언제나 바쁩니다
한곳에 머물지 않고
변화무쌍합니다
그 힘이 바람입니다

바람은 소리가 있습니다
살아 있다는 증표입니다

꽃비

동학사 가는 길에
꽃비를 만났다

구름처럼 모여들어
벚꽃이 화사하더니

나흘도 못 되어
이렇게 요란하다

준비가 안 되었는데
바람이 분다

바람이 세차다
꽃잎이 억수로 날린다

조금 먼저 가는 것뿐인데
사람들은 감탄사를 연발하고 있다

고속도로를 달리며

고속도로를 달리다 보면
멀리 능선이 보이고
논밭이 펼쳐지고
조용한 마을
한 폭 그림을 만나게 된다

그러다가 멈칫 놀라기도 한다
무덤들이 많이 내려온 것을

마을 가까이
산자락으로 옮겼을까
명당을 버리고
유택을 두고
왜 하필 하산했을까

답답했다
너무 멀다

실리를 택했다
양지바른 금잔디

봉분이 휙휙 지나간다
자줏빛 할미꽃
벌써 피었을 것이다

인연

—홍희표 시인

판서하고 있었다
분필로
또박또박 눌러 썼다

훌쩍거리거나
기침 소리 하나 없이
학생들은 베끼고 있었다

그 순간 나는 창가에 가서
먼 곳을 응시하고 있었다
팽팽한 하늘이 좋았다

— 멋지다
— 쓸쓸해 보인다
여기저기 수군거리는 소리

그 무렵
시 한 편을 내밀고는
도망치듯 한 학생이 있었다

남의 것을 베낀 것임을 알았다
그런 일로
겨자씨만 한 인연이 되었다

군중

고암 이응로 미술관에 들렀습니다
'군상' 앞에 섰습니다

군중이 우르르 몰려옵니다
웅성거립니다
고함이나 욕설이 보이지 않습니다
고독도 없습니다

손과 손이
높이 움직입니다
하늘을 향해
걸어가는
발자국 소리가 가볍습니다

참, 조용한 시위구나
별천지에 와 있습니다

나의 시

남이 쥔 떡이
커 보입니다

남의 시가
커 보입니다

남의 시가
예뻐 보입니다

나의 시는
크지도 예쁘지도 않습니다

다만
야코죽지는 않습니다

어느 장례식

신문에 대문짝만한 부고 광고가 실렸다
모퉁이에는 부의금, 조화는 사절합니다
돈이 없어서
돌아서는 경험은 별로일 것이다

장례식에도
온도의 차이가 다르다
진짜 부의금이 없는
정중히 사절하는 장례식이 있다
깊은 산속 같다

조화 하나 없는 장례식
조문객도 뜸하다
이것저것 모두가 썰렁하다
고되고 서럽던 한 평생
영정 사진 속
당신은 빙그레 웃고만 있다

*2014.1.15.

근황(近況) · 2

미지의 시인으로부터
시집을 받은 날은
덩달아 나도 흥분이 된다

작품 하나에 얼마나 전력투구했을까
대개의 경우
전화로 고맙다는 인사로 때우지만
요즘은 이 일마저 버겁다

보내온 주소를 오려서
그 시집의 뒷면에 붙여놓는다
인연의 끈을 놓지 않기 위해서다
이렇게라도 해야
한결 마음이 후련하다

함구령(緘口令)

칼날 같은 바람이 부는 날
퇴근 후
직원과 함께 택시로 상가 가는 길이었다

발을 동동거리며
버스를 기다리는 사람들 가운데
앗, 아버지다
덜덜
떨고 계셨다

가난과 추위는 가깝다
빈한(貧寒)이란 말이 생겼다고 말씀하셨다
그 가난 때문에
사시나무 떨 듯 하고 계셨을까
안 볼 광경을 본 것이다

그날의 일을 고한다는 것이
차일피일 놓쳐버렸다
마침내 나는 나에게 함구령을 내렸다
무거운 짐은 가중되었다
함구령은 아직껏 유효하다

호서문학

—이순(耳順)에게

호서문학이 고고성을 울릴 때
타블로이드판으로 찍을 때
오늘 같은 의젓한 잡지가 될 줄
아무도 몰랐다

약관(弱冠)에
어려움도 겪었고
더러는 흔들리기도 했지만
뚜벅뚜벅 걸어서 이순(耳順)이 되었다.

이순이면
남의 말에 거슬리지 않고
세상 이치에 통달한다고 한다
지금 60은 한창 움직일 나이
몸집도 불리고 속도 알찰 때

전통은 이어져야 한다
그러기 위해선
제일 좋은 작품만 골라서
친정집으로 보내는 일

그래서
고른 작품이 망라된
별처럼 빛나고
격조 높은
당당한 호서문학이 되는 일이다

봄

안개가 자욱합니다
우릉 우르릉 발동 소리가 들립니다
한참 있다가 사람 소리가 납니다
꽃들은
먼저 피려고 다툽니다
나무 이파리도
뒤질세라 서둘러댑니다

천지에
가득가득 봄이 밀려옵니다

딸국질

딸꾹
딸꾹질한다

저승길이 가까운데
그냥 가면 어떡하나
하던 차에
딱 걸렸다

알지 못하는 사이
딸꾹
더 반갑다

칩거(蟄居)

깊숙한 산이나
오지도 아닙니다
아파트 방 하나에서
칩거 중입니다

답답하지 않느냐고요?
이미 예약된 일이니
별 개의치 않습니다

벽 하나 두고
변기에 걸터앉습니다
'로댕의 생각하는 사람'을
흉내 내보지만
산만할 뿐
생각이 하나로 모아지지 않습니다

술자리나 모임에도
사절입니다
은둔 따위는
애당초 생각한 적 없습니다

어디까지가
고독의 한계인지
그 고독을
사랑하고 싶습니다

호시절

까까중머리일 때
허연 허벅다리 훔쳐보려고
별러서 푼돈을 모아 뿌리면서도
성사가 될까 말까 했는데
지금은 어떤가

대로에 허벅다리가 쏟아지고 있다
백주에 범람하고 있다
어렵지 않게 감상할 수 있다
까놓고 구경할 수 있다

스커트가 잔뜩 짧아지고 있다
아찔아찔한 때가 있지만
남자들이여
그대들은 분명 호시절에 살고 있다
이것만은 확실하다

구닥다리

반가운 친구를 만나서
회식이라도 할 처지인데
수중이 무일푼일 때 당황하게 된다
카드를 내밀고 사인만 하면 간단히 끝나는데
그때처럼 간절할 때가 없다

몇 개의 카드를 지갑에 꽂고 다닌다고 한다
나는 유일한 게 교통 카드이다
구닥다리라고 얕잡아 본 것이
엊그제 같았는데
내가 그 구닥다리로 전락했다

편리한 것을 외면하고 있다고
고루하거나
케케묵은 구닥다리는 아니다
내가 살아가는 방편 중의 하나
스스로를 폄하하지 않는다

구닥다리여!
야코죽거나 슬퍼하지 마라

그림자

그림자가 있습니다
평생 따라다니는 그림자가 있습니다
궂은 날이나
청명한 날이나 항상 동행했습니다

험한 고개를 넘었습니다
시궁창에 빠지기도 했습니다
그러면서 반항이나
싫은 기색을 보인 적이 없습니다

이 땅에 오래 머문 것 같습니다
그림자도 끄덕 끄덕 수긍합니다
땅거미가 어둑어둑합니다
우리는 머지않아 떠나야 합니다

수고했어요
나의 그림자
이만한 충복은 없습니다

참, 간단했습니다
—김정수 시인에 대한 조시

환자의 독백이 문득문득 이어진다
얼마나 지루하면 저럴까

수족관 수초 사이로 유영(遊泳)하는
느낌표(!)만한 구피
그 자유로움을 서로 쳐다보다가
오늘 문병도 싱겁게 끝났다
— 졸시 「문병」

2주(週)에 한 번 꼴
그러다가 한 달에 한 번
차츰 뜸하다가
두 달에 한 번 꼴
문병에 횟수가 무슨 필요일까만
자연이 멀어졌습니다

텅 빈 방안에 두 사람의 시간은
넉넉했습니다
추억에 대하여
시에 대하여
인생에 대하여
순서도 없이
단편적인 이야기들이
나뒹굴었습니다

우리들 대화 중에
시를 써야겠다는 말은
별로 한 적이 없습니다
희한한 일입니다
쓰고 싶었을 것입니다
밍밍한 것, 식상한 것보다
파격적인 시를 쓰고 싶었을 것입니다
깨어있는 시인이고 싶어 했습니다

모든 것이 끝났습니다
간단합니다
칠십 평생 이것저것
복잡한 것 많았을 텐데
마지막은
참, 간단했습니다

조금 남아 있다

머리카락이 빠져 나갑니다
이빨이 빠져 나갑니다
기억이 빠져 나갑니다
빠져 나간다는 것은 없음과 같습니다
나는
조금 남아 있을 뿐입니다

자작나무

구(旧) 대전 MBC 자리에
무엇이 들어올까 했는데
아니나 다를까
고층 아파트 군(群)이었다

환경 조성 사업으로
주로 키가 큰 해송이 보통인데
이 단지는
유독 자작나무다

설악산 가는 길에
흘끗 만났던 자작나무
피부가 희어서
얼른 눈에 들어왔다

먼 숲을 떠나서
각종 차량의 소음 속에
추운 날 알몸으로 서 있다
청빈한 선비 같다

개구리 울음

한 놈의 선창에 따라
개굴개굴 울어대더니
리더의 지휘에 일제히 뚝 멈췄다
세상이 고요하다

그 개구리 울음을
이제는 여간해서 들을 수가 없다

동남아를 배낭여행으로 다녀온
아들이 선물이라고
목각개구리를 건넨다
검정개구리다

그 등뼈를 문지르면
개굴개굴
건강한 개구리 소리
나는 장난감으로 어린애가 된다

멀리 그리움이 밀려온다

3

빗방울

비가 지나간 뒤
빗방울이 모였습니다
빨랫줄 아래로 옹기종기
매달려 있습니다
순서는 없습니다
눈 깜빡할 사이
하나가 증발합니다
간단합니다
복잡할 것 같은데
참, 간단합니다
우르르 빗방울이 뒤따릅니다

어금니

아침밥을 먹다가 입안에서
이상이 느낌이 들었다
조심조심하던 어금니가 빠져나갔다
밖으로 획 버릴까 하다가
멈추었다
팔십 평생
함께한 어금니
씹도록 도와준 어금니
함부로 버릴 수야 없잖은가
보물 다루듯 씻고 또 씻었다
확 모양이다
빈자리가 허망하다
슬슬 하나 둘 빠져 나가는구나
갑자기 슬픈 생각이 엄습한다

세대 차(差)

우리집에 감기가 왔다

아버지는
콧물이 떨어지려는 순간
티슈 한 장을 뽑아
얼른 훔친다
그것을 몇 번 얌전히 접는다
그리고 기다린다

아들 녀석은 좀 다르다
티슈를 뽑는데
획 소리가 들릴 만큼 세다
아껴서 남 주나
흥하고 코를 풀며
대여섯 장을 연달아 버린다

우리집의 세대 차다

소통

하늘의 소리가
가까이 들리게
경청할 수 있게
하루에 한 번 청소를 한다
귀지를 후빈다

청명한 날
구름이 잔뜩 흐린 날도
뜨락으로 내려와서
하늘을 향해 귀를 세운다

보청기를 낀다
잡음만 윙윙거릴 뿐
소통은 아직 멀었다
하늘이여!
아직 까마득하다

떠나려 한다

남들은 나이가 들수록
눈이 보이기 시작하고
귀가 트인다고 한다
얼마나 고마운 일인가

아둔해서 그런가
아직 나에겐
그런 기미가 없다
마냥 까맣다

한 가지 재주가 있다면
시 쓰는 일이었다
만지작거리다가
시 한 편이 됐다 싶을 때
그 순간의 희열

그런 날은
세상을 얻은 것 같았다
그 즐거움이 점점 멀어지고 있다
떠나려 한다

송고(送稿)

우편으로 원고 청탁이 왔다
가뭄 끝의 단비다
마감 날짜가 넉넉하다
활자화 된다는 설레임
그 마력

무엇으로 할까
이걸 보낼까
갑자기 부자가 된 기분
부러울 것이 없다

정중히 송고한다
등기로 보내는 건데 하는 아쉬움
무사히 도착했을까
기도하는 마음

이런 절차가 거의 없다
인터넷으로 주고받는다

원근법(遠近法)

멀어지면
가까워진다는 것
가까우면
멀어진다는 것
겨우 알게 되었다
나는 얼마나 무지한가?

보름달

보름달이 가까워지면
어머니 생각난다

장정 등에 업혀
상여 따라 간 산길

억새가
흔들렸다

만장처럼
흔들리고 있었다

사진 한 장 남기지 않은
어머니 생각 불현듯 난다

약(藥)

어릴 적에 금계랍 먹던 생각이 난다
진절머리를 쳤다

약과 친해진 것은
40대 후반

아침 식사 30분 후부터
연이어
레이스는 시작된다
한 움큼 손에 쥔 약을
식도에 털어 넣는다
경마처럼 달린다

약이여
생명이여
쓸쓸함이여
그리고 허무여

기도하는 마음으로 꿀꺽 삼킨다

연분홍

완만한 산입니다
봄이 와서
무명치마를 벗고
연분홍으로 갈아입습니다
삼삼오오 산에 오릅니다
아래로 내려갈수록
치마폭이 넓어집니다
바람이 휙 지나갑니다
속옷이 보일락말락 합니다
아차! 싶어
얼른 치맛자락을 움켜 여밉니다
느릿느릿한 행렬이
정상으로 이어집니다
만산이 연분홍빛입니다

소모품

내가 어릴 적
이사 간 집을 방문할 때
불꽃처럼 일어서라고
주로 성냥갑을 들고 갔다

세상이 바뀌어
풍습도 변했다
요즘은 화장실용 두루마리를 들고 간다

아파트로 입주했다
친지나 지인들로부터
화장지 선물을 받았다
평생 쓰고도 남을 만한 양이다

산처럼 쌓였던 화장지가
몇 개 남지 않았다는 아내의 말
허— 그 많던 것이?
우리가 너무 오래 살았다는 것 아닌가

있는 것은 없어지기 마련이다
소모품은 더욱 그렇다
예외가 없다

세수(歲首)

임진년 새 달력을 펼쳤다
그 안의 그림도 보며
연휴가 몇 번인가를 꼽다가
늘 놀고 있는 처지인데 하고
쓴웃음을 지었다

희망 사항인데
앞으로 1000일
이쪽저쪽에서 떠나게 된다
그 천 일을 무엇으로 채우나

금쪽같은 시간
서둘지 말고
모든 사물을
따스한 눈으로 보자

그러하다 보면
훌쩍 그날이 오지 않을까

막막하다

짧은 대화
짧은 통화
짧은 인사말
짧은 시
그런데
내 목숨은 길어졌다
얼마 전 세상을 떠난 친구
미안하다
늘어난 시간을 어떻게 채울까
막막하다

절필

떠들썩하게
절필을 선언한 사람이 있다

나이 팔십에
시가 점점 멀어진다
내심 버릴까

시가 전부는 아니다
견딜 수 있다

단풍이 곱다
산에는
경연대회가 한창이다

절필하라는 약속
조용히
유보할까

신록

꽃이 피었구나 했는데
어느새 신록이네
쏴— 하고 엄습하네
속전속결
눈이 부시네
한참을 응시해도
눈이 아프지 않아
살랑살랑 이 푸르름
답답하면
신록 앞에 서거라
멈추지 않는 유혹
깊숙이 파고드네

잠자는 얼굴

보고 싶어도
나는 잠자는 얼굴을 볼 수 없다
한 이불을 덮고 자는 집사람에게 묻는다
바보처럼 입을 벌리지 않던가
잠꼬대는 없던가
코는 곯지 않던가
다리를 포개고
구부정하게 자지는 않던가

불면증으로 고생 중인 집사람은
대개는 숨소리뿐
얄미울 만큼 잘 자더라고 한다

나는 한참 악몽에 시달리고 있을 텐데도
편안한 자세라고 한다
됐다
잠자는 예행연습은 끝났다
잠자는 내 얼굴을 들여다보는
집사람이 고맙다

소심한 사람

기념사진 찍자고 한다
서둘러
맨 뒷자리에 섰다
아, 편안하다

매서운 추위
삼삼오오 곁불로 모여들었다
움직이는 머리와 머리
그 사이로 손을 내민다

매사가 이렇다

아, 소심한 사람

문병

암으로 고생하는 시인을 찾아갔다
이것저것 추억은 아름답지만
진작 위로할 말은 찾지 못했다

억울하다, 빨리 승부가 났으면 좋겠다

환자의 독백이 문득문득 이어진다
얼마나 지루하면 저럴까

수족관 수초 사이로 유영(遊泳)하는
느낌표만한 구피
그 자유로움을 서로 쳐다보다가
오늘 문병도 싱겁게 끝났다

시간은 길다
운동시합에서 이기고 지는 일은
얼마든지 바뀌지만
진검승부는, 딱 한 번
그 승부가 쉬 끝날 것 같지 않다

4

낙서

젊었을 적 주점에 가면
벽면 한쪽을
낙서로 제공한 곳이 있었다
청춘을 구사한 문구
인생에 관한
촌철(寸鐵) 빰치는 경구도 가득했다

주점은 지금도 찰랑일까
술잔 부딪치는 소리로 떠들썩할까
낙서는 건재한가
나는 낙서를 즐긴다
어느 때 어디서나 끼적거린다
순서가 없다

시와 낙서는 동급일 수 없다
어림없는 모욕이다
가끔은 까만 잔해 속에서
시적 기미를 단날 때가 있다
그럴 때 나는 서슴없이
고급낙서라고 격을 높여준다

함박눈이 내린다

술 생각이 날 때가 있다
독작(獨酌)이면 어떠랴

때마침
조용한
함박눈이 내린다

느릿느릿 눈의 속도에 맞추어
천천히 마신다
그래야 될 것 같다

하늘에서 하강하는 눈
거의 지상으로 왔는데
서둘 뭣이 있나

바쁜 인생인데
이럴 때가 있구나
이렇게 조용할 때가 있구나

눈이 내린다
조용한
함박눈이 내린다

깡충깡충

어린이 놀이터
나무벤치에 앉아 있노라니
참새 몇 마리 푸르르 날아와
함께 놀자 한다

너무 좋아서
깡충깡충 뛰며 기뻐하는 것을
작약(雀躍)이라 했던가

내 살면서
그런 적 있던가
뒤에 숨기를 좋아했고
늘 시무룩했다

아, 얼마 남지 않은 시간
딱 한번이라도
참새처럼 뛰고 싶어라

무진장한 시간
거의 소진해 놓고
이제 동동거린들
무슨 수로 이 기쁨 만날까

난(蘭)

참, 무심했다
난 한 그루

두 촉이 쏙 올라와
꽃이 되었다

시선이
그 쪽으로 쏠린다

가까이 와서
맡으라 한다

길

내려갈 생각은 않고
산에 턱없이 올라갔다가
멀리 오솔길이 보인다
허리띠 같은 길이
구부린 채 누워있다

바람이 분다
행인은 보이지 않고
바람만 스칠 뿐이다
막막하다
누가 저 길로 갈까

누가 저 길로 왔을까
그 중의 한 사람이 나 아닌가
와서는 무엇을 했을 것이다
그 무엇이 분명하지 않다
길이여, 아득함이여!

여기까지입니다

넓은 야구장
구름처럼 모여든 관중
잇따라 터지는 환호
갑자기 웅성거린다
투수가 교체되는 모양이다
즉각 아나운서가 잇는다
— 오늘은 여기까지입니다

그 뜨겁던 야구장
텅 빈 겨울이 오고
하얀 눈이 내리고 있다
그 날의 아나운서가 던진 말
— 오늘은 여기까지입니다
뇌리를 강타하고 있다
어렴풋이 황혼행 푯말이 보인다
나의 한계는 어디까지일까

눈치

나는 눈치 하나로 살아왔습니다

바스락 소리에 촉각을 세웁니다
그 속마음을 훔쳐내야 합니다

살면서 눈치 볼 세상이 줄지 않습니다
숨이 턱턱 막힙니다

어느새
나는 눈치 빠른 유단자가 되었습니다

슬픈 노력 탓입니다

조금

그토록 아끼고
조심스럽던
앞니가 빠져나갔다
며칠 사이
연달아 자연사(自然死)다
수명을 다했다
앞서거니 뒤서거니
서글픈 풍경이
조금 남아 있구나

부끄러움

남들이 애송하는 시
한 편 없으면서
평생 시를 써왔다
부끄러울 때가 있다

— 하늘엔 울타리가 없습니다
어느 신문 전면 광고
얼마나 멋진 문구인가

나는 하늘에
수많은 울타리를 쳐놓고
여태껏
주인 노릇을 한 적이 없다

애당초
버렸어야 하는 건데
미적미적하다가
어정쩡한 시인이 되었다

나뭇잎 하나

비 오는 날
천둥소리 비끼고
조용히
떨어지고 싶다

한 가지
바로 옆 잎에도
눈치 채지 않도록
살며시 가고 싶다

마지막
마지막이다 노래해 왔는데
진짜가 되어버렸다

땅에 떨어지기까지의
조급한 시간
바짝 마른 손으로
안녕!
안녕이라고 손을 흔들까

부럽다

부럽다
다들 열심인데
나만 손 놓고 있는 것 같다

부끄럽다
다들 참신한데
나만 한자리에 머물고 있는 것 같다

아무래도
이 게임은 밀리는 것 같다
그러기엔
지난 시간이 너무 아깝다

심심해 죽겠다
항복할 때까지
얼마를 쉬고 있어야
두 눈이 떠질까

안개꽃

작게
아주 작게
등을 달았습니다

남들은
안개꽃이라고 부릅니다

장미 한 송이
참,
어울립니다

아니,
아무 꽃이나
어울릴 수 있습니다

달빛 같은
당신
분위기가 살아납니다

나의 전성시대

방바닥에 배를 깔고
시를 쓰던 시절이 있었다

철이 없었다
하루에도 몇 편 시가 되었다
부나방같이 덤벼들었다

원고 청탁이 오면
부랴부랴 허둥댔다
시에 대한 경외심도 없었다

세월이 쏜살같다
나에겐 얼마 남지 않은 황금 시간

그 시간과 가까워지면서
모처럼
봇물 터지듯 시가 되었다

왔다
나의 전성시대가 왔다

파격(破格)

나이 팔십을 넘긴 동창들이 모여
이 모임을 위해 도움을 준 친구에게
감사패를 주기로 했다
그 패의 문안이 내게 맡겨졌다

문득 파격이란 말이 떠올랐다
밋밋해서는 안 되고
그렇다고
주례사 같은 수사는 피하자

쉽게 풀릴 듯했는데
그게 아니었다
이왕의 격식을 깨뜨린다는 것
만만치 않다

넘친다고 빼면 성의가 없어 보이고
모자라다 싶어 이것저것 보태면
비위를 맞추는 것 같아
맹랑하다
호랑이 그린다는 것이 고양이가 되었다

지복(至福)

—염소 할머니에게

손만 내미는 세상
낯 뜨거운 사람만 있는 줄 알았는데
적어서 창피하다고
쑥스러워한
염소 할머니가 있습니다.

서민에겐
1억 원은 까마득한 돈입니다
염소 키우며 평생 모은 돈
몽땅 희사한
염소 할머니가 있습니다.

피붙이 하나 없이
살아온 시간이 야속했겠지만
가지고 갈 것도 아닌데
참, 잘 했습니다
홀가분한 것도 지복(至福)입니다.

큰일

할 일이 별로 없는 사람
너나 할 것 없이 큰 골칫덩이다

사는 날까지 멍하니
허공만 쳐다보기도 지겹다

베란다 구석에 시들어가는
누런 이파리와 마주쳤다

그 화분에 분풀이하듯
물을 듬뿍 주었다

그것뿐
오늘 하루 큰일 했다 싶다

은행나무와 노인

노란 은행나무에 이끌려
그 앞에 섰다

물끄러미 한참을 바라보다가
노인은 속삭였다
— 눈부신 청춘이구나
— 나도 한때는 있었다

청춘은 가는 것이 아니라
있는 것이다
힘껏 즐겨라

벌써 노란 잎새가
공중을 선회하고 있다

허리를 다시 펴며
노인은 무어라 말을 건넸으나
귀가 멀어 알아들을 수가 없다

일일삼추(一日三秋)

하루가
애타게 기다려진다는 뜻으로
일일삼추라 했다

옛 사람들은
편지에 이런 과장법을 즐겨 썼다

핸드폰이 등장하면서
요즘 사람들은
편지 쓰기를 기피하고 있다

우표를 붙이고
우체통까지 가야하는 번거로움

이 번거로움을
핸드폰이 대신한다
얼마나 편리한가

편리함만 추구하는
그래서
게으름쟁이만 양산하고 있다

정적

오래 비웠던 방 앞에서
톡톡 노크했다
인기척이 없다
안으로 들어갔다

네 평 남짓한 방
벽에 걸었던 옷이며
책상 위 펼쳐놓은 책
구석구석 그대로다

누구냐고 묻는다
하도 오래라
이 방문객을
모르는 모양이다

— 나, 이 집 주인이요
천년 같은
정적이 비로소 깨졌다

자위

남들이 나를
시인이라고 부르기 시작했다

자랑할 것 없이
팔푼이 시인으로 족했다

그런 나를 키운 것은
원고청탁이었다

멀리서 청탁이 왔다
아, 반갑다
실날같은 고마움

그 원고청탁이 약속처럼 끊겼다
나는 늙었고
그럴 때가 되었다

억새에게

가을은 욕심이 없다
욕심을 멀리 한다
파란 하늘 아래
억새가 흔들린다
조금씩 쓸쓸해지고 싶다
하얗게 고개를 흔들면서

적막강산

나의 첫 시집 '당신의 손'에는
고독이나 슬픔이란 단어가 없다
유치하다는 생각에서
애초 버리기로 했다

나이 들면서
넘어지고 깨지고 하면서
이런 낱말이 고개를 들기 시작했다
과용할 만큼

마감 날이 가까이 왔다
고독이나 슬픔 같은
사치스러운 시어는 이제 버리자
그냥
적막강산(寂寞江山)이면 한다

*리헌석 해설 생략.

14

유고시집 | 나는 왜 눈물이 없을까…2019

1

1997. 10.~2000. 05. 미발표 시

비켜서 가라

산등성이 너머로
마른번개
먼 천둥소리

심술인가 했는데
사납게
먹구름이 몰려온다

암석을 뚫는
공사장의 드릴소리
맺힌 땀방울

허수아비도
함께 지키고 있는
이 황금빛 들판

찌찌
실베짱이가 놀고 가도록
이 땅을 비켜서 가라

늑골(肋骨)

방바닥에
벌렁 누워서 천장을 응시한다
퇴색한 벽지 꽃무늬
꺼진 배를 만지작거리다가
잡힌 단단한 늑골
레일을 떠받는 침목이다
닿을 듯하다가도 늘 평행선이다
달리는 산야
흐르는 강물
바깥 풍경은 언제나 새롭다
급행열차를
비켜서느라 잠시 멈출 때
굽어서 운치가 좋은 조선소나무
가장 더딘 비둘기호*
그래, 떠나자
중압감에서 벗어나고 싶은
늑골 위로 조심조심
달리기로 한다

*2000년 11월 14일까지 운행한 완행열차 등급 이름.

좀도둑

어제도 도둑이 왔다
대충 훑은 흔적으로 보아
좀도둑 소행이다
단단히 빗장을 걸어두지만
소용이 없다
이미 그들의 표적 안에 있다
그래도 다행한 일은
절절한 귀뚜라미 소리는
그대로 놓고 간다는 것이다
슬픔 하나 훔칠 줄 모르는
간(肝)이 크지 못한 녀석들!

비

비는 허공에서 온다
비는 애초 소리가 없었다
삼라만상
어느 부위에 닿아서
비로소 소리가 된다
전깃줄에
지붕 위에
땅에 떨어져서 소리가 된다
구름으로부터의 긴 여행
비가 직선으로 뿌린다
혹은 사선으로 뿌린다
텅 비어서 볼 수 없던 것들이
무엇과 만나서 시야에 잡힌다
빗소리가 점점 커지는 것은
아주 바쁘다는 뜻이다

꿈

구용(丘庸) 선생하고 대작하고 있었다
약주 두 병을 거뜬히 해치우고서
더 좋은 술집을 알고 있다고 앞장섰다
뒤따라 뜰로 내려섰지만
있어야 할 구두가 보이질 않았다
구석구석 찾아다녔지만 헛수고였다
나는 당황했다
대문 근처에서 배회하던
수상쩍던 소년을 다그쳤다
그 애는 날이 선 칼로 협박하고
반드르르 윤이 나는 구두가 숨겨져 있었다
구용 선생이 고래고래 소리쳤다
그렇게 호통치는 걸 처음 보았다
나는 가끔 꿈을 꾼다
대개는 신발을 잃어버리고 허둥댄다
인생의 절반을 이런 꿈으로 채운다

이름짓기

세상에는 누구나 이름이 있다
태아를 두고
더는 기다릴 수 없어
미리 작명을 서두는 사람이 있다

누구나 이름은 소중하다
유명무실은 비켜라
탈선을 예상하는 열차가 있을까
종착역을 향해 달린다

다음에 출간될 시집
"쉽게 시(詩)가 쓰여진 날은 불안하다"
좀 길지만 이렇게 정했다
감칠맛 나네 하고 자위(自慰)한다

고향

지척에 두고 먼 길로 빙빙 돌아온
고향이 낯설 때가 있다

산에 싸여 여전 답답하다
앞마당 감빛도
물맛도 지금은 낯설다
앳된 빨간 앵두
가지 사이로 장난치던 참새
조금은 적막을 알은체한다
머리 위로
별똥 떨어지는 것이 보인다

할아버지 음성도
기침소리도 낯설 때가 있다

귀엣말

귀는 자유다
나의 귀는 비어 있다
천둥 번개 치는 날
가만가만
귀엣말로 속삭이는 사람
무슨 말을 하는가
비밀이라도 있는가
끄덕끄덕 잘도 주고받는데
나의 귀는 열려 있다
세상이 무서운가
시끄러운가
짐짓 피하려 하는 것은 아닌지
나는 조그만 일에도
의심하는
정신환자다

매미소리

나는 혼자다
혼자이고 싶은데
감나무에 매미가 와서
단속적(斷續的)으로 노래한다
노염을 식히라는 배려일까
젊었을 적
마곡사 입구로부터
온통 따갑던 매미소리
계곡의 차갑던 물소리
참 어울린다 싶었다
시간은 얼마든지 남았다고 여겼다
지금은 가을 끝날 무렵
온힘을 다하는 매미소리
서둘라는 재촉 같다
나는 서툴다

하늘

쳐다보아도
쳐다보아도 싫증이 나지 않고

잡념
저절로 버리고 싶어지네요

좁은 창틀로는
그만한 액자가 되고

넓은 창틀은
몇천 호짜리가 되고

낙관 없어도
차라리 대작이네요

지상의 작은 것들
나를 알리려고 수선 떨지만

하늘은 그런 게 없어요
내세우려 하지 않아요

아무리 바쁘더라도 한번
이 가을하늘 쳐다보세요

할아버지

나지막한 초가
구부러진 길 따라
느릿느릿 걷고 있다
흰 수염 쓰다듬으며
두루마기 자락 날리던
당당한 모습

몇 해 전만 하여도
아저씨 혹은 할아버지
혼용되던 호칭이
하나로 불린다

의젓함도 사라지고
엄격함도 없어졌다
아이들 눈엔 어떻게 비추어질까
벼랑으로 밀어내려 한다
순간 반사적으로 꽉 잡는다
이 야릇한 연기(演技)

까치집

고향 가는 길에는 추억이 있다
미루나무가 있다
높다란 까치집이 있다

나무 밑동이 탁류에 쏠리고
부러져 나가고
황톳빛 아우성이다

티브이에서
태풍으로 지붕이 날아간 자리를
집중적으로 브여주었다

너는 견고했다
그 집을 두고
하나 둘 이농을 서두는 눈치

모두들 가는데
나라고 남으란 법 있는가
그런 항변이다

가락

나의 귀는
풀벌레가 늘 따라다닌다
귀울음이다

입추가 지나면서
섬돌이나 풀섶에서
일어나는 풀벌레 소리

이 만남의 반가움
가을이 여물고
깊어간다는 소리

언제 들어도
변하지 않는
왜 긴 가락이어야 하는가

현악 없이도
이 놀라운 세련미
애써 잠을 청하지 않아도 좋겠다

시래기

토담 벽면에
줄줄이 걸어 놓았습니다

배추며 무 이파리를
새끼줄로 엮었습니다

자연요법
햇살이 와서 말리는 중입니다

볼품도 없던 그놈이
비행기 타고 간다 합니다

열사의 나라로
먼 나들이입니다

투덜대며 먹던
가난한 우리네 시래기

뜨거운 땅에 가서
푸릇푸릇 꿈을 키운다 합니다

가을 산견(散見)

은행잎 모양을 디자인한
넥타이를 매고
가을 나들이 한다
노란 은행잎을 밟으며
오랜만에 평화를 본다

바람 없이도 떨어질 줄 안다
무성했던 플라타너스 잎이
가로수 주변을 맴돈다
아직 방향을 잡지 못한 눈치
잎이 넓어서
그 낙하하는 소리도 크다

오동잎 하나 뚝 떨어져서
가을이 왔음을 안다고 한다
나는 귀머거리인가
짐짓 못 들은 척하는 것일까
좀더 있어 달라는 아쉬움일까
가을은 떨어지는 것이 환히 보여서
가을답다

흔들의자에서

다방 '詩人의 마을'에서
비어 있는 흔들의자에 덥석 앉는다
낮은 음악이 흐르고
내 생애 티끌의 일부분을
이 의자에 맡긴다
스케치하듯 살아왔지만
실패한 시간이 넘친다
차 한 잔 앞에 놓고
지난 것들 주섬주섬 챙긴다
앞으로의 일도 계산한다
중복될 수 없는 시간은 일직선이다
창틈으로 와서
무릎에 둥그런 햇살을 놓고 간다
아주 편안하게 우리는 흔들린다

후회

해변에서 넉넉히 자리잡고
모래성을 쌓는다
바닷물은 포물선이 아니라
들쑥날쑥 상륙한다
믿었던 모래성이
물에 씻겨간 날의 썰렁함
어른이 되어서도
후회는 늘 따라다닌다
앞장서는 일 없이
잘못은 늘 뒤에서 지랄한다
까맣게 잊고 있던
그날의 모래성 꿈을 꾼다
조고만 일에 과민한다
덜컹 후회를 남긴다

2

2000. 06.~2002. 10. 미발표 시

하늘

멀리 하늘은 산과 맞닿아서
그 정상에 오르면
손에 잡힐 것 같던
어린 날의 어린 생각이 난다

천자문 첫 구절
천지현황(天地玄黃)
하늘은 검다 하는데
머리 위엔 언제나 푸르다

땅은 쓰레기로 쌓여
구린내가 난다
오폐물로
강물은 썩어간다

안전지대는
손에 닿지 않는 하늘뿐이다
송송 구멍을 낼 수 없고
낙서하기엔 너무 멀다

높아서 적적은 하겠지만
이만한 곳 또 어디 있으랴

등을 긁으며

수학여행 다녀와서
내미는 아이들의 효자손

별반 고맙다는 인사 없이
수십 년이 훌쩍 지났다

이리저리 굴러다닌 것을
끈에 달아 못에 걸어놓았다

손 안 닿는 곳을 골라
득득 긁어댄다

따로 없다
가려운 데를 긁는 일이다

어릴 적에
효자손이 있었는지 가물가물하다

안방 벽엔
불효의 못자국만 휑하다

도마뱀

방바닥에 누운 채
펼치는 누드화집
뜨거운 바람으로 사구(砂丘)가 생긴다
도마뱀은 뜨겁다
배가 모래에 닿지 않도록
부지런히 손발을 움직인다
달려야 한다
여기에도
약육강식(弱肉強食)의 질서가 있다
여차하면 꼬리는 죽인다
복사열을 피해
여인의 누드 속으로 숨어
한숨 돌린다
또 춤추듯 뛰어야 한다
끝없는 사막
도마뱀의 행로다

쓰레기매립장

종이재생공장으로 가는 길은
서늘한 가로수가 서 있습니다
쓰레기매립장 가는 길목에서
풀풀 먼지를 날립니다
주인들의 저항에
꼼짝달싹 못하고 있습니다
시집(詩集) 한 권이
집게 포크레인에 매달린 채
공중에서 젖고 있습니다
빗줄기는 점점 커집니다
고약한 냄새가 풍깁니다

적설(積雪)

아침에 일어나서
이런 순간을
흔히들 눈부시다 하던가

긴 여행이었구나
칠흑 같은 밤이라
조금은 두려웠겠다

산에 나무에
고층 건물 지붕에
지상으로의 차례는 미리 짜여 있었겠지

안부를 묻는다
무사히 도착했다는
안도감(安堵感)

강물, 호수에도 눈은 내린다
횡사라 하면
어떨지 조심이 간다

세상의 두께가 벗겨지면
즐거웠노라고 할까
소란스러웠다고 할까

눈꽃

마당에 단풍나무가 있어
봄, 여름 그리고 가을까지
함께 놀아주기도 하고
피곤도 덮어주었다
이 계절 어떻게 지내느냐
따스한 말까지 전하면서
눈꽃으로 피어주었다
기막힌 이 황홀
이만하면 겨울도 춥지 않다

꽃상여

눈보라 속
바삐 서두는 꽃상여가 있다
수의에 싸인 채
깨끗한 빈털터리가 되어
먼 길 떠난다
떠나기 이렇게 힘들던가
고단하던가
일생의 초라한 주검
눈발이 점점 사납다
상여꾼의 요령소리도 바쁘다

단상(斷想)

1.
사육사(飼育士)에 길들여진 동물은
야수성을 잃었다

동물이 황량한 땅에서
인간을 교육한다
용맹성
포악성
인내성
모성애
약육강식의 질서
철저한 현장실습을 한다

2.
하루에도
죽고 살기를 되풀이한다
밤은 죽음이다
어둠 속에서 어두운 표정을 짓는다
째깍째깍 탁상시계 소리에
영 신경이 쓰여서
장롱 속에 집어넣었다
째깍째깍
금속성 아니라도 시간은 간다
고여 있지 않고 잘도 흘러간다

3.
풍선에 공기를 집어넣는다
팽팽한 감촉
얼마를 불어야 할지
힘을 더 주면 빵하고 터질 것 같은
이 한계의 모호성

4.
우물에 물이 말랐으니
두레박은 소용이 없다
길어 올릴 때
가득가득 넘치다가
한참 만에 다시 바닥으로
떨어지는 시원한 물소리
이제는 물기 묻은 추억도
예외일 수밖에

5.
누구는 암 선고를 받고
아무는 세상을 떠났다는 소식
가는 순서에 친소(親疎)가 따로 없다
잎이 떨어지는 계절이 온 것이다
수화기 잡기가 두렵다

6.
감동에 눈물이 흔해졌다
나이 탓이리라 작은 일일수록 그렇다
눈물첩(帖)에 적어둔다
얼마 후 펼쳐보면 공란(空欄)이다
흔적이 없어 다행스럽다

7.
한동안 잊고 있던
구근(球根)이 쑥 올라온다

암울한 세상에서 부활이다
빨강 노랑의 튜립
이 꽃을 피우는 것도 시간은 어머니다

8.
민속박물관에는
거의 죽은 것들이 진열되어 있다
퀴퀴한 분위기
설중매(雪中梅)가 달랜다
세상 대부분을 잃었다
발기부전
살고 싶은데 버리라고 한다

9.
떡가게에서 뽑혀 나오는 가래떡
변비로 고생하다가
시원한 그것들과의 만남
이 쾌재(快哉)
신기해서 한참을 들여다본다
황금빛이다

10.
시도 때로는 술을 마셔야 한다
말짱한데 불을 지필 수 있나
술이 있어야 훙얼훙얼
훙얼거리며
가난한 나의 시가 된다

11.
신부는 아름답다
하얀 드레스 속의 신부는 더 눈부시다
웨딩마치
그 음계 따라 오르내릴 때
창밖으로 눈을 돌린다
초록빛 한 점을 응시하며
나는 슬프다

12.
진짜 사랑은 두엇일까
유행가 한 구절일까
그것만도 못한 나를 증오한다
깍듯이 구십 각도로 절한다
사랑에게

13.
짚으로 꽉 차 있어도
꽃으로 꽉 차 있어도 슬픈 일이다
숨통은 틔어 있어야 한다
어느 한 사람
꽉 차 있게 하는 것도 매한가지다

14.
아직 사지(四肢)가 있음으로
포복(匍匐)한다
아픔을 달랜다
분노를 삭인다
위태위태 살아가는 과정
목적지는 오리무중 안개 속이다

15.
사람은 타의(他意)로 줄설 줄 안다
꽃은 자유분방하다

눈치를 살피거나
애써 내세우려 하지 않는다
자연으로 있어 꽃은 아름답다
산에 들에
자의(自意)로 피어나고 있다

16.
벚꽃 아래 술잔을 주고받으며
술기운이 얼큰하면
나는 '이니까 사무라이' 이렇게 일갈한다
염치나 결백이 있어서가 아니라
시골에만 움츠려 있는
자조(自嘲) 섞인 표백(表白)
이렇게라도 해야 평정을 찾는다
나는 영원한 촌닭인가

17.
시인이란 자격증이 따로 없다
그것을 필요로 한다면
나는 벌써 열외로 밀려나 있어야 한다

18.
우리나라 사계절에서
봄과 가을은 짧고
여름과 겨울은 길다
일생에서
생(生)과 사(死)는 순간이고
노(老)와 병(病)은 지루하다
꿈도 마찬가지
개꿈은 왜 그리 길던가

19.
삼진(三振) 아웃은 깨끗하다
미국으로 건너간
박찬호의 삼진은 더욱 그렇다
고향이 같고
학교 후배로서가 아니라
박찬호의 투구 폼은 멋지다
뙤약볕에 수염을 키우고 있는
그의 삼진 아웃
한국의 가을 날씨라 한다

20.
현역시인이란
내가 나에게 붙인 이름
칠십 줄에 조금은 어색하지만
괜찮다
묘비명 한 줄 쓰기 위해
이렇게 연연하는 건
죽은 시인보다
얼마나 뿌듯하랴

21.
여름에 고랭지배추는 크게 자란다
서늘한 공기 탓이리라
노란 속이 꽉 차기 전에
솎아내기를 잘 해야 한다
추석 귀성길
자가용의 긴 행렬
꼼짝달싹 못하고 서있는
좀 솎아냈으면 한다

22.
여기저기 물결로 일렁거린다
무량의 바다
때로는 격랑
그 앞에 왜소해지는 나
먼 수평선
하나이다가 전부가 되었다

가지치기

봄볕을 펼친다
추위로 빨갛게 자란 어린 곁가지
전정(剪定)으로 쑥싹쑥싹 자른다
화사한 복사꽃
그 열매를 위해
아픈 가지치기를 한다

나의 가지치기는
좁은 공간의 확충이다
불필요한 것을 가차 없이 버린다
나의 시는 대체로 짧다
고개를 쳐든다
왜소하나 기다린다

기다림

착 가라앉은 날이 있다
멀리 바라보이는 대청호
정원 몇 그루 나무
내 음성 또한 그렇다

물빛이 조용히 누워 있는 것은
거리 때문이다
가까이 다가서면
작은 물결이 소리 내고 있고

잠에서 덜 깨어
나뭇가지 까딱하지 않고
죽은 시늉으로 있지만
봄은 이미 가까이에 맴돌고

주위에 압도되어
덩달아 내 음성도 그러하지만
목구멍의 가래
시원하게 뱉을 날을 기다리는 중이다

만용(蠻勇)

예술의 정상은 까마득합니다
넓더니 점점 길이 좁아집니다

모두 달려가는데
나는 혼자입니다

예술은 기(技)가 따릅니다
승부는 땀 가지고는 안 됩니다

섬광(閃光) 속
무언가 잡혀야 합니다

좁쌀만 한 재주 하나 믿고
얼떨결에 뛰어들었습니다

만용 같은
슬픈 자화상(自畵像)입니다

외등(外燈)

달빛이 가득한데
우리집 앞 골목
외등은 언제나 혼자다

밤중에 깨어나서
어둠 속 그냥 있을까 하다가
사마귀 눈알을 한
스텐드에 불을 켠다
키가 작아서
멀리 퍼지지 않아 좁은 불빛 아래서
이것저것 생각하다가
잡념을 키우는 사이
또 잠이 들었다

집 앞 외등 하나
어둠이 물러나서야
눈을 비로소 붙인다

외할머니

아파트에 가려서
늦게 봄비가 내린다
아스팔트 좁은 길목
송홧가루 숨어 있다가
노랗게 서툰 지도를 그려놓는다
긴 여행길이다

여름방학이 되자마자
단숨에 달려간 사십 리 길
외할머니
번드르르 다식판에서 찍고 계셨다
무늬가 선명한
송홧가루 다식

민속박물관 진열장 한켠에서
참 오랜만에
외할머니를 뵈었다
잔잔함도
눈가의 외로움도 그대로이시다
창 너머 봄비가 내린다

생략

수식어를 붙이지 마라
참모습이 흐려진다
너덜너덜한 것 떼어버리면
얼마나 깔끔하랴
압축은 생략의 지름길이다
용감히 던져버려라
생략이 제대로 안 되는 건
굽이굽이 긴 인생뿐이다
살다가 구차스럽다 싶으면
이 생략법을 써보아라
살아가는 맛
조금씩 맛이 들어가리니

여름 가랑잎

여름에 가랑잎이 진다
함께 소풍 가듯 가는 것이 아니라
혼자 가는 먼 길이다
여름 가랑잎은
떨어져도 소리가 보이지 않는다
무게 탓이리라
동창 모임이나 혹은
모였다 헤어질 때 흔들던 손이
보이지 않는다
생사의 길목이
종이 한 장보다도 좁혀진 것일까
아니다
예약 착오일 수도 있다
가랑잎은
섭섭하다 싶으면 떨어진다

3

2002. 11. ~2004. 06. 미발표 시

노염(老炎)

사랑방에서
헛기침과 함께
놋재떨이 탕탕 울리던 소리
이제야 알 것 같다
일찍 일어나라는
할아버지의 엄한 은유법

이십사절기에는
입추가 더위 한가운데 있다
노염의 심술도 대단하여
쉬 꺾일 줄 모른다
늙으면 용심이 더 생긴단다
노추(老醜)라는 것

버려야 한다
추한 꼴은 보이지 말아야 한다
욕심은 병 중의 병
이 생각 저 생각으로 무성한데
어느새 노염이 한풀 꺾였다

호박꽃

텃밭에 모종한
호박넝쿨 기세가 하도 좋아
수확을 미리 점치기로 했다
그러나 그것은 희망 사항
두 개 애호박을 땄을 뿐
이미 있어야 할 늙은 호박은
보이지 않고
호박꽃 밭이 되어버렸다
내 생애 중
이처럼 예쁜 꽃 보기는 처음이다
예쁘다는 기준도
때에 따라 바뀐다는 것
이제서야 알겠다

낮은 목소리

통화할 때면
어디 아프냐고 저쪽에서 묻는다
괜찮다고 하면
어째 힘이 없느냐고 한다
시원한 네 목소리가 부럽다고 대꾸한다
낮은 목소리보다
발악하듯 큰 목소리가
판치는 세상
그러나 보아라
낮은 소리가 있어 네가 살고
큰 소리로 해서
내가 살지 않는가
나도 악쓸 수는 있다
낮은 목소리가 편안하다

새벽

새벽은 언제 오나
그 궁금증은 꽤 오래입니다
그것을 알기 위해
어둠을 지켜야 합니다
시간이 너무 더딥니다
형광등을 켜고
읽다만 『티벳 死者의 書』를 펼쳤습니다
그런데 어느 틈에
새벽은 와 있었습니다
소리도 없이
살금살금 왔나봅니다
허탕치고 말았습니다
다음날로 미룰 수밖에 없습니다

감나무

우리집 가보(家寶)는
마당에 선 한 그루 감나무다

늦게 싹을 틔우고
감꽃이 핀다
땡감으로 있는 동안
매미가 와서 짤막짤막
절간 같은 이 고요를 흔든다

감빛은 하늘과 어울리는 빛깔이다
가지마다 휘도록 매달린 이 풍요
가을이 깊어지면
갖가지 단풍으로
한잎 한잎 버릴 줄도 안다

텅 빈 가지 사이로
서리가 내려서 하늘은 차다
오는 봄을 위해
알몸으로
숨고르기를 한다

봉선화

사람이 산다는 것은
맵고 아린 진행형이다
그 동네에는 그런 일이 없다
모여 살기를 좋아한다
땅만 내려다보며 행복하다
옷 색깔은 조금씩 달라도
수줍음을 잘 탄다
씨주머니를 많이 달았다
시샘하는 일도 없이
자기중심대로 꼿꼿하다
갈 때도 딱 순서가 있는 것이 아니다
그들 그늘에 조용히 누울 줄 안다

뺑튀기

호주 어느 해변에
스웨덴 북쪽 하늘에
접시 모양을 한 괴물체가 출현했다며
사람들이 호들갑을 떤다

구멍가게에서 뺑튀기가 팔린다
접시 모양을 했다 해서
유 에프 오라고도 한다
심심풀이로는 십상이다
씹어도 먹어도 포만감이 들지 않는다

우리 한반도가
공룡(恐龍)의 낙원이었다 한다
일억 년 전 일을 어떻게 아나
고고학자들의 말이다
화석으로 입증되었다 한다

이 나라 쪽빛 하늘에
진짜 UFO가 나타난다면
세상의 이목은 이리로 집중될 것이다
아직 남아있는 공허
뺑튀기나 축내고 있을 내가 피사체로 잡힐까

박용래 시비(詩碑)에서

더러는 절필(絶筆)을 선언했다가
살그머니 다시 펜을 들기도 하더니

가을이라
좀이 쑤실 터이지만

여전히 침묵
기를 쓰고 자제 중이구나

술 하나는 실컷 하더니
왜 오늘은 이리 째째한 거냐

어깨 너머로
적단풍이 들썩들썩하는데

까칠한 턱수염
말끔히 면도하고

허리 펴고 서서
그 흔한 눈물 흔적은 왜 안 보이냐

형이하학

누가 더 큰가 키재기한 흔적을 지운다

몰래 숨어서 훔친 낙서를 지운다

슬금슬금 기어다니던 바퀴벌레 길을 지운다

단절된 대화의 찌꺼기를 지운다

포르노배우 사진을 지운다

연발한 씨발씨발을 지운다

문양 없는 종이로 도배한다

방이 넓어 보인다

살아가는 법

무슨 좋은 일이 생길 것 같은
예감이 잡힐 때가 있다
대개는 그 예감이
빗나가는 수가 많지만

사람들과 만나고
흔들리는 나뭇잎과 만나고
흩어지는 구름을 만나고
살짝 덮어둔 추억을 만난다

이 만남은 모두 살아 움직인다
살아서 아름답고
살아서 애틋하고
살아서 쓸쓸하고

이렇게 느릿느릿
살아가는 법을 배우는 중이다

씁쓸한 기억

영등포역 근처
판잣집에서 꼭두새벽에 일어나
미군 인력시장에 줄섰다
번번 퇴짜를 맞았다

무심히 던진
그 친구의 말이 아니었다면
망각의 숲에
영영 묻힐 뻔했다

그 기억 살아서 씁쓸하다
그 기억 다시 무지개로 떴다

돈벌이 간다고 나섰다
열다섯 소년의 가출이다

이 중대한 사건을
한 사람은 까맣게 잊었고
그 친구는
생생하게 필름을 돌린다

햇살을 말린다

햇살이 햇살을 말린다
비에 젖은 나뭇잎이 반짝인다
옥상에 맨 빨랫줄
젖은 옷가지를 말린다
미세해도 먼지는 먼지다
지상에서
공중에서 가만가만 날다가
햇살이 먼지를 말린다
힘들이지 않게
옆에서 구경이나 한다

채플린 선생

당신은 웃지 않습니다
만인을 웃게 하면서도
그래서 당당합니다
억지로 웃기려다
삼류(三流)로 추락하는
그런 우(愚)를 용서치 않습니다

당신은 늘 혼자이기 때문에
특별히 웃기는 연습은 없을 것입니다
타고난 기교입니다
당신의 무성영화는
꿈이 있습니다
살아서 파도치게 합니다

도공(陶工)의 손

흠집이 있거나
마음에 안 찼을 때
가차 없이 깨어버리는
도공의 손
그 손이 부럽다

직직 긋고
개칠하고
겉불만 쬐다가 돌아서는
나의 왜소한 손

가마솥 뜨거운 불로 있다가
차가운 비색으로 나온다
도공의 손은 얼마나 큰가
힘이 있던가

환장하겠네

하루 스물네 시간
단 몇 분만 정립했어도
그 사랑 굉장하겠네

댐 속의 물로 있다가
가뭄으로 수문을 열면
그 물줄기 장관이겠네

뒷짐 지거나
한눈만 판 것도 아닌데
빤히 알면서도
안 되는 일이 많았네

이 어리석음을
전부 내게로 돌린다면
슬퍼도 눈물 아니 나면
나 어떡해

시력

시력 검사표 앞에서
1.2면 족한데
기를 쓰고 1.5를 읽어냈다
뭐 대단하다고
자랑했나싶다

지금은 돋보기를 쓰고
확대경을 들이대어야
비로소 선명해지는 글자
가끔 줄이 틀려서
엉뚱한 문맥을 짚기도 한다

눈도 늙어간다
남루를 걸치고
모처럼 하늘을 쳐다본다
티없이 맑다
시력이 1.5로 돌아섰다

점과 선

점이 모여서 선이 되고
선은 무한하다

땜질한 흔적도 남기지 않고
번지르르 뻗어가는 선

점과 선은
가깝고도 먼 평행선이다

그 선상(線上)에
무개차(無蓋車)가 굴러간다

기우뚱거려
위태위태하다

터널이 보인다
아직은 무사하다

4

2004. 07. ~ 2007. 06. 미발표 시

귀소(歸巢)

죽는 것을
높임말로 돌아가신다고 한다

비가 오는 것을
비가 오신다고 한다

같은 뜻이라도
경외(敬畏)가 숨어있다

구름은 흩어져서 어디로 가시나
가는 곳을 정해 놓으셨나

새는 숲으로 돌아와서
소곤소곤 별과 이야기를 나눈다

돌아가시는 사람은
맨 먼저 대화를 끊는다

아무나 쉽게 할 수 없는 길입니다
—초정(艸丁) 김상옥(金相沃) 선생

변변한 학력 없이도
너무나 해박하였고
오직 한 길을 가면서
詩·書·畵 삼절(三絶)에 이르렀습니다
아무나 쉽게 할 수 없는 길입니다
그래서 그 봉우리가 높아 보입니다
"시 빚는 몸가짐이 얼마나 지난(至難)한가를
어렴풋이 깨달았습니다."
꼿꼿한 한평생임을 압니다
하얀 우리 얼을 어떻게 채워야 하나
백자白瓷 항아리를 끼고 살았습니다

≪맥(貘)≫ 중창(重創)할 때
직접 원고를 모으고 편집에서 교정까지를
노구(老軀)의 몸으로 동분서주했습니다
붓의 힘이 강하다는 것을 일깨워주었으며
불의와는 타협을 멀리하였고
악(惡) 앞에서는 불호령이었습니다
"시인의 말은 오직 시일 뿐
다른 말은 한갓 군소리에 불과하다"
깨끗한 이 나라 선비 시인입니다

내가 먼저 가야 하는데
그 사람 기도는 들어주고
내 기도는 왜 안 들어주느냐며
식음을 전폐한 채
아내 곁으로 총총히 갔습니다
닷새 만의 일입니다
돈 때문에 이혼이 판치는 세태에
초정 선생은
결곡한 시초(詩抄) 한 수 남기고
봄꽃 되어 갔습니다
아무나 쉽게 할 수 없는 길입니다

*≪맥(貘)≫ : 일제 때(1938. 8.~1939. 5.) 김상옥, 김용호, 함윤수 등이 만든 동인지.

다능(多能)한 재인(才人) 최문휘(崔文輝)

늦가을 엽서가 왔다
다방에서 만나자는 내용이었다
또박또박 잔글씨로 보아
미모의 여인이려니 마음이 설레었다

충남의 알프스라는 청양땅
다방이라곤 단 하나뿐이었다
안으로 들어갔다
예쁜 여인은 안 보이고
눈빛이 유난히 빛나던 그는
단구(短軀)에 근육형이었다

교유로 치면 50년
오랜 풍상을 겪으며 살아왔다
한동안 꼼짝없이 지내다가
다시 만나면
하루가 멀다 하고 자주 어울렸다
소나기처럼 왔다가 또 긴 잠적

『碑』라는 시집을 들고 불쑥 나타났다
그는 항상 바쁘게 움직인다
한 군데 좌정하는 일이 별로 없다
구르는 돌은 이끼가 끼지 않는다 하던가
시간을 바쁘게 조절할 줄 안다
그런 그가 여간 부럽지 않았다

그는 다능한 재인이었다

한때는 연극에 미쳐 있었다
"에리자베스劇會"를 창립했다
직접 대본을 쓰고 연출하고 소품까지 챙겼다
충남 연극계의 대들보요 산 증인이다

한동안 연극에 뜸하더니
이번에는 '향토' 연구에 전력했다
내 고장 사적을 조사하고
사라져가는 전설 수집을 위해
촌로의 사랑방을 찾아 채록에 힘썼다
춘하추동이 따로 없었다

수도산 올라가는 길 옆에는
"충남향토문화연구소"란 간판이 붙어 있다
마지막 숙원사업이라 한다
조금은 쇠락해 보이지만
그 연치에도 애정만은 대단하다
부디 그 '큰집'이
우리 앞에 나타나기를 기대해 본다

김대현(金大炫) 시인(詩人)

물은 쉬지 않고
낮게 아래로 아래로 흐른다

가장 훌륭한 선(善)은
물이라 하지 않던가

욕심을 비우고
해탈한 사람

세파에 시달리면서 오히려
깨끗한 학(鶴)

옥피리 맑은 가락
깐깐한 선비

한라산에서
충청도 물에 발을 담그고

사유(思惟)에 깊이 잠겨 있는
이 나라 시인

아집(我執)

과실나무에 꽃이 피고
이슥고
열매가 고개를 쳐든다
점점 자라서
제구실을 한다 싶을 때
바탕의 빛과
햇빛이 어울려
오묘한 색깔을 만든다
그 과실 속에
아집도 함께 익고 있음을 알았다
몹쓸 놈의 아집
미리 솎아 버리는 건데
기회를 놓쳤다
수확 뒤에도
그대로 매달아 두었다

추위 속에 봄은 온다
봄눈 녹듯이 녹아버려라

술에 대하여

주량이 얼마냐고 물으면
좀 한다고 겸손을 떤다

술은 식도를 통해
오장육부를 적시고
막힘이 없다

세상 한구석 우울하다 싶을 때
외로워서 마신다
기쁘다 싶어 마신 날은 별로다

주량이 얼마냐고 또 물으면
피식 웃는다
술은 취해서
아주 시시한 오줌이 된다

보리밭 추억

가랑눈은 조용히 내리고
추억이 새록새록 돋아난다

무서리 내린 밤
밭이랑 밟던 생각

구부러진 보리밭 사이로
바람이 일고

파도치면서
저항 없이 물결쳤다

종달새
하늘에서 한가로운데

어린 악동들은
전쟁놀이에 바빴다

얼굴을 겨냥
깜부기 뒤집어쓰고

껌둥아 껌둥아
히히 서로 웃었다

긴긴 하루
보릿고개는 너무 깊었다

회복 중

한여름에
그늘에 오래 있어도 추위를 타는데
삼동을 어떻게 넘길까 걱정입니다

기어이 눕고 말았습니다
햇볕이 처마 끝까지 왔다가
문지방을 넘지 못하고
그냥 돌아선 모양입니다

손발이 시립니다
정신이 몽롱합니다
출구를 향해
덜커덩덜커덩 무개차가 갑니다

뿌연 안개 속
삼라만상이 똘방똘방 잡힙니다
지금 회복 중입니다

입추 무렵

달력에는 말복보다
입추가 늘 앞선다
살랑살랑
가을의 예고편이다

바람도 지쳤다
나뭇잎도 까닥하지 않는다
호박잎은 축 늘어졌다
수그러질 줄 모르는 불볕더위
열대야에 며칠을 설쳤다
이까짓 여름쯤이야 하다가 다운됐다
오뉴월 개만도 못한 꼴이다

방에 누워서 먼 남극의 빙산과
뒤뚱뒤뚱 펭귄이 그립다
연탄창고 구석에서
귀뚜라미 소리가 들려온다
좀 일찍 찾아온 것 같다만
원음 그대로의 그 시원한 맛
지친 심신에 이만한 것 또 있으랴

마당

얼마간 집을 비우고
다시 돌아왔다
헛기침 몇 번 했는데
인기척이 없다

발랑 누워서
햇살만 가득하다
그늘도 없다
수다 떨 대상도 아니다

주인을 닮아가는 모양이다
얼마든지
혼자서 견딜 수 있다는 눈치
쓸쓸하다는 내색도 하지 않는다

물방개

일제히 둠벙으로 뛰어들었다
물장구치다가
개헤엄치다가
한동안 신이 나 있었다

높다란 미루나무
나뭇잎이 석양에 반사되어
살랑살랑
손거울처럼 흔들고 있었다

둑에 올라와서
우리가 물기를 말리는 동안
황갈색 물방개는
더 놀자고 손짓하고 있었다

무일푼

아차 했다
양복을 갈아입고 서둔 바람에
버스 안에서 무일푼임을 알았다

집으로 되짚어 이번에는 택시를 탔다
시비 제막식까지는 아슬아슬했다

여기는 시간이란 개념이 따로 없고
무일푼으로도 통하는 세상이니
허둥대지 마오

카랑카랑한
*운장(雲藏)의 목소리가 따뜻했다

*시인 김대현(1920~2003)의 아호.

소일(消日)

어떻게 소일하느냐에
지금 늙어가는 중이라 해둔다

문득 우체국 직원들이
소인 찍던 일이 생각난다

연말연시가 되면
눈코 뜰 새 없이 바쁘다

도장 찍힌 우표는
다시 못쓰게 되어 있다

실수로 우표 밖으로 찍힌 것을
다시 오려서 편지 띄운 기억이 난다

사람은 그럴 수 없다
한 번 찍히면 끝이다

소인 찍히지 않는 날까지는
갑갑증이 나더라도 참아야 한다

도마뱀

다큐멘터리가 흔하지 않을 때 '사막은 살아 있다'는 충격이었다 사막은 죽고 모래뿐인 줄만 알았는데 생명이 있었다 발바닥이 뜨거워 허둥지둥 모래 속으로 숨는 도마뱀이 있었다

산에 가면 도마뱀은 어렵지 않게 볼 수 있었다 우리는 경쟁하듯 그놈을 잡았다
잡았다 싶었는데 그대로 도망친다 꼬리를 끊고 내뺀 것이다 잘린 꼬리가 다시 생긴다고 들었으나 한번도 본 적은 없다

내 시는 짧다 곁가지는 자르고 베어내서 미니가 된다 긴 넋두리보다는 짧아야 아름답다 자기 꼬리쯤 버릴 줄 아는 도마뱀 같은 그런 시나 썼으면 한다

냄새

풀은 풀 냄새
꽃은 꽃 냄새
산은 산 냄새
바다는 바다 냄새
삼라만상
모두는 냄새가 있다

그 중 구분이 모호한 것은
인간의 냄새
구린내가 날 때
역겨울 때
이러지도 저러지도 못할 때
목구멍으로 손가락 넣어
왈칵왈칵
토해 버린다

나무늘보

오늘은 나무늘보와 놀았습니다

남미(南美) 한 구석에서
느리게 사는 법을 배웠습니다

언제나 나뭇가지에 매달려서
행복합니다

긴 발톱으로 살아가지만
별 재주는 없는 것 같습니다

잠자는 시간이 길수록
그들은 파라다이스입니다

자전거 경기에
느리게 달리는 종목이 있습니다

이놈을 출전시킨다면
단연 챔피언감입니다

빨리빨리 가는 세상에
느릿느릿 사는 생존도 있습니다

오래오래 있고 싶었지만
나무늘보는 깊은 잠에 빠져 있습니다

사전류(類)

사전류에는
까맣게 때가 묻어 있어야 한다

황량한 벌판을 헤매다가
만나는 한 줄기 빛

그것으로 해서
살아가는 사람과 만날 수 있다

한번도 밟지 않은
처녀림이 빽빽하다

도끼로 나무를 찍는다
속살이 하얗다

울창해서 그럴까
메아리는 돌아오지 않는다

차례로 줄 서 있는
어휘들의 질서

무질서하게 살아온 생애가
너무나 부끄럽다

책갈피를 넘기다
천근같은 어깨가 가볍다

철새 떼

투망질한다

그물을 던진다
공중에서 멀리 퍼진다

파도치듯
철새가 까맣다

오, 세상에
조류 인플루엔자라니!

파닥파닥
건강한 날갯짓에는 그런 거 모른다

천수만으로 내려앉는
가창오리 떼

혼자 보기엔 너무 미안한
이 장관

투망질에 걸린다

메밀꽃

삼류극장에서 다시 보는
'메밀꽃 필 무렵'

장사꾼이 꾸역꾸역 모여들었다
강원도 봉평 장날

줄거리는 짧지만
여운은 길다

벨과 함께
끝이라는 자막이 튀어나오면

신문 부고(訃告) 광고 같은
검은 테를 두른 하얀 스크린

뉘엿뉘엿 술에 취해
장돌뱅이는 흩어지고

달빛이 내린
메밀꽃은 지금도 핀다

병원에서

병원 가는 횟수가 많아졌다
가고 싶지 않아도 가야 할 때가 있다

하얀 벽면에 걸려 있는
인체 골격도
육탈(肉脫)한 깨끗한 뼈

계단을 내려오다가 어깨가 스쳤다
분명 아는 사람인데
성도 이름도 가물가물하다
알은체하려다가 그만두었다
아, 아직 살아 있구나

호곡소리가 들린다
흔히 있는 일이다
땅에 묻히면서
착한 일 많이 했으니
천국에 갔을 거라고 울음 섞인 말로 들린다

병원에는
소독 냄새가 향긋하다

동물원에서

대전에 동물원이 생겼다

기린 수송에 애먹었다는 기사가 났다
긴 모가지 역시 초원의 신사다웠다

대상(隊商)에서 빠져나온 낙타가
머쓱한 눈으로 마주친다

따가운 사막의 모래 무늬
향수를 반추하고 있었다

백곰은 안절부절 못한다
남극의 빙산이 얼마나 그리우랴

철책에 갇혀 있기는
대전동물원도 마찬가지였다

신기한 듯 쳐다보다가
일제히 외친다

이 불쌍한 사람들아

코스모스

코스모스가 피었다
제한구역
더는 들어가지 말라는 팻말이 서있다

그런 팻말에 신경 쓰지 않는다
보험 없이도 무사히 살아왔고
그래서 감사하고

생명보험에 들었으면 하지만
나이 제한에 걸려서 퇴짜라 한다
씁쓸한 것 어디 그뿐이랴

누구는 치매에 걸렸다 하고
또 누구는 그렇지 않다고 우기고
얼마 남지 않은 시간에 시비가 길다

하늘이 심심할 때가 있다
누구 놀아줄 이 없나?
코스모스가 몸체로 흔들고 있다

이 가을에

게양대 높은 꼭대기에
나부끼는 태극기
깃발이 크게 흔들린다
바람 탓만은 아니리라
하늘이 쪽빛보다 더 푸르다
차렷 자세로
콸콸 박동하는 붉은 피
그 심장에
바른손을 얹어본다
그래도 파동친다
아픔 같은 것이 엄습한다
이 가을에

가을 스케치

가을이 깊어갑니다

쪽빛 물감으로 가득 칠하고

아래로 3분의 2가량에서

한 선을 긋습니다

가느다란 수평선이 보입니다

단조롭지만

그 위로는 전부 하늘입니다

바다

산에서 자란 소년의 눈에
바다는 경이 그것이더라

항상 움직이더라
잠시도 가만있지 않고
일파만파더라
손바닥만 한 물결
바윗덩이만 한 물결
찰랑찰랑 있다가
성난 파도로까지
쉬지 않고 움직이더라
물빛도 조금씩 다르더라
평형을 유지하는 저 바다

산에서만 살아온 늙은 눈에
그 충격이 이만저만이 아니더라

습관

점잖은 말로
똥을 누다를
뒤를 본다고 한다

좌변기에 걸터앉는다
아무리 귀한 몸이라도
어쩔 수 없는 일상이다

황금빛일 때
떡가래일 때
적당히 말랑거릴 때

아, 살았구나

앞은 보이지 않고
뒤를 돌아보는
이상한 습관이 생겼다

나비넥타이

나비넥타이
한번은 달고 싶었다

훌륭한 시인
당당한 정치인
이름난 예술가
나비넥타이 썩 어울린다 싶었다

허공에서도 그러하지만
꽃을 찾아
사뿐히
두 날개 하나 될 때 더 아름답다

미완으로 흘러가는 세상
초록 바다를 배경으로
날아가는 흰나비 떼
한 마리는 나에게 다오

나비넥타이
한번은 꼭 달고 싶었다

한 그루 나무

나는 한 그루 나무
잎이 피었다

무성하게 짙도록 있다가
갈색으로 갈아입었다

지난여름 태풍 때는
견디느라 눈코 뜰 새가 없었다

무사히 지냈다
키는 더 크지 못할 것 같다

눈이 내린다
세설(細雪)이다

조용히 와서
이만한 여유를 주었다

살그머니
크게 용서를 빌자

나뭇가지에 앉았다가
햇볕에 녹아내리듯

나는 죄 많은 한 그루 나무

N.G.

좋은 드라마일수록 엔지를 낸다

눈물이 많을수록
탤런트 값은 올라간다

엔지가 많을수록
드라마는 살아난다

인생은 되풀이가 없다
그래서 타락투성이다

엔지 없는 드라마는
얼마나 싱거울까

해피 엔드를 빈다

첫사랑

멀쩡한 날에
먼 산등성 너머로
천둥소리
마른번개 친다

내게도
첫사랑 있었을까

헛것이었을까

배꼽

청과시장에 가도
배꼽참외가 눈에 띄지 않는다

나체주의자는 아니라도
알몸이고 싶을 때가 있다
홀랑 벗고 싶은 충동
브래지어는 얼마나 짜증날까

경기장에 가 보아라
환호 속에
치어리더들이 배꼽춤을 춘다
그래서 관중은 즐겁다

배의 중심은 배꼽
대낮에도 스포트라이트를 받을 만하다
머지않아
배꼽 성형 수술이 성행하리라

불행하게도 인형은 배꼽이 없다
탯줄 끊은 적이 없으니까

시를 쓴다

여태껏
아내도 읽지 않는 시를 쓴다
돈도 안 되는데 시만 쓴다
아내는
요즈음 은유법을 쓰기 시작했다

시답지 않은 시를 쓴다
시에는 정곡이 없다
승부가 없다
시인은 시만 쓰면 된다
끝장까지는 아직 모르겠다

대전의 노래

사통팔달 확 트인 한밭으로 오세요
식장산 아침 해 뜨기 전
대전은 이미 깨어나 움직여요
웃음이 있어요 인정으로 넘쳐요
한밭벌 넓어 넉넉해서 좋아요
우리는 사랑하니까

오가기 편해 반나절이면 족해요
동서남북 어디서나 통해요
만나서 도란도란 이야기해요
백제의 예술 문화 새로 키워요
갑천물 흘러흘러 바다로 가요
우리는 영원하니까

나라의 중심 한밭으로 오세요
걱정 털어놓고 거뜬한 마음
대덕연구단지 밤이 없어요
희망이 있어요 땀방울이 있어요
활기찬 대전에서 같이 살아요
우리는 행복하니까

5

2007. 07. ~2016. 05. 미발표 시

푯말

출구를 알리는 푯말 하나
자욱한 안개
화살표가 가늘게 떨고 있다
도착지 표시는 없다

푯말 밑에 피어있는 민들레
꽤 오래되어 백발이다
훅— 불면
사방으로 흩어질 태세다

안개가 걷히니
화살표가 선명하다
떠나야 하나
서성거려야 하나

낙서(落書)

젊었을 적 주점에 가면
벽면 전부를
낙서판으로 제공하는 곳이 있었다

촌철살인 뺨치는 경구가 있고
인생을 알리는 격문과
청춘을 구사하는 문구도 빠지지 않았다
자욱한 담배연기 속
술잔 부딪치는 소리로 떠들썩했다

낙서는 자유다
나의 일상은 지겨울 만치 한가롭다
낙서를 한다
A4용지에 빽빽하다

의도적으로 할 때가 많다
낙서는 분명 낙서지만
그렇게 치부하기엔
나를 자학하는 것 같아
고급 낙서라고 격을 올리기로 한다

세수를 하며

이쑤시개를 즐겨 썼더니
치열에 틈이 생겼다
국수가닥이 들락날락할 만큼
벌어졌다
양치질하다가 몇 번을 혀 뱉어버린다
깊이 끼었던 음식찌꺼기가
참, 흉물스럽다

얼굴이 까칠까칠하다
며칠 세수를 안 한 것처럼 황당하다
보이지 않던 때가 끼어있었다
턱밑이 특히 그렇다
아무래도 개운치 않다
엄지와 집게손가락으로
턱뼈 부위를 연신 북북 민다

세수시간이 길어질 수밖에
시간은 넉넉해서 다행이지만
서글픈 구석이 어디 한두 가지랴

대화

봄의 끝자락
영산홍 꽃봉오리가
막 터지려고 전투 중입니다
치열한 싸움입니다

빛깔이 강렬합니다
승패와 관계없이
자생적으로
태어난 꽃이 있을 것입니다

눈치코치 보지 않고
착해서 고독한 꽃
만나야 합니다
대화하고 싶습니다

로맨스

싹둑싹둑
가지를 치며
점점 커지는 하늘

버릴까 말까 망설이다가
가차 없이 베어버릴 때의
이 후련함

가득 차 있음보다
조금 모자라다 싶을 때의
포만감

살다가 살다가
단순해지는
늘그막의 로맨스

눈물 한 점

사람들은 모여서 울고 있다
범벅이 된 눈물
그 흔한 눈물이 나는 왜 없을까
애먹었다
나중엔 무섭다는 생각
에라 모르겠다
침을 발랐다
아주 진하게
어릴 때의
이 놀라운 위장(僞裝)

뜨겁다
눈물 한 점

욕

헝클어져 풀리지 않을 때
답답할 때
맨 앞에 욕이 터져나온다
—씨발
욱하는 성미라서 그럴까
욕이 앞장선다
부끄러워할 줄도 모른다

새는 죽을 때
짹 하고 소리를 낸다
사람은 선한 말씀을 남긴다는데
나는 자신이 없다
욕이 입버릇으로 굳어버렸다
제발 그 욕이 나오거든
이 땅에서
마지막 애교로 받아주기를!

제비꽃

연미복을 한 제비가
바다 건너
먼먼 비행 중이다

삼월 삼짇날
이 땅에 상륙하다
전선줄에 앉아서
두리번거리다가 어디론가 떠나다

이 강산 구석구석 조감하다가
아름다운 산야
작은 것끼리 피어 있는 들꽃
그 곁에 있고 싶다

눈 딱 감고 비수처럼 꽂혀서는
수줍은 꽃이 피었다
제비꽃이 피었다

더 힘차게 펄럭이거라

—<중도일보> 창간 56주년에(2007.8.28.)

서해안 시대가 꿈틀거린다
기업이 들어서고
공장이 즐비하고
기계 돌아가는 소리가 우렁차다
한여름 따가운 햇볕에
벼이삭은 패고
익어서 더욱 단단하다
이 고장 쌀이
유럽으로 처녀수출 된다고 한다
세상이 변하고 있다

옛날에도 로봇은 있었다
만화가게에서 꿈으로만 있었다
그것이 현실로 되었다
로봇이 사람을 대신한다
손님과 악수도 나누고
구석구석 청소는 물론
광복절 행사 때 사회도 맡는다
그 로봇에게
"명예대전시민증"을 걸어주었다
우리 이웃이 된 것이다

행복도시가 미구에 태어나리라 한다
행복은 우리가 만들어야 한다
세상이 휙휙 바뀌고
그에 따라 바쁘게 움직인다
옳은 것을 옳다 하고
그른 것을 그르다고 하는 평범한 진리가
실종되어 가는 사회
무질서가 횡행하는 이즈음
중도의 깃발
더 힘차게 펄럭이거라

무량사 매미 소리

한여름
무량사 매미와 만났다
오랜 세월 땅속에 있다가
겨우 삼일 남짓 생을 마치는
매미 소리는 언제 들어도 애처롭다

졸졸 흐르는 계곡 물소리 따라
한결 시원하고
악쓰는 도시의 매미와는 차원이 다르다

서둘러라
넉넉한 건 아니다
무량한 시간 같지만 일순간이다
그 애절한 호소

산을 다녀온 며칠 후
우리집 아파트 방충망에
매미 한 마리 달라붙어서
무량사 매미 소리를 반복하고 있었다
순식간의 일이다

동행(同行)

가장 가까이에서
그림자가 나를 따라다닌다
일거수일투족
하루 일과를 뻔히 알면서도
짐짓 모른 체할 때가 있다
아플 때 먼저 아파한 적이 없다
따라다니기 지겹지도 않느냐고
내가 호통을 친다

어둑어둑하다
가장 그림자가 길다
집으로 돌아가야지
내가 울먹일 때
왈칵 울음을 참는다
그만큼 착하다
내 옆 잠자리에 드러눕는다
하루의 피곤은 잊기로 한다

선반과 여행가방

우리 방에 선반 하나
잡동사니들이 놓여 있었다
내 눈이 쏠린 것은 누룽지였다
손이 까치발에 닿지 않아
아버지에게 구원을 청했다
병석에 누워 있던 어머니는
버릇이 나빠진다며 극구 말리셨다
그날의 촌극이 주마등 같다

머릿속에 자리 잡고 있는 그 선반에는
내가 살아온 잡동사니들로 가득하다
이제 하나 둘 내려놓을 차례
유독 여행가방에 눈이 끌린다
무엇이 들어있기에 육중해 보일까
그 안에는 허무가 가득가득 차 있다
자칫 실수라도 하여
그 무게로 압살당하는 것 아닌가
공연히 밤을 지새울 때가 있다

6

2016. 05.~2016. 06. 발굴시

미싱을 돌리며

집사람이 참 오랜만에
미싱을 돌린다
침침한 눈에
바늘구멍에 실 꿰기가 어디 쉬운가
몇 번 실패 끝에
미싱이 돌아간다

돌돌 돌아가는
동학사 계곡 물소리 같고
창틈 귀뚜리 소리로도 들린다

작은 키가 작아졌고
옷이 헐렁헐렁하다고 한다
몸에 맞게
줄이고 좁히고 수선 중이다

많이 늙었구나
저 미싱 돌리는 폼이 다소곳하다
아니 고즈넉스럽다

마을

옹기종기
노랗게 살아가는 마을이 있다

기웃거리지 마라
곧게 자라라

가볍게
더 가벼워져라

서로가 다독거리며 사는
민들레라는 따스한 마을이 있다

주량(酒量)

주량이 얼마냐고 물으면
좀 한다고 어물어물 넘겼다
그 주량이 놀랄 만큼 줄어서
소주 반 병이 정량이 되었다

냉장고 열고
마른멸치를 고추장에 찍어 먹는
그 맛이 쏠쏠하다

무슨 청승으로 혼자 마시느냐고
핀잔하는 사람이 있지만
그건 모르는 소리
독작해 보면 안다

혼자 따르고
혼자 마신다
외압이 없다
생각하며 마신다

주량이 줄어서 서글프지만
사랑을 빼앗긴 것 같지만
술맛이 있어 아직은 행복하다

첫걸음

천리 길도 첫걸음으로 시작한다는데
그 첫걸음이 두렵다
우선 서있을 수가 없다
한 발짝 떼기가 무섭다

엉덩방아 수없이 주저앉다가
넘어지다가
마침내 해냈다
그 안간힘
엉거주춤 서는 데만
일주일
반달쯤 되어서야
한 걸음 겨우 뗄 수가 있었다

그날의 환희여
감격이여
만리붕정(萬里鵬程)
머나먼 길 다시 시작이다

시집보낸다

시집(詩集)을 시집보낸다

딸 시집보낼 때는
섭섭함 반 시원함 반
반반이었는데
오늘은 좀 다르구나
마지막 시집이라는 생각에
왈칵 섭섭함이 달라붙는다

짧은 인생
길게 살았다
시가 한몫 거든 셈이다
이제는 서둘 필요가 없다

오늘 시를 묶어서 시집보낸다

첩첩산에 오르다

첩첩산에 오릅니다
물론 혼자입니다
희미하게 마을이 보이더니
이내 끊어졌습니다
개짓는 소리도 없습니다
새들도 다른 산으로 옮겼는지
적막이 흐릅니다
꽃은 나무 아래 숨어버렸습니다
바람만 세게 불어댑니다
이 산에는
나 혼자인 것 같습니다
육중한 덩치에 반했고
여간해서는 미동도 하지 않을
그 믿음 때문에
산을 사랑하게 되었습니다
전부 버리기로 했습니다
아직 남아있는 작은 욕심을 말입니다

별명

나는 삼식입니다
본명은 아니고 남들이 붙인 이름입니다
별 하는 일 없이
집에서만
또박또박 세 끼를 먹어치웁니다
삼식이라는 이름 가진 사람이
점점 늘어난다고 합니다
안타까운 일입니다
안사람의 눈치는 어떻습니까
밉다는 감정이 왜 없겠어요
하지만 우리는 부부입니다

구름과 함께

거실 소파에 드러누우니
하늘이 한눈에 들어온다
홀연히 구름이 나타났다
다도해에 떠있는 섬이었다가
동남아로 모였다가
먼 대륙으로 표류하고 있었다

비가 주룩주룩 오실 때
함박눈이 조용조용 내리실 때
모두가 하늘의 짓으로 알았다
그렇게 믿고 싶었다

잠깐 머물면서
이합집산이 자유로운 구름
그 신비로움
신출귀몰(神出鬼沒)하는 구름과
놀기로 했다

코스모스에게

가을이 와서
높아진 하늘

땅과 사이가
너무 멀어졌구나

바람이 와서
더 소통하라고 한다

작은 손을
마구 흔들라고 한다

코스모스에게
연방 신호를 보낸다

곡선(曲線)

도시는 거의가 직선이다
건물이 그렇고
도로도 시원시원하다

시골은 곡선이 많다
논두렁이 밭두렁이 그렇고
산의 능선은 모두 곡선이다

직선은 곡선이 부럽다
곡선과 직선이 만나서
파라다이스가 된다

짧은 통화

오랜만일세
살아있어서 통화가 되는군

짜증나는 일 많았지
살맛나는 일도 더러 있었다

동감일세
한자리에 너무 오래 머물렀어

아무렴,
자리를 비울 때가 됐지

◆발문 | 황희순

선생님의 유작을 묶으며

“내가 죽거든 발표 않고 버려둔 시를 유고시라고 내돌리면 절대 안 된다.”

선생님 떠나신 날이 엊그제 같은데 벌써 2주기가 지나갔다. 성전에 여러 번 하셨던 말씀을 떠올리며 컴퓨터에 저장된 글들을 꺼내 뒤적거리기 시작했다. ‘그거 없애라니까 아직도 놔둔 거여?’ 선생님 음성이 생생하게 들리는 듯했지만 지우지 못하고 더 깊이 숨겨놓았다. 지구상에서 나밖에 모르는 이 유작들을, Delete 키 몇 번만 누르면 사라질 선생님의 이 숨결들을, 정말 지워야 하나? 몇 번이고 몇 번이고 고민했다.

고민하다가 선생님의 제자인 시인이며 평론가인 리헌석 씨에게 생전에 하신 말씀과 유작 이야기를 어렵게 꺼냈다. 말이 끝나자마자 그는, 아무리 그렇게 말씀하셨어도 시집으로 묶는 게 좋겠다며, 자신이 그걸 보관하고 있었다면 망설이지 않고 한 글자도 지우지 않고 묶을 거라고 했다.

하긴, 언제 다시 선생님의 새로운 시를 볼 수 있겠는가. 시에 대한 선생님의 결벽성과 여러 차례 하신 말씀 때문에 세상에 내놓을 생각을 여태 않고 있었지만, ‘임강빈 시인’을 그리워하거나 기억하는 이들을 위해 이제 결정을 내려야 할 때가 된 듯했다.

하여 20여 년 전인 1997년부터 저장해 둔 유작 100여 편(8시집에서 제외된 시, 9시집에서 제외된 시, 10시집에서 제외된 시, 11시집에서 제외된 시, 12 · 13시집에서 제외된 시)을 한편 한편 깊이 챙겨보았다. 프린트해 드린 시들이지만 모두 새로워서, 선생님을 만난 듯 읽는 내내 즐거웠다. 타임머신을 타고 선생님과 시간여행을 한 셈이다.

선생님 주머니엔 여러 번 접은 A4 용지가 항상 들어있었다. 그 종이엔 완성되었거나 되고 중인 시가 적혀 있었고, 완성되었다 싶으시면 읽어보라며 내놓으셨다. 나는 그 시를 가져와 〈임강빈선생님방〉에 저장한 후 프린트해서 가져다드리곤 했다.

내 컴퓨터에 선생님 시를 저장하기 시작한 건, 1997년 일곱 번째 시집 『버들강아지』 발간 직후부터 2007년 열한 번째 시집 발간 이후까지였다. 시집 낼 때마다 모아둔 원고를 정리해 출판사에 파일을 넘겨주곤 했다. 그 이전인 1993년 여섯 번째 시집 『버리는 날의 반복』 발간도 내 손을 거쳤고 마지막 시집 『바람, 만지작거리다』도 꼼꼼하게 교정을 봐 드렸으니, 꽤 오랜 세월 동안 선생님 시의 첫 독자로서 즐거움을 누렸다.

결심을 하고 나니 후련하다. 선생님도 생전에 잊고 계셨을지 모를 시 94편과, 마지막 시집 발간 이후 2개월 동안 쓰신 11편의 시(돌아가시기 닷새 전, 시집 내고 시 10편은 썼다 하신 말씀 따라 유품 속에서 찾아냄)를 함께 묶는다. 그리고 기력이 다할 때까지 펜을 놓지 않으신 흔적/육필을 시와 나란히 싣는다. 시집 제목은, '어릴 때 어머니가 돌아가셨는데 눈물이 안 나오더라'는 말씀이 기억 나, 유고시 「눈물 한 점」의 한 구절을 가져와 『나는 왜 눈물이 없을까』로 정했다. 모든 정리가 끝났으니 이제 또 다시 선생님과 작별해야 한다.

유고시집은 없을 터이니 당신의 마지막 시집이라 여기시고, 돌아가시기 두 달 전에 나온 시집 『바람, 만지작거리다』를 지인들에게 발송하는 일까지 말끔히 마치신 거 같다.
이승의 일은 산 사람들 몫이니 나무라셔도 어쩔 수 없는 일이다.
버리라고 하신 말씀 어긴 이 후학을 부디 용서해 주시기를…….

"…… 꽃을 보려고 사람들은 다투어 모여든다. 처음엔 오솔길이다가 나중엔 큰 길이 생긴다. 나도 그 길을 따라 나서지만 아직도 그 실체를 모른 채 첩첩산중을 헤매고 있는 꼴이다."(2000)
선생님의 여덟 번째 시집 『비 오는 날의 향기』 '시인의 말' 부분이다. 이제는 실체를 아시고 이승에선 느낄 수 없을 평안을 찾으셨으리라.
선생님의 명복을 두 손 모아 간절히 빈다.

2018년 11월 7일

부록

- ◆시인의 산문
- ◆시인 연보

박용래(朴龍來), 그리고 우정

올해가 박용래 시인의 20주기가 된다.

'박용래 이야기'를 써달라는 청탁을 받았다. 쓸 내용이 많을 것 같았는데 실은 그렇지가 못하다. 세월 탓일까.

시인은 시만 쓰는 것으로 행복하다. 무슨 명예나 돈을 탐하랴.

이 땅에는 시가 많고 따라서 시인 또한 많다. 시를 필생의 업으로 하는 시인이 있는가 하면 시인이란 이름만 빌리고는 사라진 사람도 적지 않다. 유명무실한 시인이 많고 그 부침(浮沈)이 심하다.

박용래 시인은 살아서 이름을 얻었지만 사후에도 명성이 높다. 한국문학작가상을 수상했고, 시선집 『먼 바다』, 산문집 『우리 물빛 사랑이 풀꽃으로 피어나면』이 간행되었다. 한국일보에 「문학사 탐방」, 대전일보에 「충청의 예맥」, 「작가의 땅」 등 그의 문학과 인간이 조명됐다. '새여울' 동인지에서 「시인은 죽어서도 외롭지 않다」가 특집으로 다루어졌으며, 각 문학지마다 박용래 실명(實名)의 시가 이십여 편 발표되었다.

1984년 10월 27일, 보문산 사정공원에 시비(詩碑)가 세워졌다. 많은 사람이 참여했다는 데 의미를 두고 싶다.

1999년에는 〈박용래 문학상〉이 대전일보에 의해 제정되었다.

이렇게 그는 갔지만 외롭지 않게 빛나고 있다.

1956년 박용래 시인과 나는 다같이 ≪現代文學≫지를 통해 문단에 나왔고, 똑같이 박두진 선생의 추천을 받았다. 그리고 고향도 백제의 고도인 부여와 공주, 나이는 그가 다섯 살 연상이다. 이런 저런 연유로 해서 문단에서는 가까운 사이로 보고 있다.

그와의 상봉은 대전에서였다. 가파른 언덕을 기어올라서 그가 재직하던 대전철도학교에서 만났다. 첫인상은 허약해 보였다.

반년 후 내가 대전으로 옮기게 되어 자주 그와 만났다. 술자리도 잦아졌다. 나중에 안 일이지만, 그는 강경상업고등학교를 수석으로 졸업했고, 정구 선수이면서 미술반에서도 두각을 나타냈다고 한다. 다재다능한 학생이었으며, 대대장으로 열병이나 분열식을 할 때 그의 호령은 쩌렁쩌렁 교내가 울렸다고 한다. 잘 믿어지지 않지만 그의 학우나 후배들의 말이 한 가지로 나오니 어쩔 수 없지 않은가.

그가 졸업한 해는 1943년이었다. 군산으로 가서 은행 시험을 치르고 곧 조선은행에 근무했고, 다시 대전으로 옮겼다. 해방과 함께 돈 세는 일이나 돈 냄새가 역겨워 은행을 그만두었다. 그 좋은 자리를 팽개쳤던 것이다. 시인되기를 예약한 셈이라고나 할까.

술자리에 마주 앉으면 간간히 소운을 만났을 때의 감격담, 목월을 만나 시인 지망을 결심하게 되었다는 말, 그리고 홍래(鴻來) 누나 이야기를 하다가는 눈물을 쏟곤 했다.

후에 「나의 시적 편력」에서 그는 단편적으로 내게 들려주었던 것을 이렇게 정리해 놓았다.

> 동래(東萊)에서 김소운 선생이 문인부락(文人部落)을 세울 예정인바 뜻있는 청년은 연락을 바란다고 했다. 넓은 천지에 내 갈 곳은 여기밖에 없다는 일념으로 경부 열차에 올랐다. 선생은 시인이니까 대나무 숲이나 솔밭 머리에 살고 계시리라 믿었던 나는 그런 곳만 샅샅이 누볐으나 헛수고였다.

못 견디게 슬픈 날은 대구로 서울로 목월 선생을 찾았다. 말없이 길을 가다가도 손을 꼭 쥐어주시는 선생에게 나는 얼마나 많은 위안을 받았는지! 시도 못 쓰고 생활도 없는 나는 답답한 존재였으리라.

청년 박용래의 방황과 시에 대한 갈구(渴求)가 체온에서 묻어나온다. 김광림 시인은 동아일보 지면에 「이달의 시」에서 이렇게 쓴 적이 있다.

> …… 대전이란 묘한 곳이다. 한성기, 박용래, 임강빈 등 착하고 알뜰하기만 한 시의 모범생만 가졌으니. 그러나 이들에게 개구쟁이 같은 현대시의 실험의식을 가져주기를 바라는 것은 팔자만의 소망일까.

적절한 지적이다. 이 세 사람의 빛깔은 조금씩 달라도 서정성이란 토양은 같다고 본다. 박용래는 일본의 하이쿠[俳句]나 센류우[川柳]에 영향을 받은 흔적이 있다. 그의 서가에는 석천탁목(石川琢木), 북원백추(北原白秋) 등의 시집이 꽂혀 있었다.

그는 누구보다도 언어를 아낀 사람이다. 시어를 조탁하듯 했다. 언어 하나 헤프게 쓰지 않았다. 경제적인 시를 썼다. 적은 언어로 큰 울림을 주는 시를 썼다. 엽서 한 장 쓰는 데도, 단순한 구문 한 줄 쓰는 데도 전력투구했다. 쓰고 지우고 다시 쓰기를 반복한 시인이다.

그는 실격(失格)한 가장이었다. 무능했다. 아이들은 늘고 자랐다. 학비는커녕 용돈도 한푼 집어줄 위인이 못되었다. 그래서 결심한 것이 당진 송악중학교 부임이었다.

아이들은 환호했다. 잔소리에서 해방되었고, 술주전자 앞세우는 일도 없어진 것이다. 토요일 집에 오는 것이 신기하기까지 했다.

'창밖에 봄비가 내리네요. 꽃망울이 곧 터지겠지. 공연히 마음이 설레서…….'라든가. '단풍이 타고 있네요. 지는 날은 슬퍼질 텐데…….'라든가, 무슨 시 구절 읊듯 얌전한 통화가 오면 술 생각이 간절하다는 신호였다. 다른 곳에 전화 걸다 보면 '찌— 찌—' 통화 중일 때가 있어 짜증스럽지만 그와는 언제든 시원히 뚫렸다. 하루 종일 집을 지키고 있으니 그럴 수밖에.

남들은 직장에서 풀려나와 집으로 돌아가는 시간에 그는 출근을 했다. 그래서 대개는 퇴근길에 자주 만났다. 그는 취하고 싶은 것이었다. 흥이 났다 하면 언제나 그의 독무대가 되었다. '임선생'이 '임형'으로, 나중엔 '임마'였다. 이런 호칭으로 그의 취기가 얼마쯤인가를 가늠할 수 있었다. 남들이 노래하면 발가락을 세워 바레풍을 춘다든가, '눌더러 물어볼까. 나는 슬프냐' 등의 자작시를 줄줄 외우고 '홍래 누나'가 나오고 끝내는 울음이 터지는 것이다. 눈물과 콧물이 범벅이 되어 술자리가 고요히 끝나는 경우가 드물었다. 눈치 빠른 친구들은 슬금슬금 자리를 떴다. 이때 나는 인내가 필요했다. 냉큼 자리에서 일어설 것 같지가 않아 사정사정 강청할 수밖에. 그러면 그는 "임마 나 돈 있어." 하면서 꼬깃꼬깃한 지폐 한 장을 바지 새끼주머니에서 자랑하듯 내보였다. 고료로 받은 비상금이었다. 그리고는 '멋도 낭만도 모르는 놈들'이라고 고래고래 소리를 쳤다. 술자리 풍경은 대개가 이러했다.

그의 집에 가면 대개 작취미성일 때가 많았다. 거의 팬티바람이었다. 집안인데 어떠냐고 짐짓 진지했다. 매일같이 취중인데 그 짓은 언제 치르냐고 물으면 자못 신파조로 "야, 너 그것도 모르냐? 아, 황홀해." 했다. 그는 술은 친해도 여자하고는 멀었다. 대신 미소년(美少年)을 좋아했다. 반반하다 싶으면 얼굴을 비벼댔다. 그 억센 수염으로 마주 비벼대는 것이다. 아마 이렇게 당한 사람이 상당한 걸로 알고 있다.

문협 주최로 보문산 음악당에서 백일장 행사가 있었다. 대전의 터주노릇을 하는 그를 심사위원에서 뺄 수는 없었다. 오후가 되자 점심때부터 마신 술이 벌써 취해 있었다. 그는 열외로 밀렸다. 행사를 마치고 내려가는 일행 중에 제일 늦게 두 사람이 뒤로 처졌다. 비틀거리는 그를 붙잡고 한마디 쏘아붙였다.

"이젠 아주 시를 버릴 작정 했어?

"……?"

"죽으면 그만이야. 쓰고 싶어도 못 하잖아."
"얼래, 참 이상한 말 하네."
"시비(詩碑) 어디가 좋을까. 이 보문산 어때?"
"필요 없어. 저 아래 가서 술 한 잔 사라, 임마."
우린 이렇게 씨부렁거리며 억지로 내려왔다.

1980년 여름, 밤 10시가 넘어서 전화벨이 울렸다. 다급한 부인의 목소리였다. 불길한 생각이 순간 스쳤다. 병원으로 달려갔다. 윤화(輪禍)였다. 다행히 큰 부상은 아니었다. 골절상이었다. 젊은 화가와, 한성기 시인이 살고 있던 진잠엘 갔다가 부재중이라 허탕치고, 막걸리 몇 사발 걸치고 소낙비를 맞으며 귀가하던 길에 집앞 횡단로를 건너다 택시에 치었다고 했다.

응급 치료를 받고 엑스레이를 찍었다. 그 상황에도 택시 기사의 신변을 걱정하고 있었다. 그를 보고 꼭 어린애 같다고 간호사가 말했다. 그는 "음, 그래 나는 막내둥이라서……." 했다. 순진한 그의 말에 웃음이 나왔다. 다리에 깁스를 했다. 병실로 옮기면서 다리를 쳐들어 보이며 "어때, 나 비너스 다리 같지?" 하는 바람에 또 한바탕 주변 사람을 웃겼다.

이 일로 해서 그 뜨거운 여름 석 달 동안 또 새장에 갇히는 몸이 되었던 것이다. 갇히는 것에 익숙한 그였지만 답답해했다. 창밖의 구름을 바라보며 노을빛에 흥분도 하며 시상을 가다듬기도 했다. 머리맡에는 만년필과 종이가 항시 준비되어 있었다. 자기 성찰의 좋은 기회로 삼았을 것이다. 그는 과작(寡作)하는 시인이었다. 병원에 있는 동안 많은 작품을 생산해 낸 것으로 안다.

퇴원 후에도 얼마간 집에서 요양을 해야 했다. 목발 신세였다. 아마 이 동안이 술과 떨어져 산 가장 긴 시간이었으리라.

보고 싶은 얼굴이 떠오르면 만나자고 했다. 교외로 나가 바람이나 쐬기를 원했다. 사고가 났던 횡단로도 둘러보았다.

1980년 11월 21일, 내가 근무하던 학교 교무실 책상 위에 있는 전화벨이 울렸다. 하직했다는 떨리는 목소리였다. 순간 덜컹했다. 도무지 믿어지지 않았다. 나와 함께 근무하던 그의 서랑(壻郞)을 쫓다시피 보내고 뒤따라 달려갔다. 혹시나 했지만 사실이었다. 심장마비라 했다. 칠성판에 반듯하게 누워 있는 흰 천을 들추고 그를 보았다. 아무렇지도 않다는 듯 아주 평화로운 얼굴이었다. '죽음은 이렇게 평온한 것이구나.' 하고 속으로 몇 번을 되뇌고 있었다.

빈소에는 젊은 시절의 사진에 검은 리본이 걸리고 새 구두가 밑에 놓여 있었다. 늘 노래해 왔던 탐라행(耽羅行)을 위해 부인이 마련한 새 구두였다.

대전 근교 산내에 있는 천주교 묘지에 묻었다. 그를 아끼고 따르던 오열하는 긴 행렬을 뒤로 한 채 그는 조용히 묻혔다.

> 가을바람 마른 풀숲 속눈물 말리고 있을까/혼자 삐쳐 소줏잔 홀짝이고 있을까/지상의 주소를 잃은 龍來의 눈물이/잘 울지 않는 剛彬을 울리고 있었다
>
> — 나태주 「우정」

해마다 한두 번은 그의 시비를 찾는다. 처음 세울 때는 공원 조성이 완성되지 않았을 때라 나무도 어리고 어설퍼 보이기까지 했다. 그로부터 16년이 되었다. 나무도 빽빽해졌고, 새들의 지저귐도 끊이질 않는다. 시비 뒤로 심었던 적단풍이 지금은 주인의 키를 훌쩍 덮고 있다.

시간이 이렇게 만들어 놓았다.

≪시문학≫, 2000.

스냅 사진 속의 빈 술잔

자유인이란 이렇게 편안한 것인가. 정년에서 물러나니 우선 매일 넥타이 매는 일에서 해방되어 좋다. 그리고 진짜 직업 시인의 즐거움을 맛본다. 보름 전쯤일까, 「스냅」이라는 시 한편 끄적거려 놓았다. 작품이야 어찌되었건 그 시를 다시 꺼내서 흥얼거리고 있었다.

거실 방바닥에 엷은 햇살이 든다
그것과 몇 마디 건네다가
퇴색한 스냅 사진을 다시 들춘다
거의가 술잔을 높이 들었다
술을 사랑했고
견딜 수 없는 추억이
순간을 스친다
슬픈 과거는 아름답다
멀리 여행한 것 같은데
늘 제자리에서 빙빙 돌고 있을 뿐
인생은 역시 짧구나
정색한 사진은 언제나 쑥스럽다
찰칵찰칵 스냅의 연속
한 컷 내 진솔은 어디 있느냐
창 너머 앵두꽃이 하얗다

전화벨이 울렸다. 〈현대시학〉으로부터 「나의 시와 이 사진 한장」의 원고 청탁이다. 한성기, 박용래가 있는 것이면 좋겠다고 했다. 뭐 어렵지 않아 순순히 응했다. 나는 책이나 사진을 차곡차곡 챙길 줄 모르는 부실한 사람이다. 원고청탁이 와도 느슨하게 있다가 마감이 되어서야 부랴부랴 서둔다.

어느 주점인가는 확실하지 않지만 거나하게 끝내고서 우리 넷은 은행동을 걷고 있었다. 한성기 시인의 제의로 기념사진 하나 남기자고 해서 성사진관에 들어섰다. 앞줄엔 박용래 그리고 나, 뒷줄은 키가 훤칠한 한성기, 그 막내인 홍희표, 이렇게 넷이서 폼을 잡았다. 그 기념이란 아마도 박용래 시인의 〈제1회 현대시학 작품상〉 수상 기념이 아닌가 한다. 서울 수상식에 참석 못한 미안한 마음이 그랬을 것이다. 정색하고 찍은 사진은 쑥스럽다. 그래서 이 낡은 사진을 내놓기로 했다.* 오늘의 이 한 장의 사진도 이것과 무관하지 않다.

요즘 사진엔 그날의 날짜가 찍혀 나오지만 그 시절엔 그런 것이 없었다. 어느 때 어느 장소인지 적어놓지 않으면 쉽게 떠오르지 않는다. 기억을 더듬는데 상당한 시간이 필요하다. 이 사진에는 〈바람이 맛있어요〉 하고 유성이나 대전 근교를 매일 흰고무신 차림으로 거닐던 둑길의 한성기 시인은 빠져 있어 미안하지만, 막상 고르려니 적당한 것이 수중에 잡히지 않아 이대로 내놓을 수밖에 없다.

박용래 시인의 수상은 1969년이니까 32년 전 일이다. 옷차림으로 봐서 가을 어느 날일 것이다. 무대는 어느 중국 요리집, 모두가 모범생처럼 얌전히 앉아 있다. 지금은 출판기념회나 수상식장이 호텔로 격상되어 있지만 그때만 해도 대개 다방, 그것도 전부가 아닌 구석에서 조촐하게 치러야만 했다. 가난한 시절이었다. 누군가의 발기로 모였는지는 기억이 나지 않지만 좌우간 모였다. 사발통문식으로 가까운 사이끼리의 축하연이었다.

그날의 면면을 살펴본다. 맨 앞에 담배를 물고 있는 「혼야」의 이동주 시인이 우선 눈에 들어온다. 서울과 고향 오가는 길에 대전에 내려서 시인들과 회포를 풀곤 했다. 그 다음이 그날의 주인공 박용래 시인, 그날따라 참 얌전하다. 포켓에 꽃이 꽂혀 있다. 그 옆자리엔 〈백수〉 동인을 주도했던 김제영 소설가가 고개를 숙이고 있다. 다음이 필자, 그리고 홍희표 시인, 김정수 시인, 끝에 윤조병 희곡작가, 가려서 보이지 않지만 그 앞에 신정식 시인도 앉아 있었다. 얼굴이 간신히 보이는 김학응 시인, 그 옆이 강성렬 화가, 신정식·홍희표·강성렬은 〈청시사(靑柿舍)〉를 부리나케 드나들던 맴버들이다. 안경을 쓴 조남익 시인, 그 옆에 홍기삼 평론가도 보인다. 박용래 시인 맞은편의 두 사람은 기억이 나지 않는다. 이 사진으로 보아서는 적막강산 같다. 도무지 박용래 시인의 축하연 분위기가 아니다. 안주만 있고 술잔이 보이지 않는 것으로 보아 누군가 축사라도 하고 있는 모양이다.

돈이 없어 시집 발간은 엄두도 내지 못하던 그가, 어느 고마운 분의 뜻을 받들어 삼애사(三愛社)에서 김영태 시인의 장정으로 처녀시집 『싸락눈』이 나왔다. 문단에 얼굴을 내민 지 13년 만의 일이다. 이 시집이 계기가 되어 현대시학 작품상을 수상하게 되었다. 이영도 시조시인의 후견이 컸던 것으로 안다. 격려의 뜻으로 파카 만년필을 받았다. 아이처럼 자랑하며 좋아하던 기억이 새롭다.

그는 천재적인 서정시인이었다. 흔히 정한(情恨)의 시인으로 통한다. 현대문학에 박두진 선생의 천으로 문단에 나왔지만 김소운, 박목월 선생을 짝사랑하듯 심취했다. 〈박목월 선생을 뵐 때마다 시를 쓰고 싶은 욕망에 괴로웠던 많은 날을 고백한다. 무명(無名)을 자처했던 내가 문단에 나온 것은, 목월 선생의 눈에 보이지 않는 채찍질도 있었다.〉라고 술회한 바 있다. 그를 천부적인 시인으로 치부하지만 한때는 그가 모아왔던 시고(詩稿)를 모조리 불사르고 새 노트를 마련할 만큼 좌절도 만났다. 그는 시에 대한 애정이 누구보다 컸고 치열성도 강렬했다. 시는 물론 편지 한 장이나 산문 하나에도 전력투구하는 자세였다.

박용래 시인을 말할 때 술을 빼놓고는 재미가 없다. 여러 곳에서 숱한 일화를 뿌리고 다녔고, 그렇다고 두주불사(斗酒不辭)의 주량은 아니었다. 단지 애주가였다. 안주는 별로였다. 기껏해야 멸치 똥을 빼고 고추장에 찍어 먹거나 무말랭이 정도면 족했다. 아무리 진수성찬이라도 손을 대는 일은 별로 없었다. 식구들의 성화에 못 이겨 금주 선언을 한 적이 몇 번 있었지만 작심삼일(作心三日), 길어야 한달 남짓해서 스스로 허물었다. 적나라한 박용래로 돌아오는 것이다.

그의 스냅을 다시 본다. 다소곳하게 앉아 있는 박용래, 자리가 자리인지라 함부로 설칠 수도 없고, 그야말로 죽을 맛이었을 것이다. 나는 박용래 시인을 어느 정도는 안다. 빨리 술잔에다 고량주 한잔 따라주고 싶다.

*≪현대시학≫에 실었던 그 "낡은 사진"은 분실로 싣지 못함.
대신 "박용래 그리고 나, 뒷줄은 키가 훤칠한 한성기, 그 막내인 홍희표, 이렇게 넷이서 폼을 잡"고 찍은 사진을 책의 앞 화보에 붙임.

≪현대시학≫, 2001.

쉽게 시(詩)가 쓰여진 날은 불안(不安)하다

—신작소시집 시화—

시는 왜 쓰느냐는 물음은 시가 존재하는 한 늘 따라다니는 질문일 것이다. 삶의 공기를 메꾸기 위하여, 자기 정화를 위하여, 혹은 고독의 구제 행위 등 고급스럽게들 말하지만, 쉽게 즐거움이라고 말하면 더 솔직할 것이다. 물론 여기에는 고통이 따른다. 고통 없는 출산이 있겠는가. 시 쓰는 즐거움은 아픔과 함께한다.

이 땅엔 시가 많고 따라서 유명, 무명의 시인이 많다. 시인이 많다고 손해 볼 것은 없다. 툭하면 살인하고 사기나 치고 인면수심이 들끓는 세상에, 미를 추구하겠다는 시인이 만이면 어떻고 십만이면 어떠랴. 밥 먹고 바로 드러누우면 소가 된다고 할머니는 말씀하셨다. 이런 거짓말은 이 사회에 얼마든지 있어도 좋다는 생각이다. 시인은 아름다운 존재이다. 위안을 준다. 다만 이름만 시인이고 작품이 없는 유명무실한 시인은 도태되어도 좋으리라는 생각이다.

1956년 〈현대문학〉지에 추천을 받아 시 천료 소감에서 이렇게 적었다. 소나무 아래 동자에게 물었다. 답하기를 스승은 약을 캐러 가셨다. 지재차산중(只在此山中)이나 운심부지처(雲深不知處)라는 당나라 시인 가도(賈島)의 오언절구를 인용하였다. 지금 생각해도 건방지다. 겨우 등단한 주제에 구름이 깊으니 어쩌니 했으니 말이다. 40년 넘게 나는 짙은 구름에 가려서 시의 실체를 모른 채 살아왔다. 방황도 하였다.

가끔 원로라는 말을 들을 때가 있다. 이럴 때 당혹해지는 것이다. 하긴 시 인생 사십 년, 불혹(不惑)을 넘겼으니 듣기 좋으라고 하는 말인 줄 모르는 것은 아니다. 그때마다 〈나는 현역 시인이오.〉라고 사족을 달지만 개운치 않은 것은 마찬가지다.

나는 두 마리를 좇았다. 한 마리는 문학, 또 한 마리는 교육이라는 토끼다. 시가 밥을 먹여주질 못했다. 결국은 어느 하나도 내세울 것 없이 이 꼴이 되었다. 정년퇴임으로 풀려나와 완전한 자유인이 되었다. 시에만 전념하게 되었다. 열심히 하니까 무언가 조금 보이는 것 같다. 작품이야 좋든 못하든 시를 많이 쓰게 되었다.

나는 원래 과작(寡作)하는 편이다. 전 재산인 시집 8권이 말해준다. 과작이 아닌 다작으로 선회하는 중이다. 그런데 고민이 생겼다. 자기도취에 빠져있는 게 아닌가. 언어의 미로에 갇혀 있는 게 아닌가. 그래서 쉽게 시가 쓰여진 날은 왠지 불안하다.

동양시의 원류는 서정성에 있다. 시행이 짧다. 우리나라의 시조, 한시의 오언절구나 율시, 그리고 일본의 하이쿠 등이 그렇다. 동양의 시는 여백을 중히 여긴다. 그래서 여백의 미학이라고도 한다. 간결과 함축성으로 여유를 찾는다.

왜 요즘 시는 길어졌는가. 산문의 영향이 아닐까. 확실히 우리는 산문의 시대에 살고 있다. 그래서 시도 산문화되었다. 행과 연의 구분이 무너졌고 리듬도 사라진 지 오래이다. 과연 이래도 되는 것일까. 시와 산문(소설)의 싸움은 이미 끝났다. 그러나 시는 시의 기능이 있고, 산문은 산문의 기능이 있을 것이다. 시가 산문을 닮으려 한다. 시 속에 산문성이 이미 많이 들어 있다. 산문은 많은 것을 포용하자니 자연히 길어질 수밖에 없다. 그릇이 커진 것이다. 그러나 길게 썼다고 전부 산문시가 되는 것은 아니다. 길어질 수밖에 없는 개연성이 있어야 한다.

시인은 숙련공이 되기를 거부한다. 자동차 공장에는 라인에 따라 파트별로 자기 맡은 일에만 열중한다. 나사 죄는 사람은 계속 나사만 죈다. 시인은 창조하는 사람이다. 창조하는 기쁨으로 살아가는 사람이다. 독창성이 뛰어난 시인은 독자에게 감동을 준다. 감동의 폭이 클 때 우리는 좋은 시인과 만났다고 환호한다.

한편의 아름다운 시에서 감동과 만난다는 것은 행복이다. 좋은 시를 읽으면 하루 종일 즐겁다. 훌륭한 시집을 만났을 때는 십년지기를 만난 듯 반갑다. 감동은 남에게 강요할 수 없고, 힘으로 되는 것도 아니다. 잔잔한 감동일수록 그 파장이 널리 퍼진다. 감동이 없는 시는 무미건조하다. 마치 마른 나뭇가지 씹는 것과 다를 바 없다. 생의 깊숙한 곳에서 샘물을 길어 올린다. 두레박 가득 찰찰 넘쳐올 때의 신선함 같은 것이다. 그 감동은 어디서 오는가. 그것은 상상력이다. 상상력의 훈련이 다져진 시일수록 감동의 폭은 크다.

육상 선수는 달리기를 잘하는 사람이다. 그렇다고 모두가 한결같은 것은 아니다. 단거리에 능한 사람이 있고, 중거리, 혹은 마라톤에 뛰어난 선수가 있다. 요는 어느 종목을 택하느냐에 있다. 뛰어난 전략가는 총을 쓰지 않아도 승리로 이길 수 있다. 그러나 시인은 표현이라는 수단 없이는 시가 될 수가 없다.

우리는 가끔 시적이란 말을 쓴다. 시와 시적은 구분되어야 한다. 천하 명산 금강산 길이 뚫렸다. 많은 관광객이 다녀왔다. 기암 승경의 그 아름다움에 감탄했을 것이다. 아, 아 하는 감탄사가 절로 터졌을 것이다. 이런 상태를 시적이라 부른다. 그것이 시가 되려면 표현이 따라야 한다. 시는 표현이라는 과정을 밟아야 한다. 누가 이런 말을 했다. 〈나이 어려서 시를 쓴다는 것처럼 무의미한 것도 없다. 시는 언제까지나 기다리지 않으면 안 된다. 그리하여 겨우 몇 줄의 시가 쓰여질 것이다.〉 그렇다. 시는 침묵의 미학이다. 침묵도 위대한 언어라는 역설도 있지만 시는 침묵과 동행하는 예술이다. 시는 요설보다는 간결미, 논리적이라기보다는 상상력의 문학이다. 시는 감정을 바탕으로 깔고 거기에다 얼마간의 지성과 결합할 때 아름다운 시가 된다. 개성이 없는 시는 죽은 시, 스스로를 포기한 행위이다. 그리고 서정시는 경제적이어야 한다. 적은 언어로 많은 의미의 울림을 줄줄 알아야 한다.

우선은 정해진 시의 틀에 몰입한다. 그러다보면 답답하다고 느껴질 때가 있다. 부수고 싶은 충동이 생길 것이다. 그 충동이 자기류(自己流)의 시를 갖고 싶어한다. 이런 경지에 도달할 때 참 만족을 느끼는 것이다.

모호한 시보다는 명징한 시, 긴 시보다는 짧은 시, 어려운 시보다는 쉬운 시가 나의 체질에 맞는 것 같다. 시는 강요가 있을 수 없다. 차라리 고집이라면 어떨까. 눈치나 살피고 어느 시의 아류가 되는 것을 타기하라. 닫힌 시보다는 열린 시에 눈을 돌려라.

나는 가급적 감정이입은 피하고, 감정을 노출시키지 않고, 사물의 현상화, 혹은 현실과 사물에 대한 객관화, 그리하여 이미지를 투명하게 드러낸 시 쓰기를 계속할 것이다.

나는 요즘 시에 푹 빠져있다. 전에 느껴보지 못한 감정이다. 과작이라는 골방에서 벗어난 것이다. 나는 시로 해서 건강하다. 이만한 지복이 또 있겠는가. 풍요 속의 빈곤이란 말이 있다. 제발 그러지 말기를 바란다.

≪현대시학≫, 2002. 4.

유월의 감동

붉은 석류꽃이 필 무렵 이 땅에는 월드컵 열기로 뜨거웠다. 대한민국이란 국호를 목청껏 외쳐댔다. 붉은 셔츠차림의 군중이 운집한 것도 처음 있는 일이다. 공명심 때문이 아닌 순수한 공감대로 형성되었기 때문에 그 값은 비싸다.

유월은 온통 감동의 물결이었다. 이 감동은 강요가 아니라 자연 발생적으로 형성된 것이다.

> 벽에 걸린 세계지도/오대양 육대주가/손바닥에 들어오네요/대륙의 끝 한반도/대한민국이/고추만한 게 달려 있어요/작은 고추가 맵다 하지요/자랑스럽습니다//
>
> (중략)
>
> 세계지도에서/고향 나들이 했어요/소가 누워있는 산맥/울창한 숲/강물이 찰랑이네요/황금벼가 물결치네요/귀뚜라미도 서럽게 울 줄 아는/시골 마을/대한민국을 떠올렸습니다//

졸시 「세계지도를 보다가」의 일부이다.

나는 서정시인임을 자랑한다. 시의 고향은 아무래도 서정성에 있다. 그래서 고집스럽게 서정만 노래하고 있는지 모른다. 이 시에는 대한민국이란 시어가 두 번 들어있다. 고향에 대한 그리움 때문일까. 희미하게만 보아온 대한민국이 가까이 다가선 것일까. 짤막한 서정시만 써온 나로서는 좀 파격적이다.

가끔 취미가 무엇이냐고 질문해올 때가 있다. 꼭 답을 해야 하나 하다가도 적당히 '독서'라고 해둔다. 별 취미 없는 사람들이 쓰는 말이다. 한데 독서가 취미일 수는 없다. 독서는 교양이다. 취미는 전문적으로 하는 것이 아니라 마음에 끌려서 혹은 즐기기 위하여 하는 일일 것이다. 바둑이나 낚시는 고상한 취미이지만 낭비 같아서 일찍 거뒀고 간단한 우표 수집도 끈기를 요하는 것이라 중도에 그만두었다.

제자나 후학에게는 인생은 길다. 그 긴 인생을 즐기기 위해서도 한두 가지 취미는 있어야 한다고 권하면서 내 자신은 무취미로 살아왔다. 굳이 답하라면 한 가지는 있다. 그게 무엇인가 하면, 스포츠 생중계 보는 일이다. 별난 취미라고 하겠지만 이 방면에는 거의 광적(狂的)이다. 나는 원래 약골로 태어났다. 운동 신경도 둔한 편이라 그것하고는 거리가 멀다. 그저 보는 것으로 위안을 삼는다. 스포츠 중계는 라디오 쪽이 좋다. 귀를 통해 눈으로 본다. 상상력(想像力)이 동원된다. 상상력 훈련이 따르기 때문이다.

별로 텔레비전 보급이 안 되었을 때는 다방을 많이 이용하였다. 그런 날은 입구에 중계를 알리는 광고가 붙기 마련이고, 시간이 되면 사람들이 꾸역꾸역 모여들었다. 좌석은 한정되어 있고 그래서 보조의자까지 총동원된다. 오랜 시간을 차 한 잔으로는 미안해서 중간에 차를 다시 시키기 마련이다. 잔뜩 기대하고 있는데 현지 사정에 의하여 중계할 수 없다고 채널을 바꿀 때의 실망, 그 허망감은 지금도 생생하다.

피치 못할 술자리일 때는 적당히 핑계를 대고 텔레비전 앞에 내가 앉아있다. 스포츠 중계라면 종목을 가리지 않는다. 야구, 축구, 배구, 등 구기는 물론 권투, 유도, 레슬링 같은 투기경기도 빠질 수 없다. 왜 이렇게 광적이 되었나. 아마 깨끗한 승부의 세계에 동경해서일 것이다. 간혹 깔끔하게 끝나지 않을 경우도 있다. 그러도 딴 분야보다는 깨끗하다. 끊고 맺음이 확실해서 좋다.

기록은 깨기 위해서 있다고 한다. 그 깨지는 기록에 대한 호기심, 마라톤 중계도 끝까지 보아야 직성이 풀린다. 빅 게임이 있던 다음 날 화제가 그쪽으로 모아질 줄 알았는데 별 반응이 없을 때는 괜히 섭섭하다. 공연히 나 혼자 흥분했다 싶다.

박찬호의 경기는 거의 다 보았다. 시차 때문에 새벽이나 밤에 경기를 본다. 그는 나와 동향이고 학교도 선후배 사이라서가 아니라 그는 믿음을 주는 선수이다.

> 삼진(三振)아웃은 깨끗하다/미국으로 건너간/박찬호의 삼진은 더욱 그렇다/모자를 벗고 절하는 것도 인상적/암, 동양예의지국의 후예다/악물고 전력투구하는/그의 폼은 아름답다/뙤약볕의 삼진 아웃은/서늘한 한국의 가을 날씨 같다

후생가외(後生可畏)란 말이 있다. 젊은 후진을 두려워해야 한다는 뜻이다. 이 후생가외란 말을 갖고 이 고장에서 논쟁이 있었다. 초·중고생을 대상으로 한 백일장이었는데 그 심사평에 이 말을 인용했던 것이다. 아직 어린 학생들에게 지나친 찬사라는 것이다. 앞으로 올 사람이 오늘의 선배보다 못하리라고 어찌 알겠는가. 미래가 있다는 것은 가능을 말하는 것이다. 훌륭한 후배가 많이 나와야 이 역사는 발전하고 그리고 이어질 것이다. 허지만 너무 과찬이라는 비꼼이었다.

요즘 젊은이를 일러 건방지다, 예의가 없다고들 질타한다. 버르장머리가 없다고들 개탄한다. 이번 월드컵에서 부정적으로만 보아온 기성세대의 시각이 확 바뀌었다. 붉은 악마나 거리 응원에 나선 군중이 바로 나이 어린 청소년들이었다. 그저 철부지로만 알았는데 주역들이 바로 그들 아닌가. 어디에 잠복하고 있다가 이처럼 분출한 것일까. 언제 저토록 대한민국을 외쳐본 적이 있던가. 붉은 셔츠를 입은 것이며, 얼굴이나 팔뚝에 그린 태극기 모양도 개성이 있어 보

였다.

사실 기성세대는 〈붉은 색〉을 멀리해 왔다. 혁명을 표방하고 피를 상징하는 색깔이라 해서 기피해 왔다. 하다못해 초등학교 운동회 때 홍백전이 청백전으로 바뀔 정도였다. 그 붉은 인파가 대한민국 온 거리를 누볐다. 적대시하던 붉은 색이 어느새 따스한 정서로까지 파고들었다. 가까운 이웃처럼 친밀해진 것이다.

엄숙했던 태극기, 장롱 설합이나 국기함에서 잠자던 태극기가 거리로 나선 것이다. 게양했다가도 비나 눈이 오면 곧 하강해야 했던 그 존엄이 우리 곁으로 다가온 것이다. 두건으로 대용하기도 하고 휘감기도 하고 허리춤에 둘러도 조금도 거부감이 나지 않았다.

6월 14일, 대전 월드컵 경기장에 갔다. 이미 붉은 악마들이 장사진을 치고 있었다. 그 위용을 멀리서만 바라봐야 했던 그 경기장, 막대한 돈을 투자해서 지었다는 축구전용경기장이 아닌가.

그 중에는 붉은 티셔츠 차림의 여학생, 그리고 여성이 많이 눈에 띄었다. 스포츠에는 별 관심 없는 성싶은데 태반이 넘는 것 같았다. 일종의 해방감일까, 카타르시스일까. 많이 변했구나 싶었다. 내부에 들어갔다. 우선 눈에 띄는 것은 그라운드의 푸른 잔디였다. 호수 옆에 내가 서있다는 착각마저 들었다.

이미 좌석은 거의 꽉 차 있었고, 응원의 함성으로 정신이 얼떨떨했다. 종이로 귀를 틀어막았다. 심장마비로 변을 당했다는 신문 기사가 순간 스쳐갔다. 우황청심환을 씹었다. 좀 진정되는 것 같았다.

같은 시간에 인천에서는 한국과 포르투갈전이 있었다. 미국과 폴란드전을 관전하면서도 라디오에 잔뜩 귀 기울이던 관중 하나가 희소식을 전했다. 포르투갈을 꺾었다는 것이다. 주변에 있던 관중들이 자리에서 벌떡 일어나서 환호했다. 그토록 애타던 16강을 따낸 것이다. 자정 가까이 집에 와서 한국과 포르투갈전 재방영을 보고서야 잠이 들었다.

모 신문사로부터 전화가 왔다. 8강에 오르면 축하 겸 격려하는 축사 청탁이었다. 8강까지는 사흘이나 남았다. 이런 행사시는 별로 내키지 않는다. 그래서 도망갈 구멍을 찾았다. 스포츠에 조예 있는 적당한 분에게 부탁해 보라고 정중히 사양했다. 그랬더니 스포츠 중계광이라는 것을 이미 알고 하는 부탁이란다. 아직 사흘이나 남았고, 그 결과를 본 다음에 써야할 게 아니냐고 꼬리를 내렸다. 틀림없이 8강은 무난할 것이라며 승리를 가정해서 써보란다. 잘못하면 휴지통에 들어갈 판이다. 따분했지만 진출을 기원하는 심정으로 응했다.

글은 쓰고 싶을 때 글이 된다. 전날 새벽에 초가 잡혔다. 텔레비전 앞에서 경기를 보았다. 적중했다. 세계 최강이라는 이태리를 연장 골든골로 이겼다. 시가 살아나는 순간이었다.

참 힘을 보았다
—월드컵 8강 진출에 부쳐

우리는 이겼다
빗장 수비를 뚫고 네트를 갈랐다
정정당당히
대전 월드컵경기장에서 승리했다
순간 좋아라 깡충깡충 뛰었다
둥실둥실 춤이 되었다
저 붉은 악마들의 절규
운집한 거리 응원단의 함성
세 살배기 아기로부터
남녀노소 하나가 되었다
선수들은 그라운드에서
발끝을 세워 힘껏 공을 찼다
땀범벅이 속
뛰며 부딪치며 넘어지기도 했다
대~한민국
오, 코리아
온 천지가 들끓었다
대한민국이
이처럼 자랑스러울 때가 있던가
대한민국이
이렇게 예뻐 보인 적이 있던가
거대한 힘의 꿈틀거림
감동의 물결
붉은 꽃밭
남남이 껴안아도 흉되지 않았다
감격의 눈물로 얼싸안았다
우리가 하나 되는 참 힘을 보았다
누가 시킨 것도 아닌
스스로가 일궈낸 우리의 미래를 보았다

월드컵에서 4강이란 신화를 이루어냈다.
무엇보다도 해낼 수 있다는 자신감이 큰 수확이다.
유월의 감동은 오래오래 기억될 것이다.

≪시인정신≫, 2002. 가을.

박용래의 시(詩)와 삶

미당(未堂) 선생이 한번은 「박용래(朴龍來)」라는 시를 발표한 적이 있다.

> 아내와 아이들 다 직장(職場)에 나가는/밝은 낮은 홀로 남아 시(詩) 쓰매 빈집 지키고/해 어스름 겨우 풀려 친구 만나서 나온다는/박용래(朴龍來)더러 「장 속의 새로다」 하니/그렇기사 하기는 하지만서두 지혜는 있는 새라고 나왔으니/지혜는 있는 새지 뭣이냐 한다/왜 아니리요/대한민국(大韓民國)에서/그 중 지혜 있는 장 속의 시(詩)의 새는/아무래도 우리 박용래(朴龍來)인가 하노라.

편안한 작품이라서 인용한 것이다. 사실 그랬다. 평생을 직장다운 직장 없이 오직 시 하나로 버텨오지 않았는가. 「지혜 있는 새」, 박용래 시인은 생전에도 그랬지만 사후에 더 명성을 얻었다. 호랑이는 죽어서 가죽을 남기고 사람은 죽어서 이름을 남긴다 했던가.

사후에 한국문학상을 수상했고, 한국일보 문화면에 전면을 할애해서 조명해 주었고, 「박용래」에 관계되는 시가 문학잡지 혹은 신문 지상에 이십여 편이 발표되었고, 국정교과서 〈중학국어〉에 「겨울밤」이 교재로 올라갔다. 그뿐인가. 1984년 10월 27일 보문산 사정공원에 박용래 시비가 건립되었다. 재력만 있으면 아무나 비를 세우는 세상이지만 이 시비만은 달랐다. 그를 아끼는 경향 각지의 문인들이 정재를 털어 무려 300여 명이 참여한 것으로 안다. 그리고 1999년에 「박용래 문학상」이 대전일보사에서 제정되었다. 장 속에 갇힌 새가 상공 높이 비상하고 있다.

박용래 시인과 나를 막역한 친구로 치부한다. 1956년에 두 사람이 같은 ≪현대문학≫지를 통해 박두진(朴斗鎭) 선생의 추천으로 나왔고, 고향이 부여와 공주이며 대전에서 살았고, 서정시라는 토양에 뿌리를 두었다는 것 등으로 그렇게 보는 것으로 안다. 우리는 다같이 일제 말기에 소년시절을 지냈고, 6.25라는 격동기를 만났으며, 역사의 소용돌이를 감수성이 예민한 시대를 함께 살아왔다는 공통점이 있다.

박용래 시인을 처음 만난 것은 추천받은 해 늦더위 때로 기억한다. 우선 전화로 만나고 싶다고 알렸다. 전화 속의 음성은 다분히 여성 목소리였다. 대전 철도학교로 찾아갔다. 첫 상면이었지만 구면지기처럼 대해 주었다. 그 다음 봄 내가 대전으로 직장을 옮기게 되어 자주 만나게 되었다.

대전에 있는 시인들과도 어울렸다. 철새처럼 다방에 우르르 모였고, 가끔은 목로주점에서 막걸리를 마셨다. 한참 어울리다가 하나 둘 빠져나가는 것이었다. 이상했다. 나중에 안 일이지만 적당할 때 끝내야지 판이 길면 박용래 주정에 견딜 수 없어 피하는 것이 상책이라는 것이었다. 그것도 모르고 나는 박 선생 다음부터는 나하고만 해요, 볼멘소리로 한마디 했다. 그럴래? 넌 참 좋구나 하고는 그 특유의 눈물을 흘리는 것이었다. 눈물 콧물 뒤범벅이 되면서 나중에는 엉엉 소리내어 울었다. 주모는 나에게 어서 가라고 눈치를 던지는 것이었다. 그는 울 때마다 홍래(鴻來) 누나를 찾았다. 밤늦게 공부할 때면 옆에서 수틀에 수(繡)를 놓으며 지켜주던 홍래 누나, 만혼에 상처한 남자에게 시집을 갔고, 일년 남짓 살다가 산고(産苦)로 세상을 떠났다. 열 살 위의 누나, 그 불행을 반추하며 잔상(殘像)으로 남았다.

술 이야기가 나왔으니 몇 마디 하면 박용래 시인은 두주불사(斗酒不辭)하는 주량은 아니다. 좋게 말해서 좀 지나친 애주가라고나 할까. 집에만 틀어박혀 있으니 얼마나 답답하랴. 그 답답함을 술에 의지했다. 모처럼의 해방감, 처음에는 색시처럼 얌전하다가도 좀 주기가 올랐다 싶으면 자작시를 술술 외는 것이다.

눌더러 물어볼까 나는 슬프냐/장닭 꼬리 날리는 하얀 바람/봄길 여기사 扶余 故鄕이란다

그리고는 비틀거리며 발레풍(風)의 춤을 춘다. 빳빳한 수염을 남의 뺨에 문질러댄다. 이쯤 되면 한두 사람씩 빠져나간다. 결국 나중에 나와 단둘이 남는다. 2차 가자고 한다. 또 끌려간다. 이제 그만 헤어지자고 하면 야 나 돈 있어 하고 꼬깃꼬깃 접은 지폐 한 장을 꺼내 보이는 것이다. 원고료인 모양이다. 그때부터는 술이 술을 마신다. 가족들 성화에 못 이겨 단주를 결심하기도 했다. 그래서 집에 있는 술잔이란 술잔을 모두 깨뜨려버렸다. 그러나 그것도 작심삼일(作心三日)로 끝나고 접시에 술을 마셔야 했다.

박용래 부인 이태준 여사와 나는 동갑이었다. 집안 살림을 혼자서 꾸려나갔다. 조산원 간호사의 빠듯한 살림 속에도 철따라 양복이며 구두며 남에게 흉잡히지 않게 하려고 애썼다. 이 여사는 나를 믿어주었다. 다른 사람과는 금주령을 내렸다가도 나하고 술 마신다면 무조건 오케이라고 했다. 그 점을 이용하여 남들과 만취되어 와서는 나를 팔았다. 나중엔 들통이 났지만.

박용래 시인은 한 직장에 오래 있지를 못했다. 하기야 문학한다고 그 좋은 은행자리마저 박차고 나온 그였으니 더 말해서 무엇 하랴. 5남매는 잘 자라주었다. 그러나 학비는커녕 용돈마저 집어줄 돈도 없었다. 그래서 결행한 것이 당진에 있는 송악중학교 훈장자리였다. 아이들은 환호했다. 잔소리에서 해방은 물론 술 주전자 들고 다닐 일도 없어진 것이다. 매일 집에만

있던 아빠가 일주일에 한 번씩 집에 오는 것이 신기하기까지 했다. 일 년 남짓 했을까, 그래도 제일 오래 봉사한 셈이었다.

내가 충남문협 지부장 할 때의 일이다. 보문산 음악당에서 학생 백일장이 열렸다. 이런 날은 박시인으로서는 호기를 맞는 것이다. 작품 심사를 위촉했지만 벌써 술에 빠져있었다. 행사를 마치고 제일 늦게 산을 내려오면서 한마디 쏘아붙였다.

"시는 고만둘 생각이야?"

"?"

"죽으면 쓰고 싶어도 못 써."

"야, 나 안 죽는다."

"술은 보약이 아니거든. 적당히 마셔."

"얼레, 참 이상하네."

"시비는 어디가 좋을까. 이 보문산?"

"필요 없다. 저 아래 가서 한잔 사라, 임마!"

우리는 이런 대화를 나누면서 억지로 내려왔다. 그리고 기어이 술집에 들렀다. 박 시인은 나에게 가끔 이런 부탁을 했다.

"저 말이지, 우리 딸 취직 좀 알아봐 줘."

"알았다니까."

하도 듣는 말이라 적당히 대답해 둘 수밖에 없었다. 내가 무슨 힘이라도 있는 것처럼 정색으로 말하곤 했다. 내가 교감으로 있을 때였다. 학교 서무과에 자리가 생겨서 그 자리에 앉힐 수가 있었다. 전화가 왔다.

"햐, 그럴 줄 알았다. 진짜 고맙다."

"뭐 그까짓 것 가지고……."

"아냐, 오늘은 내 술 산다."

이렇게 되어 나와 박 시인의 맏딸 노아와 한학교에 근무하게 되었다. 등잔 밑이 어둡다고 까맣게 모르고 있었는데 어느 사이 과학 선생과 결혼까지 하게 되었다. 윤화(輪禍)로 병원 신세를 지다가, 딸 결혼식 날 목발을 짚고 나타난 그의 환한 웃음은 지금도 눈앞에 어른거린다.

박용래 시인은 박두진(朴斗鎭) 선생의 추천으로 문단에 등단했지만 朴木月 선생과 친교가 두터웠다.

〈시의 날개도 꺾이고 생활도 잃고 민민(憫憫)하고 있을 때 목월 선생을 알게 된 것은 구원(救援)이었다. 무슨 일로 선생이 대전에 오신 적이 있었다. 처음 보는 우리에게 시(詩)를 낭독해 주시던 선생의 음성은 오늘도 생생하다. 갓 『청록집(靑鹿集)』이 세상에 나왔을 때가. 무명

토시를 낀 한복(韓服)차림이 잘 어울려서 말갛게 비치는 인상이었다.〉

이렇게 목월 선생을 흠모했다. 원효로 목월 선생댁을 자주 찾았고, 늘 부부 동반으로 대전에 오면 으레 오류동 박용라를 찾았다.

주변머리 없기로도 난형난제였다. 시에 등단하여 나는 13년 만에 현대문학 간행으로 첫 시집 『당신의 손』이 나왔고, 박용래 시인은 박목월 선생의 추천으로 삼애사(三愛社)에서 그도 13년 만에 『싸락눈』이 출간되었다. 그만큼 우리는 매사에 늦었다.

사글세에서 전세로 전전하다가 내 집 마련한 것도 거의 같은 무렵이었다. 지금은 산뜻한 양옥으로 개조되었지만 원래는 초가였다. 그의 명시 「저녁눈」에 나오는 말집 호롱불이나 말굽소리는 그의 뒷집에 있던 말집이 소재였다. ≪문학사상≫지에 연재되었던 산문 「호박잎에 모이는 빗소리」는 흙담에 뻗은 호박잎에서 따온 것이다. 집을 지키다 마루에 나와 우두커니 서서 바라본 빗소리, 기세 좋게 호박잎 위로 내리치는 그 빗소리에 넋을 잃었는지도 모른다. 이처럼 그는 소재를 주변의 가까운 것에서 찾았다.

근년 하루는 아들 노성이를 앞세우고 내 집에 왔다. 전작이 이미 있었다. 집을 한번 돌아보고는 불쑥 내뱉었다.

"우리집하고 바꾸자."

마당에 잔디를 입히고 정원수도 심었으니 탐이 났던 모양이다. 지금은 땅값이 평준화되어 비슷비슷하지만, 그 당시에는 대전의 중심지 서대전 오류동과 변두리 내 집과는 격차가 상당했을 때였다. 그래, 좋다 하여 성사만 되었다면야 나도 졸부가 되었을 건데, 그때 일을 회상하며 요즘도 씨익 웃을 때가 있다.

박용래는 뭐니 뭐니 해도 정한의 시인, 눈물의 시인, 이 나라 장 속의 시(詩)의 새였다.

≪시로여는세상≫, 2002.

시비(詩碑)에 싣고 싶은 나의 시

낙숫물 소리

어려서
이사한 사글세집은
양철 지붕이었다.

개복숭아 꽃잎에
비가 젖고 있었다.
추녀 끝으로
서둘러 빗소리가 모여들었다.

뚝뚝
낙숫물 소리

그 소리 들으며
텅 빈 방에는
언제나 나 혼자였다.

허수아비

가파른 천둥지기에도
누렇게 벼는 익어가리
외롭다 말라
산골 햇볕은
얼마나 찬찬한가
작은창자 채우려
몰려온 참새떼
오히려 무료를 달래주고 있지 않느냐
하늘만 쳐다보다가
지금은 벼가 익고 있다
남루함이여
시름은 털어버려라
황금빛 저 익어가는 것
그것 바라보는 것만으로도
넉넉한 일 아닌가

시비(詩碑)에 싣고 싶은 나의 시(詩) 두 편과 그에 대한 선정 이유를 밝혀달라는 청탁을 받았다.

시인은 시만 쓰면 되는 것으로 알았는데 뜻밖의 주문을 받게 되면 괜히 심란해진다. 솔직한 고백이다.

그날 나는 쉘 실버스타인의 우화를 읽는 중이었다. 이가 빠진 동그라미가 잃어버린 조각을 찾아 먼 길을 떠난다는 이야기다. 비탈진 산길을 낑낑 오른다. 때로는 구덩이에 빠져 허우적거리기도 하고 코도 깨면서 데굴데굴 굴러가다가, 마침내 자기 분신을 찾게 된다. 행복을 찾은 것이다. 그러나 그것도 잠시, 찾았던 쪼가리를 살며시 내려놓고 다시 떠난다. 후회를 찾기 위해서다. 너무 빨리 달리게 된 동그라미/벌레를 만나도 멈출 수 없어 얘기도 못 하고/꽃을 만나도 향기조차 못 맡고/나비를 만났지만 무등도 못 태워 주었다. 행복의 본질을 간결하고도 자상하게 시사한, 아름다운 감동적인 작품이다. 지치고 고단할 때 나로 하여금 몇 번이고 다시 읽게 만든다.

각설하고 시비는 생전이 아니라 사후에 지인과 후학들의 손에 의하여 세워지는 것이 바람직하다. 무엇보다도 많은 사람의 참여로 말이다. 돈이 있다고 시비가 세워지는 것은 아니다. 시비는 가난하게 살다 간 시인에 대한 애정이요, 발자취쯤으로 알아왔다. 동네에는 정자나무가 있다. 동네 사람은 물론 길 가던 나그네가 잠시 땀을 식히는 휴식처이다. 정겨운 그런 곳에 세워지면 어떨까. 사통팔달 교통의 중심지는 피하는 게 좋다. 소음에서 해방되어야 한다. 새소리가 들리는 공원이 적격이나 규제 때문에 쉽지는 않을 것이다.

「낙숫물 소리」, 소품이나 내가 아끼는 작품이다. 가난으로 해서 여러 번 이사를 했다. 양철지붕의 집은 개복숭아꽃 색깔이 유난히 짙었다. 그렇게 짙은 꽃잎은 그 후에 본 적이 없다. 할머니의 정성도 없이 다섯 살의 내 아우가 숨을 거둔 곳이다. 가난과 외로움이 한꺼번에 엄습한 곳이다.

「허수아비」, 천둥지기 논이 누렇게 익는 것만으로도 배가 불렀다. 참새떼 쫓는다고 세운 허수아비도 남루하긴 마찬가지. 나는 선천적으로 외로움을 잘 탔다. 그러나 외롭다거나 고독이란 시어는 될 수 있는 한 피해 왔다. 고독을 어루만질 사람은 바로 나밖에 더 있겠는가.

만약 말인데 시비가 세워진다면 한눈팔지 않는 허수아비로 서리라.

≪문학과창작≫, 2002.

젊은 날의 초상

—혼란(混亂), 그리고 한줄기 빛—

우리 세대는 포성 속에서 낳았고, 그 소리를 들으며 성장했다. 일제가 고의적으로 중국과 전쟁을 일으켜 만주를 평정했고, 이어서 중국 침략, 진주만 공습으로 2차 세계대전에 합류했다. 기세등등하던 일본의 패망으로 우리는 해방을 맞았다. 그 감격도 잠시, 6.25라는 동족상잔을 겪어야 했다. 불행의 연속이었다.

나는 일제 때 공주중학교(6년제)에 입학했다. 전시하라 공부도 뒷전에 밀리고 각종 봉사 활동에 동원되었다. 2학년 때 해방을 맞이하였다. 그리고 혼란의 와중에 빠지게 됐다. 그때 담배에 손을 댔고 술도 배웠다. 결석도 다반사였다. 말하자면 불량 학생인 셈이다. 방학 때는 돈벌이를 한다고 친구와 함께 영등포 판잣집에 머물면서 꼭두새벽에 미군 인력 시장, 그 장사진 속에 줄을 섰지만 몇 번을 바로 앞에서 끊기곤 했다. 세상이란 그리 쉬운 것이 아니라는 것을 체험했다.

한때는 일본 밀항을 계획했다가 좌절을 맞기도 했다. 꿈이라기보다는 무모였다. 집을 벗어나야겠다는 일념이 암담한 추억으로 남게 되었다. 내게도 이런 엉뚱한 면이 있었구나 하고 놀랄 때가 있다.

1950년 4월에 그럭저럭 졸업을 했다. 그야말로 그럭저럭이었다. 그런 가운데도 1949년 서울서 발행한 '중학생(中學生)'지에 투고도 했으며, 그간 습작한 시를 모아 단권 시집도 냈다. 주황색 종이를 구해 내가 쓴 시를 또박또박 글씨를 썼으며, 장정은 미술반 학생에게 부탁했다. 「해바라기」란 시집이다. 그 무렵 대전일보 창간 5주년(?) 기념으로 공모한 문예콩쿠르에 「산딸기」가 당선되기도 했다. 인각유일능(人各有一能)이라 했는데, 내겐 그 많은 재주는 없고 문재(文才)는 조금 있었던 것 같다.

졸업 후 공주사범대학에 입학했다. 6월 1일 입학하고 강의실 몇 번 가보지도 못하고 6.25가 터졌다. 자연 휴교할 수밖에 더 있는가. 처음엔 피난민 속에 끼지도 못하고 1.4후퇴 때는 안 되겠다싶어서 공주에서 대구까지 순전히 발로 걸어서 피난을 갔다. 그 다음해 5월 20일 복교, 생사를 몰랐던 학우들이 꾸역꾸역 모여들었다. 살아있다는 사실 외엔 별로 달라진 것이 없는 얼굴들이었다.

정부수립과 함께 이 대학은 탄생되었다. 역사가 일천하고 전시 중이라 모든 것이 제자리를 잡지 못하는 혼란 속이었다. 물론 학내 써클 같은 것도 없었다. '시회(詩會)'가 유일한 오아시

스였다. 이원구, 이재복 두 분을 지도교수로 모셨다. 모임은 국문과 학생이 주류였고, 20~30명 회원들이 토요일 강의실에 모여 자기 작품을 복사해서 배부하고 자작시 낭독, 그리고 합평회 순서로 진행되었다. 공주농고에 재직하던 장서언 시인과 김상억 선생이 단골 멤버였고, 이따금 김영두(철학)·유희세(수학) 교수도 이 모임에 나와 격려해 주었다. 그리고 피난차 공주에 머물러 있던 정한모 교수, 동학사에 칩거하면서 동양고전 번역과 시작 활동을 하던 김구용 선생이 합세했다. 서울과 부산 오가는 길에 박목월, 서정주 시인이 '시회'에 들러 격려하며 강연을 해 주었다.

처음엔 서툴렀다. 회를 거듭하면서 한 번도 거르는 일 없이 그 열의가 대단했다. 강의실 강의보다 이 모임에 더 열성을 보였다.

> 1952년 5월 22일
>
> 공주 시내로 갔다. 김 선생이란 분과 인사를 하였다. (이 김 선생이 바로 시인 김상억 씨였다.) 곧 시회가 시작되었다. 대학생들의 자작시 발표가 있은 후 시에 대한 강연이 있었고, 좌담회 비슷한 합평이 끝날 때는 저물 무렵이었다. 시 애호가들과 함께 이원구 교수 댁에 저녁 식사 대접을 받았다. 돌아오는 길에 김상억 씨는 내일 자기 집에 와달라고 내게 말했다.
>
> 1952년 5월 23일
>
> (……전략)
>
> 오후 4시 임강빈 형과 만나 김상억 씨 집으로 갔다. 푸른 산골 아래 아담한 초가였다. 뒷산엔 한 그루 노송이 섰고, 바깥엔 실개천이 흘렀다. 국수상이 나왔다. 그리고 김상억 씨의 시를 여러 편 구경하였다. 김 씨는 자고 가라며 우리를 따라나왔다. '술이나 한잔 합시다' 하며 뒷골목 으슥한 집으로 우리를 데리고 갔다. 밤이 너무 늦어서 가까운 봉황동(鳳凰洞) 중형 집에서 잤다. 나는 장차 어떻게 될 것인가. 머릿속에서 일선의 포 소리가 일어났다.
>
> —『구용일기(丘庸日記)』 중에서

당시의 분위기가 묻어나서 구용 일기를 인용했다. 내게는 이 '시회'가 시의 고향인 셈이다. 이곳을 거쳐 나간 학생이 지금 각처에서 현역 시인으로 활동하고 있다.

대학을 졸업했다. 말이 2년제지 전쟁으로 인한 휴교나, 입학은 6월이고 졸업은 3월이니 1년을 좀 넘게 공부한 셈이다. 제대로 대학다운 대학생활을 하지 못한 것은 아쉬움이 많고 내게는 불행이었다.

사범대학을 졸업하면 2급 정교사 자격증이 나온다. 그러기 위해서는 교생실습이라는 과정을 이수해야 한다. 약식(略式)으로 2주간의 교생실습으로 때웠다. 공주사범학교 2학년 대상이었다. 학교가 전소(全燒)되어 일제 때 강제로 추방된 미국 선교사 집 몇 채를 임시로 수업하던 때였다. 교생실습엔 갑·을(甲·乙)종 수업이 있는데 을종은 교내용이고 갑종은 대외용이다. 그 수업을 내가 하게 되었다. 대학 강당에서 참관자 백여 명이 모인 가운데 하는 공개 수업이었다. 장황하게 늘어놓는 것은 내 가난한 젊은 시절의 초상을 보는 것 같아서다. 그날 졸업생 전체 사진 촬영이 있었다. 모두 정장 차림이었는데 딱 한 사람 상의(上衣)가 없었다. 변변한 옷이 없던 나는 그날의 연구 수업을 핑계로 그 친구의 웃옷을 빌려 입었기 때문이었다. 지금도 두고두고 그 친구에게 미안하다.

국어과 2급 교사자격증은 받았지만 발령이 언제 나올지 캄캄하였다. 때마침 공주군 이인면에 있는 이인공민학교에서 교사 채용이 있다는 전갈을 받았다. 몇이서 그 학교엘 갔다. 꼭 한 사람만 필요하다는 것이었다. 서로 말없이 얼굴만 쳐다보았다. 난감했다. 목마른 사람이 샘 판다고 내가 제의했다. 너희는 살기가 그래도 나보다는 나으니 나에게 그 자리를 양보해 줄 수 없느냐고 했다. 모두들 고개를 끄덕였다. 그래서 공민학교 선생이 되었다. 국어와 영어를 담당했다. 주당 24시간 강행군이었다. 그래도 피곤을 몰랐다. 때를 놓쳐 만학하는 학생들이라 향학열은 대단했다.

대학 졸업 후 6개월 만에 두 사람이 발령났다. 그 중 한 사람이 청양중학교 발령을 받은 것이다. 청양은 충남의 알프스라 불린다. 그만큼 산세가 좋고 물 또한 맑은 곳이다. 청양땅에 둥지를 틀었다.

1955년 가을, 동료 교사 몇이서 시장 구경을 하고 있었다. 닷새장이 서는 곳이다. 닷새장은 하나의 축제였다. 많이들 모여들었다. 노점 서점 앞에 나는 멈추었다. '꽃필서점'이라는 서점이 있는데 대개가 중고생 대상이었다. 변변한 교양서적 하나 없는 시골이었다.

내 발을 멈추게 한 것은 눈에 들어온 〈현대문학〉이었다. 〈현대믄학〉 10월호를 집어들고 목차부터 살피는데 이게 웬일인가, 내 시가 추천되어 있지 않은가. 순간 전류가 흘렀다. 분명 내 시 「항아리」가 박두진 선생 추천으로 되어있었다. 하숙집에 와서 읽고 또 읽었다. 어떻게 된 영문인지 실마리가 풀리지 않았다. 한동안 안개 속을 헤매다가 겨우 찾아낼 수 있었다. 연전에 김구용 선생이 시가 있으면 보여달라고 한 기억이 살아났다. 추천이란 말은 한마디도 없었다. 교사가 되어서 보람되고 기분 좋은 일은 '선생님' 하고 학생들이 불러주는 일이라고 한 선배 선생의 말이 생각났다. 가르치는 데 푹 빠져서 시를 보여달라고 했던 김구용 시인의 일을 까맣게 잊고 있었던 것이다.

나의 문학과 시장과는 깊은 인연이 있는 것 같다. 해방되어 공주 노점에서 〈문장(文章)〉지를 처음 만났고, 청양 장터에서 내 시가 추천된 〈현대문학〉을 만났으니 말이다.

1956년 1월호에 「코스모스」가 2회 추천을 받았다. 〈현대문학〉지는 국내 유일의 순문예지였다. 〈문예〉가 폐간된 후 문학 지망생의 선망의 대상이었다. 말하자면 등용문이었다. 언감생심 추천을 어찌 바랄 수 있겠는가. 도저히 믿어지지 않았다. 1956년 내 모교인 공주중학교로 자리를 옮겼다. 그 해 8월호에 「새」가 추천되어 3회 추천을 마쳤다.

개명 공주에서 첫 시인 탄생이라고 환호했다. 스승, 선후배, 그리고 친지들이 고궁(古宮)다방에서 축하회를 열어주었다. 내 생애 처음으로 꽃다발을 받았다. 집에 돌아와서 박두진 선생의 천려 후감을 차분히 다시 읽었다.

> 임강빈 씨, 시를 만드는 당신의 수법이 나무랄 데 없으리만치 깔끔하다면 당신은 안심하겠습니까. 인생과 자연을 바로 관조하고 그 안에 자기를 입상화(立像化)해 가려는 정확한 구성과 조촐한 당신의 시의 지향(志向)을 높이 삽니다.
>
> 앞으로 당신의 시에 보다 더 넓은 진폭과 사유의 깊이에 대한 노력을 기대할 수 있다면 저절로 당신이 빠지기 쉬운 시형의 고정성(固定性) 단순화(單純化)의 걱정까지도 사라질 수 있지 않을까 생각합니다.

나는 결단코 흔해빠진 시인은 되지 않으리라, 추천하여 주신 분의 이름을 더럽히는 일은 결코 없으리라, 다짐 또 다짐하였다. (立春날에)

≪시와정신≫ 2003. 여름.

『집 한 채』 이것저것

—이 시집에 대하여—

『집 한 채』는 『한 다리로 서 있는 새』 출간 이후 쓴 시들이다. 시집 이름으로 고심했다. 처음에는 『너무 서둘다』를 점찍었는데 너무 경박하다고 했다. 『집 한 채』가 안정감을 준다는 주변 사람들의 성화에 굴복한 셈이다.

집은 잠자고 기거하는 공간이다. 집의 개념이 언제부턴가 부의 척도로까지 변질되었다. 나의 집은 호화롭거나 으리으리한 집은 아니다. 뒷산을 배경으로 한 나지막한 집, 머리 숙여야 방에 들어갈 수 있는 허름한 집, 직선이 아니라 전체가 곡선으로 된 집이다. 이 집 한 채를 장만하기 위해 우리는 얼마나 희생하는가. 주택적금을 내야하고 호의호식을 멀리하고 허리띠를 졸라매어야 겨우 집 한 채가 가능한 것이다. 집은 서민의 꿈이다. 그 꿈을 위해 전력투구했다. 얼마나 눈물겨운 나날이었는가. 평생 사업으로 집 한 채가 내 손에 잡혔다. 산고 끝에 마련한 집이라 애착이 남다르다.

나는 체계적으로 문학 공부를 하지 못했다. 좋은 스승도 만나지 못했으며, 선후배도 만나지 못했다. 눈대중으로 귀동냥으로 어슴푸레 문학에 접근한 셈이다.

공주 동학사에 칩거 중인 김구용 선생을 만났다. 대학 재학 중 그 학교 유일한 서클인 〈시회(詩會)〉에 관여할 때였다. 구용 선생은 문학에 대한 식견이 풍성했다. 어느 날 우리는 호젓한 길을 걷고 있었다. 문학, 특히 시는 어렵다는 것, 단단한 각도 없이는 중도에서 포기하기 십상이라는 것, 그러면 공들인 시간이 아깝지 않겠느냐는 것, 필생(筆生)의 업으로 하겠다는 결의 없이는 지난하다는 말과 함께, 그래도 시를 계속 쓰겠느냐고 정면으로 물어왔다. 나는 확신도 없이 얼떨결에 해보겠다, 할 수 있다, 호기 있게 대답했다. 따지고 보면 구용 선생과의 약속은 지켜진 셈이다. 1956년 『현대문학』을 통해 시 추천 이후 이제껏 시의 길을 걷고 있지 않은가. 그러나 그것은 약속일 뿐 수확은 미미하다. 평년작에도 미달 수준이다. 50년 시력에 시집 열한 권이 전부다. 부끄러운 성적표다. 나에겐 재주가 없다. 사람은 한 가지씩은 재주가 있다는데 내게는 그것이 없다. 그래서 이 길을 계속 걷고 있는지도 모른다.

나는 선친으로부터 교주고슬(膠柱鼓瑟)이란 말을 자주 들으며 자랐다. 거문고의 줄을 괴는 기러기발을 아교로 고착시키고 거문고를 탄다는 뜻으로, 융통성 없음에 비유하는 말이다. 거묻고 여섯 줄을 당겼다 풀었다 해서 음정을 조율해야 하는데 딱 한 군데로 고정시켰으니 말이다. 융통성 없는 내 성미를 이미 간파한 것이다. 나는 융통성이 없다. 이발도 한번 정한 동네 이발소만 찾는다. 다른 이발소에도 들러 장단점을 살필 법도 한데 귀찮다. 문학단체의 경우도 그렇다. 한 단체에 가입하면 그만이지 이 단체 저 단체 기웃거리는 사람을 보면 참 기이하다는 생각을 떨칠 수 없다.

매사에 변화를 주어서 새롭게 발전을 해야 하는 건데 고지식해서 그것이 잘 안 된다. 과감한 변화가 두려운 것이다. 시집도 천편일률이다. 이번 시집에서 변화가 있다면 소재의 다양성이다. 소재는 무궁무진하다. 그 무궁무진한 소재를 철철 넘치게 할 수는 없었다. 상상력부족이다. 젊은 시인의 상상력을 어찌 당하겠는가. 그야말로 후생가외다. 젊은 시인은 미래를 먹으며 살고 나처럼 늙은 시인은 과거를 먹으며 사는 것은 아닌가. 칼은 많이 쓸수록 녹슬지 않는데, 직관력도 많이 녹슬어 있다.

나는 요설보다는 짧은 시를 좋아한다. 20행 내외면 한 편의 시가 된다. 시가 길어지면 긴장감이 죽고 함축미를 찾아보기 힘들다. 시도 예술의 한 영역인 만큼 기교가 있어야 한다. 당시(唐詩)가 긴 세월 동안 독자에게 회자되고 사랑받는 것도 이런 이유가 아닐까.

시의 길은 험난하다. 시는 내게 외로운 동반자다. 1996년 교직에서 물러나 전업시인이 되었다. 11년 사이 『버들강아지』, 『비 오는 날의 향기』, 『쉽게 시(詩)가 쓰여진 날은 불안(不安)하다』, 『한 다리로 서 있는 새』, 그리고 『집 한 채』까지 다섯 권의 시집을 냈다. 거의 2년마다 출간한 셈이니 대단한 속도다. 그러나 시집은 양보다 질을 따진다. 『집 한 채』는 열한 번째 시집이다. 노욕이 발동한 것은 아닌가. 노추(老醜)를 드러낸 것 같아 쑥스럽다.

증자는 〈새는 죽을 때 그 울음이 슬프고, 사람이 죽을 때는 그 말이 착하다.〉고 했다. 나는 언제쯤 착해질 수 있을까.

≪현대시학≫, 2007.

| 시인 연보 |

1931년 2월 22일 공주군 반포면 봉암리에서 부(父) 임영순(任瑛淳), 모(母) 정순모(鄭順謨) 사이에 장남으로 태어남.(실제 생년월일, 음력 1930년 12월 7일)

1936년 8월 13일 어머니 별세. 밖에서 소꿉질하다가 붙잡혀 상복을 입히려고 하는데 성긴 삼베가 무서워 울다가 밤과 대추 유혹에 빠짐. 공주에서 35리인 계룡면 하대리까지 트럭으로 운구, 그곳에서 다시 상여로 묘소까지 운구, 어린 상주는 장정 등에 업혀 산에 오름. 무남독녀를 앞세운 외할머니 원에 따라 빤히 보이는 앞산에 산소를 씀.

1945년 8월 15일 중학교 2년 여름방학 때 외가에서 일본 패망 소식을 들음.

1950년 4월 27일 공주중학교
(현재의 공주중, 공주고 6년을 졸업하고, 그해 6월 1일 공주사범대학 입학.)

1950년 6월 25일 6 · 25사변으로 휴교.

1951년 5월 20일 대학에 복교, 이재복, 이원구 교수 지도로 학내 유일한 서클인 〈시회(詩會)〉 창립, 이 〈시회(詩會)〉를 통해 김구용, 정한모, 장서언, 김상억 시인 등과 만남. 서울과 부산을 오가는 길에 학교에 들른 박목월, 서정주 시인들의 강연과 격려를 들음.

1952년 3월 31일 공주사범대학 졸업. 그해 9월 4일 청양중학교 교사 발령.

1956년 3월 1일 공주중학교 교사, 공주에서 첫 시인 탄생했다며 환호. 고궁다방에서 스승과 선후배, 친지들로부터 축하를 받음. 생애 처음 꽃다발을 받음.

1956년 10월 1일 박두진 시인의 추천으로 『현대문학』지에 등단함(추천 작품 「항아리」, 「코스모스」, 「새」).

1957년 3월 1일~1965년 4월 24일 대전신흥중학교, 공주영명중학교, 대전대성중고등학교 교사로 재직.

1966년 10월 5일 충남문화상 문학부문 수상

1969년 7월 20일 시 추천을 받은 지 13년 만에 첫 시집 『당신의 손』(현대문화사) 출간. 당시 정보원의 감시를 받아 오던 박두진 시인을 은밀히 만나 서문을 받음. 김구용 시인의 제자(題字)와 발문을 받음.

1971년 7월 26일 충남 추부중학교 교사.

1971년 10월 20일 한국시인협회 간행 현대시인선집 『청와집(青蛙集)』(한성기, 박용래, 임강빈, 최원규, 조남익, 홍희표 공저) 발간.

1973년 5월 10일 두 번째 시집 『동목』(농경출판사) 출간.

1974년 3월 1일 대전충남중학교 교사.

1977년 10월 25일 충남교육연구원 연구사.

1979년 3월 1일 대전진잠중학교 교감.

1979년 7월 15일 세 번째 시집 『매듭을 풀며』(심상사) 출간.

1983년 9월 1일 대전시교육청 장학사.

1984년 10월 27일 고(故) 박용래 시비 건립 추진위원장으로 시비 건립
(글 임강빈, 글씨 김구용, 구성 최종태).

1985년 3월 31일 대전용전중학교 교감.

1985년 12월 15일 네 번째 시집 『등나무 아래에서』(문학세계사) 출간.

1988년 3월 1일 대전도마중학교 교감.

1988년 4월 28일 평생을 서도(書道)에 전념하시던 부(父) 별세. 생전(生前)에
서울과 대전 등지에서 여러 차례 전시회를 가짐.

1989년 9월 15일 다섯 번째 시집 『조금은 쓸쓸하고 싶다』(창작과 비평) 출간.

1989년 11월 16일 요산문학상 수상.

1992년 6월 10일 대전가수원중학교 교장.

1993년 9월 1일 대전용전중학교 교장.

1993년 10월 25일 여섯 번째 시집 『버리는 날의 반복』(오늘의문학사) 출간.

1994년 11월 17일 공산교육상(예술부문) 수상.

1995년 11월 20일 시선집 『초록빛에 기대어』(오늘의문학사) 출간.

1996년 2월 23일 대전용전중학교 정년퇴임. 국어과 2급 정교사 자격증 덕분에 첫 부임지 청양중학교 교사를 시작으로 충남과 대전의 여러 곳에서 교육에 종사. 평교사, 연구사, 장학사, 교감, 교장 등 교직 생활 40년을 마감함. 기념문집 『채우기와 비우기』(오늘의문학사) 출간.

1997년 10월 22일 일곱 번째 시집 『버들강아지』(오늘의문학사) 출간.

1998년 3월 20일 상화시인상 수상.

2000년 5월 8일 여덟 번째 시집 『비 오는 날의 향기』(문학세계사) 출간.

2002년 10월 15일 아홉 번째 시집
『쉽게 시(詩)가 쓰여진 날은 불안(不安)하다』(리토피아) 출간.

2002년 12월 9일 제1회 정훈문학상 수상.

2004년 6월 26일 열 번째 시집 『한 다리로 서 있는 새』(리토피아) 출간.

2007년 6월 14일 열한 번째 시집 『집 한 채』(황금알) 출간.

2010년 2월 16일 열두 번째 시집 『이삭줍기』(동학사) 출간.

2015년 7월 3일 두 번째 시선집 『속(續) 초록빛에 기대어』(인간과문학사) 출간.

2016년 5월 13일 열세 번째 시집 『바람, 만지작거리다』(오늘의문학사) 출간.

2016년 7월 16일 영면.

2019년 1월 12일 유고시집 『나는 왜 눈물이 없을까』(오늘의문학사) 출간.

임강빈시전집

1판1쇄 2019년 1월 12일

지은이 임강빈
엮은이 임강빈시전집간행위원회
(최원규, 안영진, 김용재, 나태주, 리헌석, 황희순, 임창숙·창우·창준)
펴낸이 李憲錫
펴낸곳 오늘의문학사
출판등록번호 제55호(1993년 6월 23일)
주소 34623 대전 동구 대전로867번길 52 401호(한밭오피스텔)
전화 (042)624-2980
팩시밀리 (042)628-2983
전자우편 hs2980@hanmail.net

공급처 한국출판협동조합
주문전화 (070)7119-1752
팩시밀리 (031)944-8234~6

ISBN 978-89-5669-981-3

값 50,000원

문학사랑 시인선

001	전태익	눈빛 닿는 곳마다
002	리헌석	갈채하는 숲
003	상동규	수직으로 일어서면 수평으로 눕는 바다
004	정재권	대나무를 충고한다
005	조남익	기다린 사람들이 온다
006	정진석	아름답고 향기로운 사람꽃
007	양태의	혼자 우는 뒷북
008	리헌석	섬버위
009	이순조	하늘 닮은 사랑
010	김명배	몸 밖에 마음 두고
011	김기양	김기양의 허수아비
012	경홍수	솔바람의 향기
013	이완순	세상 위에 나를 그리다
014	오희용	이야기 나무
015	곽우희	여전히 푸르고
016	조근호	바람의 동행
017	김영우	길 따라 물길을 따라
018	조남익	광야의 씨앗
019	지봉성	고도
020	이근풍	아침에 창을 열면
021	나이현	들국화 향기 속에
022	이영옥	길눈
023	전성희	당신의 귀가 닫힌다
024	김기원	행복 모자이크
025	김영수	소쩍새 한 마리
026	고덕상	고요한 기다림
027	권상기	초록빛 그리움
028	김주현	분명한 모순
029	김해림	멈추지 않는 발걸음으로
030	김영우	갈맷길을 걸으며
031	이완순	海印을 찾다
032	엄기창	춤바위
033	장덕천	싸구려와 친구하다